它也有着中国"最难治理的河流"的名号。深受水患之困，沿线民众苦不堪言，1951 年，毛泽东主席提出的"一定要把淮河修好"的号召更让它成为新中国成立后第一条全面系统治理的大河。

2018 年 10 月 6 日，国务院正式批复《淮河生态经济带发展规划》，标志着淮河生态经济带建设正式上升为国家区域发展战略。与过去几十年治理淮河的思路不同，这次国务院批复的《淮河生态经济带发展规划》呈现出多个"第一"：

第一次从发展的角度来治理淮河，一改过去单纯从防汛角度治理淮河的理念。

第一次从生态保护角度出发进行流域治理，一改过去将发展和生态相对立的做法。

第一次实行五省联动全流域治理，一改过去"各个省份各自干"的模式。

第一次把水利、交通、农业、工业、商贸、旅游、文化等部门集中起来，提出综合性治理方案，一改过去"各个部门各自行"的方式。

《淮河生态经济带发展规划》是第一个从国家层面制定的全流域发展规划，第一次把淮河流域的治理和发展作为一个系统工程，充分体现了统筹协调、全面系统的规划理念。规划实施将充分发挥淮河流域独特的区位优势、天然的资源禀赋，淮河流域生态经济带也将迎来前所未有的发展机遇。立足当前国家淮河生态经济带区域发展重大战略部署推进实施，梳理剖析淮河生态经济带发展建设中的难点、热点问题，系统研究淮河生态经济带发展状况并提出应对措施和建议，为推动淮河生态经济带建设和发展提供决策支撑，具有重要理论价值和现实意义。在多年相关研究基础上，长江出版社组织策划出版《淮河生态经济带发展研究丛书》，丛书分为《淮河生态经济带总体构想研究》《淮河生态经济带发展政策保障研究》《构建淮河生态经济带现代产业体系》《淮河生态经济带现代化进程研究》《淮河生态经济带现代综合交通运输体系建设研究》《淮河生态经济带关键节点开发研究》。

本研究丛书由湖北工业大学长江经济带大保护研究中心主任熊文教授总负责，中南财经政法大学何雄、程广帅，湖北大学李楠，湖北省社会科学院陈思，湖北工业大学黄羽，东华理工大学曹立斌分别负责相关分册编著。丛书从淮河流域发展实际出发，以《淮河生态经济带发展规划》为指导，进行系统研究，力求做到内容全面、重点突出、分析透彻、建议中肯，实现整体研究的系统性、针对性、前瞻性以及可操作性的高度统一，以期对推动淮河流域生态经济带发展助一臂之力。

编者

　　本书为《淮河生态经济带发展研究丛书》中的第四册，共分四章，分别对淮河生态经济带走中国特色新型工业化、信息化、城镇化、农业现代化的"四化"同步发展路线做了全面阐述和剖析，深入探讨新型工业化、信息化、城镇化、农业现代化的内在逻辑，探究"四化"同步发展的内涵、现状和本质特征。并在此基础上，结合淮河生态经济带现代化发展的实际给出了关键举措和建议，力求为推动淮河生态经济带现代化进程提供参考和指导。

　　本书由湖北大学李楠编著。自 2020 年 6 月启动编纂工作以来，从最初的酝酿、策划、筹备，到多次研究、论证，编者开展了大量的资料收集、分析、研究工作，为本书的撰写奠定了坚实的基础。在本书编写过程中，多家权威机构的专家、教授给予悉心指导和帮助，同时本书还参考和引用了国内外学者的诸多案例和文献资料，并得到了长江出版社高素质编辑出版团队的大力支持与帮助，在此一并致以最衷心的感谢！

　　由于时间仓促，编者水平有限，书中不足之处，敬请广大同行专家和读者批评指正。

编者

目 录

绪　论

改革开放四十余年，我国经济社会的发展取得了长足的进步，人民的生活水平也日益提高。但是，我国经济社会结构中仍然存在着明显的城乡二元结构问题，收入分配中仍然存在着突出的居民收入差距扩大问题，产业结构中仍然存在着三大产业发展不均衡问题。

党的十八大报告中提出："坚持走中国特色新型工业化、信息化、城镇化、农业现代化道路，推动信息化和工业化深度融合、工业化和城镇化良性互动、城镇化和农业现代化相互协调，促进工业化、信息化、城镇化、农业现代化同步发展。"工业化、信息化、城镇化、农业现代化的协调发展是实现我国现代化的基本途径，也是推动新时代下中国经济社会转型的关键措施。

早在17—18世纪，西方国家就经历了资本主义现代化的过程，应该说西方现代化的过程给我国现代化提供了很好的借鉴经验。受各种内部原因和外部条件的制约，我国近代史上具有代表性的对现代化尝试的洋务运动、戊戌变法和辛亥革命均以失败告终，这也意味着我国屡次丧失现代化的重大历史机遇。直到中华人民共和国成立，我国才真正走上了具有中国特色的社会主义现代化道路。

现代化是一个社会历史的范畴，不同的历史时期和不同的社会环境下现代化的特征和内容是不尽相同的。新中国成立初期，我国的经济发展水平较低，国家着重推进工业化，构建现代工业体系；改革开放后，工业化与城镇化加速发展并相互影响促进，但农业现代化发展相对滞后；在新的历史时期，信息化成为经济发展不可或缺的重要组成部分。因此，城镇化、工业化、信息化和农业现代化同步发展，相辅相成，是当前现代化建设的核心内容。其中，工业化处于主导地位，是发展的主动力；农业现代化是重要基础，是发展的根基；信息化具有后发优势，可以为发展注入新的活力；城镇化是载体和平台，是承载工业化和信息化的发展空间，是农业现代化的有力支撑。因此，"四化"同步发展对实现中国特色社会主义现代化具有重要的推动作用。在新时代，中国特色社会主义现代化进程是：从 2020 年到 2035 年，在全面建成小康社会的基础上，再奋斗 15 年，基本实现社会主义现代化；从 2035 年到本世纪中叶，在基本实现现代化的基础上，再奋斗 15 年，把我国建设成为富强民主文明和谐美丽的社会主义现代化强国。

2018 年，国务院《淮河生态经济带发展规划》指出，淮河流域地处长江流域和黄河流域之间，经济发展总体相对滞后，必须立足现有基础，深入贯彻落实新发展理念，推动形成人与自然和谐发展的现代化建设新格局，打造水清、地绿、天蓝的生态经济带。《淮河生态经济带发展规划》对淮河生态经济带的战略定位具有重要的意义，为流域生态文明建设示范带、特色产业创新发展带、新型城镇化示范带和中东部合作发展先行区提供了战略指导。完成国家赋予的战略任务，实现淮河区域现代化发展，淮河生态经济带建设必须走中国特色新型工业化、信息化、城镇化、农业现代化道路，推动淮河流域信息化和工业化深度融合、工业化和城镇化良性互动、城镇化和农业现代化相互协调，同步发展。

第一章 "四化"同步推进思路

"四化同步"的逻辑起点在于"同步","同步"意味着两个或两个以上随时间变化的量或事物保持一定相对比例的组合关系。"四化同步"的本质在于"四化"是一个整体系统,不仅关注"四化"四个组成层面本身的发展,更要关注四个层面间的互动,在互动中实现同步,在互动中实现协调,逐步实现由小到大、由低级到高级、由旧到新的动态变化。同时,"四化同步"的关键在于四个层面及其亚层面的多维有机组合,"四化同步"四个层面及其亚层面相互之间构成一定的相对组合关系,保持一定的相对速度,个体和整体都分别由初级到高级、由不发达到发达的运动变化发展。可见,"四化同步"并不意味着"四化"中的单个组成部分的现代化,关键在于"四化"之间的有机内在结合、内在互动。它们互为条件,互为动力,相互促进,渐进性稳步良性共同发展,逐步提高耦合协调性,整体最优可持续。

"四化同步"发展是中国特色现代化建设理论体系的深化,党的十六大报告提出统筹城乡发展,十七大报告提出信息化与工业化"两化融合",十七届五中全会提出工业化、城镇化推进农业现代化的"三化"协调发展,十八大报告提出"四化同步"发展,契合了不同历史时期的时代特征,反映了中国现代化建设理论创新和实践创新的最新成果,反映了我们党从理论层面上对现代化建设一般规律的准确把握。党的十九大报告指出,经济发展必须是科学发展,必须坚定不移贯彻创新、协调、绿色、开放、共享的新发展理念,推动新型工业化、信息化、城镇化、农业现代化同步发展,不断壮大我国经济实力和综合国力。可见,"四化同步"发展,是现代化建设的核心内容,是中国特色社会主义经济建设不断实践的结果。"四化同步"对于加快转变经济发展方式,解决淮河流域经济社会发展深层次矛盾具有重要的理论价值和实践意义。

第一节　以流域新型工业化为动力，推进产业提档升级

现代化发端于工业化，是人类社会实现从传统农业社会向现代工业社会转化的过程，它以工业化作为其主要的推动力，最终引起经济领域的深刻变化，从而推动现代化的进程。对于广大的发展中国家和现代化的后起国而言，工业化是使落后国家转变为先进国家的主要手段，也是走向现代化的关键所在。自从 1840 年鸦片战争以来，现代化就始终是中国社会大变革中的一个根本性主题。新中国成立后，特别是改革开放以后，以国有经济为主导、多种经济成分并存的社会主义市场经济体制逐步建立，随着市场机制在资源配置中开始发挥基础性作用，我国的工业技术水平稳步提高，工业生产规模和总量开始居于世界领先地位，人们的生活日益丰富且充满活力，我国的国际竞争力大幅提高，目前已成为工业化大国。从全国整体看，当前传统意义的工业化和城市化任务在全面小康社会建设阶段已基本完成。在国内生产总值中，农业增加值所占比重逐年下降，2010 年所占比重为 10.1%，2016 年所占比重下降至 8.6%，2019 年所占比重又进一步下降至 7.1%；制造业增加值在国内生产总值中所占比重也呈现下降的趋势，其中 2010 年所占比重为 46.67%，2016 年所占比重下降至 39.8%，2019 年所占比重降为 39%。根据发达国家的经验，当农业增加值在国内生产总值中所占比重降至 10% 以下后，工业化面临的已不再是工业比重继续提高的问题，此时现代化要求服务业尤其是现代服务业比重进一步提高，许多发达国家的服务业在国内生产总值中所占比重都已达到 70% 左右。根据党的十九大报告，工业现代化的标准是加快发展先进制造业，具体要求是推动互联网、大数据、人工智能和实体经济深度融合，在中高端消费、创新引领、绿色低碳、共享经济、现代供应链、人力资本服务等领域培育新增长点，形成新动能；支持传统产业优化升级，促进我国产业迈向全球价值链中高端，培育若干世界级先进制造业集群。可见，当前的经济发展，对工业化有了新的更高的要求。

一、工业化

（一）传统工业化

工业化（industrialization）这一概念最早源于 1760 年的英国，随着社会的发展进步，工业化的概念也在不断变化。20 世纪 50 年代，工业化主要用来反映农业和非农业的产业结构关系；20 世纪 70 年代，工业化主要用来反映工业活动在国民经济中逐渐占据主导地位的过程。截至目前，关于工业化也没有形成一个广泛认同的概念，一般来说，工业化的内涵分为广义和狭义两种。狭义的工业化通常指的是第二产业（尤其是制造业）在国民经济发展中所占比重不断提升的过程；或者说从就业结构角度考虑，指的是工业从业人员占总就业人数比重持续增大的过程。从广义上讲，张培刚先生曾提出，工业化就是指生产函数从低等到高等的一系列变革的状态，这其中包括了农村和农业的机械化和现代化。

随着工业化进程的不断推进，经济社会发生了巨大的变迁：机器化大生产逐渐取代了传统的手工生产方式，工业产量高速增长；商品经济和市场经济逐渐取代了自给自足的自然经济，社会分工不断深化。可见，工业化的表现有几个方面：一是工业生产在国民经济中的比重及吸纳劳动力的比重不断上升，二是产业结构向高级演进，三是社会经济关系的变革。

（二）新型工业化

新型工业化之所以"新"，在于它是相对传统工业化而言的。工业部门是经济增长的发动机，工业部门的快速发展可以推动经济的快速增长。从第一次工业革命到 19 世纪末 20 世纪初主要欧美发达国家完成工业化，在这一百多年的时间内，世界的经济得到了快速发展，但是这种发展却是以高污染高排放的粗放型发展模式完成的，造成了严重的环境问题。因此，新型工业化要摒弃先污染后治理的道路，它不再单单追求工业增加值的增加，而是以"科技含量高、经济效益好、资源消耗低、环境污染少、人力资源优势得到充分发挥"为落脚点，实现经济、社会、环境效益的统一。因此，它具有以下几点特征：

第一，与信息化深度融合。新型工业化的发展必须以先进的信息技术为依托，以此为工业的快速发展注入新的动力，与此同时，工业化带来的设备、机械的升级改造又可以为信息化的提升提供基础保障，两者互惠互利，可以形成良性循环的协同发展模式。

第二，与产业结构优化升级密切相关。新型工业化强调了技术创新，旨在在节约资源和保护环境的前提下实现经济增长的目标，因此，它必然会带来产业结构内部的变化和升级改造。

第三，具有可持续发展能力。纵观世界各国的发展史，可以看出，工业化都被作为一个国家由贫穷走向繁荣的重要手段，而多数国家的工业化发展过程，都是以资源消耗和环境污染为代价完成的资本积累，这种传统的工业化是不可持续的。新型工业化强调工业化的可持续发展能力，强调利用科学技术的力量，尽可能地减少污染，实现资源的充分利用和可持续发展。

第四，发挥人力资本的重要性。传统的工业化往往依靠大量的资本投入，由于人力资源的优化配置可有效提升物质资本的利用效率，因此，在新型工业化发展中，要尽可能地发挥人力资本的重要性。当然，随着科技的进步和新型工业化的发展，也要不断地提升人力资本水平。

二、淮河流域工业化过程中面临的问题与挑战

我国有大量的农村剩余劳动力需要靠工业化来进行消化。特别是淮河流域，涵盖河南、安徽、山东、江苏、湖北 5 省，人口密度居各大江大河流域之首。但是我们看到，该流域各省市每年都有大量的人口外出务工，究其原因：淮河流域各城市的工业化水平消化不了现有的农村剩余劳动力。与珠三角、长三角地区相比，淮河流域工业化水平显得更加落后。其中，2019 年，沿淮主要城市淮南、蚌埠、信阳、驻马店、周口第一产业增加值占当地 GDP 的比重均在 10% 以上，驻马店和信阳两市的第一产业增加值占当地 GDP 的比重更是超过了 17%，并且信阳第二产业增加值占当地 GDP 的比重低于 37%。这些数据均在一定程度上反映了流域内城市存在着普遍的经济底子薄、工业基础差、工业化水平偏低的问题。具体而言，淮河流域内城市在工业化进程中面临的问题和挑战主要表现在以下几个方面：

（一）工业经济结构单一

淮河流域内矿产资源丰富，种类有 50 余种，其中煤炭探明储量 700 亿吨，火电装机容量达 5000 万千瓦，是华东地区主要的煤电供应基地。丰富的矿产资源造就了淮河流域工业中矿产资源型工业比重偏高，特别是煤炭工业、矿山开采加工业。目前，已建成淮南、淮北、永城、平顶山、徐州、兖州、枣庄等国家大型煤炭生产基地。在产能方面，安徽淮南、淮北的煤炭和煤电工业占全市工业经济比重高达 70%；河南平顶山、商丘等地的矿山开采加工业占据地方工业经济近半壁江山；江苏徐州、宿迁的煤炭工业和矿山开采加工业在全市工业经济中也占相当高的比重。近年来，随着国家供给侧结构性改革的推进，流域内各城市的产业结构，特别是工业经济结构均有所优化，以农副产品为原料的食品、轻纺工业也得到了快速发展。但是，现代高新技术工业，尤其是信息、生物医药、新材料等新型工业总体水平仍然偏低，工业经济结构单一的状况仍未从根本上改变，这严重阻碍了该区域工业经济增长的速度。

（二）企业信息化水平落后

信息化是提高工业企业技术革新和产业升级的有效方法，但目前淮河流域工业企业信息化水平明显落后，主要体现在两个方面：一方面是能够引领和支撑产业转型升级的重大项目不多，产学研一体化机制不畅，缺少良好的自主创新氛围，产品实现机制不完善，科技成果转化率低，内生动力尚未完全形成，产业集聚效应不明显，实现绿色发展动能不足等；另一方面是企业生产设备老化、技术老化和产品老化问题突出。受经济基础落后的影响，淮河流域多数企业技术装备老化，一些大企业处于停滞或萎缩状态，有的企业甚至还在使用东部经济发达地区早已淘汰使用的生产技术设备，这无法应对激烈的现代市场竞争，致使该区域工业经济竞争力提升乏力。

（三）中心城市布局分散

沿淮城市都不是经济发展重心地区，其中大部分资源型城市是在二十世纪五六十年代国家大规模推进矿区建设的基础上形成的，这些城市以矿区布局为基础，哪里有矿产，城市就在哪里发展，具有显著分散性和偶发性。例如淮南市区就是按煤炭资源分布而建立的，城市布局的分散使得城市用地分散，不仅浪费了土地，还带来城市公共基础设施建设投资成本的增高。这种分散的城市布局形式制约了城市的高质量发展和工业化水平的提升。

（四）生态环境污染严重

随着人民群众对生态环境品质需求的日益提高，生态环境的保护已成为社会各界关注的焦点。淮河流域工业以煤炭、电力工业及以农副产品为原料的食品、轻纺工业为主，长期以来，资源型城市对生态环境保护的认识不足，矿业"掠夺式"开采使得土地出现大面积塌陷，煤矸石等尾矿大量堆积，工业废弃物大量排放，生态环境破坏严重。经济长期高位增长带来的环境污染累积排放与资源环境承载有限的矛盾越发突出。并且，随着环境治理转向深层次，治理周期变长，治理成本变高，极大地影响了该区域经济的可持续发展。

（五）各层次人才全方位缺乏

工业化发展和产业的转型升级需要大量的高技能人才作基础，淮河流域当前正着力发展的高新技术产业还存在较大的人才缺口。由于高层次人才、复合型人才、技术性人才具有明显向往大城市工作的倾向，而淮河流域内大城市和特大城市较少，这在一定程度上制约了人才引进工作。此外，青壮年劳动力安心在本地从事体力劳动的较少，多数流向东南沿海地区大城市，人口流失导致人口集聚力不够，市场需求低，地区经济缺乏足够的活力，无法吸引工业和项目落地，企业用工难问题进一步显现。

综上所述，淮河流域各城市在工业现代化的过程中还存在诸多的问题和挑战，由于工业的发展在我国国民经济发展中占据着举足轻重的地位，因此在自然资源约束依然趋紧和环境要求走高的压力下，必须要坚定不移地走新型工业化道路，这是淮河生态经济带各城市提升工业化水平的必然选择，也是淮河流域未来实现高质量发展的关键所在。

三、淮河流域新型工业化的比较优势

淮河流域走新型工业化道路，推进产业提档升级，在各类资源要素方面有其自身的良好条件，具备走新型工业化道路的比较优势。

（一）淮河流域自然条件优渥，具备发展新型工业化的环境条件

首先，淮河生态经济带，以淮河干流、一级支流以及下游沂沭泗水系流

经的地区为规划范围，面积达 24.3 万平方千米，其中大部分位于黄淮海平原，地势平坦，可以为工业化的发展提供大量的土地资源。其次，流域内拥有淮河干线航道、沙颍河、涡河、茨淮新河、沱浍河、洪汝河、汾泉河等重要支流航道，这些航道经过综合整治后，具有可观的航运潜能。第三，当航运能力提升后，航道通航标准和船闸通行能力提高，通过建设淮河入海深水航道和出海门户滨海港，完善集疏运配套设施和服务体系，可以为工业化发展提供便利的交通运输条件。

（二）淮河流域位置独特，具备推进新型工业化的良好区位条件

淮河流域地处长江流域和黄河流域之间，贯通黄淮平原、连接中东部，通江达海，具有独特的区位优势。同时，淮河生态经济带不仅与长江经济带相连，还与长三角、长江中下游、胶东半岛、中原经济区等国家区域发展中心相邻，良好的区位条件使得淮河生态经济带在承接产业转移方面具有明显的比较优势。此外，流域内常住人口超过 1.4 亿，具有丰富的农村剩余劳动力，这为淮河生态经济带新型工业化发展提供了丰富的人力资源和广阔的市场。

（三）淮河流域矿产资源丰富，具有一定的工业发展基础

淮河两岸有着我国经济社会发展所需的"紧缺"矿产资源。桐柏的天然碱矿、银矿，信阳的钼矿、珍珠岩矿，霍邱的铁矿，叶县的盐矿，淮南、永城、颍上的煤矿，淮安、滁州的凹凸棒石黏土、岩盐和芒硝，凤阳的石英砂，盐城的石油天然气新能源等都居全国前列，在发展能源储备、化工、原材料工业等方面具有得天独厚的条件，可发展成为国家重要的能源原材料基地。另外，淮北、淮南、平顶山等地煤化工产业发展基础较为雄厚，盐城已形成了以乘用车制造基地为龙头的汽车产业链，徐州等地也已是我国重要的工程机械制造基地。近年来，区域内各地积极承接产业转移，推进工业提档升级，纺织业、农产品深加工等传统产业不断发展，高新技术产业也逐步得到发展，因此具备新型工业化发展的基础工业条件。

（四）国家扶持力度加大，具备推进新型工业化的良好政策条件

2018 年 10 月 6 日，国务院批复同意《淮河生态经济带发展规划》（以下简称《规划》），这标志着淮河生态经济带正式上升为国家发展战略。《规划》指出，国务院有关部门要按照职能分工，密切配合，在政策实施、跨区域重

大工程建设、资金投入、土地保障、体制创新等方面对淮河生态经济带给予积极指导和支持。江苏、安徽、山东、河南、湖北要不断完善省以下财政体制，支持淮河生态经济带发展；支持区域内老工业城市、资源型城市加快转型发展，创建产业转型升级示范区。国家的政策支持，沿淮各省的高度重视，必将为淮河生态经济带新型工业化发展提供有力的政策空间，增强新型工业化发展动力。

四、淮河流域新型工业化的路径选择

（一）加大科技创新投入

技术创新是区域经济增长的内生动力，当今世界各行各业正在经历信息变革，信息技术正在改变着人们传统的生产生活方式，工业化与信息化的深度融合将会为产业升级带来巨大的内生动力，工业产品的数字化、工业生产网络化将成为未来的工业发展模式。因此，淮河流域各城市要加大科技投入，解决淮河流域信息化水平低下的问题，提升信息化水平，促进工业产业向高品质、高端化发展。

一是加快企业技术改造，大力提升传统产业。加快建立以企业为主体、市场为导向、产学研相结合的科技创新体系，支持企业利用高新技术和先进技术改造传统行业，实现传统产业高新技术化，推动产业结构转型和升级。对于资源型城市，要增加矿业科技投入，提高资源利用率和综合利用率，延缓矿产资源的枯竭，使矿业能更长期地稳定支持城市的发展。对于老工业地区，要聚焦新旧动能转换的问题，重视传统产业升级和新产业的培育，在积极发展替代产业的同时，重视对原有资源的加工循环开发利用，促进传统产业的升级改造和低碳化发展。

二是加快培育新兴产业，扩大新兴产业规模。在新旧动能转换引领下，注重发挥大学、科技企业、科研人员的作用，大力发展战略性新兴产业和第三产业，积极布局智能制造，提升智能化生产，切实提升生产效益，以此提升经济效益；依托互联网技术和计算机技术，精心培育大数据产业，推动大数据与互联网、云计算等的融合发展；鼓励发展光伏发电、风力发电等新能源产业，促进生态与环境和谐发展。

（二）大力发展循环经济，坚持可持续发展

新型工业化特别注重生态建设与环境保护，在减少资源消耗和环境污染的前提下，实现工业化的持续发展。因此，在由粗放型经济增长方式向集约型经济增长方式转变过程中，必须坚持产业为先的理念，将产业发展作为转型的基础。尽管流域内各城市情况各异，但转型本质就是产业结构的多元化，在选择接续或替代产业时，必须扬长避短、因地制宜，坚持绿色发展的理念，不能走纯粹消耗资源的老路。既要金山银山，更要绿水青山，要切实加强节能减排，提高环境准入门槛，大力发展循环经济，有效规范、促进和引导资源保护和合理利用，实现绿色发展。在我国经济的发展过程中，也如西方国家一样，经历了先污染后治理的过程，由于我们用几十年的时间完成西方两百年工业化才取得的成就，因而我们的环保压力更大。在做大经济规模的同时，要保护好生态环境，只有坚持绿色发展，才能更好地实现可持续发展。

（三）创新人才工作理念

吸引人才并留住人才是流域内城市实现新型工业化道路的重要环节，针对流域内各城市人口流失严重、人才引进困难的问题，必须要把人才队伍的建设视为一项涉及政府职能转变、产业结构调整、社会资源配置、人才资源开发的系统工程，政府应采取主动干预措施，创新人才工作理念，引导人才资源合理回流，为流域内城市发展提供坚强的保障。

一是采取物质激励与精神激励并行的措施留住高端人才和行业领军人才。在物质激励方面，可为人才开辟绿色通道，消除人才的后顾之忧，为人才建立科研创新平台等工作载体，利用城市自身及周边已有科研院所资源成立转型产业必要的研发基地，立项审批各类科研项目，保持相关产学研环节的通畅，让科研技术转化为生产力，让人才有用武之地。在精神激励方面，要抓住高层次人才更为关注的被尊重和自我价值实现的心理需要，从政府、社会、企业几个层面切实做到重视知识、尊重知识，提升高层次人才的归属感和成就感。

二是营造良好的就业创业环境，鼓励大学生和外出务工人员返乡就业创业。相对于大城市，中小城市及城镇要想留住人才，就需要政府在持续加大基础设施投入的同时，出台一些有含金量的激励和扶持政策。通过培育本土

企业和本土企业家，吸引外出务工人员返乡就业创业；通过扩大"三支一扶"计划人员招募规模，鼓励大学毕业生服务乡村，并参照当地人才引进政策给予支持，进而吸引更多大学生参与其中。

三是建立一批劳动力资源基地，提高再就业人员的职业技能。依托现有技工院校、就业训练中心、职业技能公共实训基地等培训资源建设一批职业技能培训基地，使转型发展中暂时失去工作的劳动者尽快掌握新的劳动技能，增强他们就业与再就业的竞争能力，以更好地适应新职业和新岗位。

四是用柔性化、弹性化方式引进人才。在引才方式上，通过顾问指导、退休返聘、人才租赁等举措，广泛吸收人才。既可以长期聘用，也可以短期合作；即可以扎根落户，也可以常来常往；既可以固定服务，也可以兼职服务。要克服人才单位所有、部门所有的思维定式，防止人才管理上的官本位、行政化倾向，破除人才流动上的体制机制障碍。

工业化作为现代化的逻辑起点和核心内容，在推进"四化"中具有龙头和先导的功用。通过淮河流域新型工业化提升流域经济实力，增强以工促农、以城带乡的能力。只有工业化的进程加快了，才能吸纳城市人口并消化农业现代化释放出来的农村剩余劳动力，推动城镇化步伐；只有工业化的进程加快了，才能创造出稳定可靠的财源，进而推动城市基础设施的建设，推动城镇化步伐；只有工业化的进程加快了，才能从根本上转变经济增长方式，促进经济结构不断优化，进而促进社会公平，让城乡居民共享发展成果，提高农业综合效益，解放和发展农村生产力，推动传统农业向现代农业转变。在推进工业化进程中，要把培育发展产业作为首要任务，努力提高城乡产业关联度和经济融合度，使产业与经济社会发展规划、土地利用规划和城乡总体规划深度融合。

第二节　以流域农业现代化为基础，推进区域乡村振兴

农业、农村、农民问题是关系国计民生的根本性问题。农业的发展关乎农村、农民的发展，有了农业的持续增产增效，就有了农村社会稳定，而农业现代化是农业发展的根本方向。长期以来，淮河流域各地市发展不平衡、

城乡发展不平衡问题始终存在。党的十九大报告作出了"实施乡村振兴战略"的重大决定，这是深入推进"三农"工作、化解新时代我国社会主要矛盾、实施农业农村充分发展、城乡均衡和融合发展的重大举措。如何在乡村振兴的浪潮中实现农村地区的跨越式发展，补齐乡村发展不充分的短板，是一个值得深入研究的课题。改革开放四十余年，我国农村的发展有了质的提高，农民的生活水平也得到了很大改善，但与城市相比，仍然存在很大的差距，农业发展质量低、农村自我发展能力弱、农民增收能力差等一系列问题仍然存在。因此，实施乡村振兴战略就是要为留在农村生活的农民建设一个美丽宜居、生活富裕、治理有效的幸福家园，让农民在农村生活得更加体面、更加有尊严。

一、农业现代化

农业现代化最早萌芽于农业专业化，是由德国经济学家冯·杜能（J.H.Von Thünen）在其著作《关于农业和国民经济的孤立国》中提出的，后来，美国经济学家舒尔茨在其著作《改造传统农业》中进一步对农业发展进行了系统性的总结，他将农业发展分为三个阶段——传统农业、现代农业和过渡农业。而农业现代化的发展是一个动态的过程，随着经济社会的发展，它的内涵也在发生动态的变化，所以目前关于农业现代化还没有形成统一和规范的认识。但总的来说，农业现代化是指从传统农业向现代农业转化的过程和手段，在这个过程中，用现代工业、现代科学技术和现代经济管理方法将农业生产武装起来，使农业生产由落后的传统农业逐渐转化为具有当代先进水平的现代化农业。具体包括三个方面的内涵：从现代化的特征来说，农业现代化应当是科学化、社会化、商品化、集约化的综合表现；从现代化的要素来说，农业现代化应该有现代科技支撑、现代装备武装、现代管理模式、现代农民群体；从长远来看，农业现代化必须是实现可持续发展的农业。

新中国成立以来，我国农业现代化经历了几十年的历史性探索和长期不懈的实践。20世纪80年代，随着市场经济的快速发展，农业现代化主要表现为电气化、水利化、商品化和科技化；到90年代后期，由于传统农业高投入、高耗费的粗放式生产方式存在诸多弊端，生态农业的发展被认为是农业现代化的一种表现形式；进入 21 世纪以来，随着可持续发展理念的推进，农业发展被赋予了更多的科学技术色彩，强调了对农业在生产、经营、管理、环境、技术等方面的改造和升级，特别是近年来，随着"四化同步"战略的提出，农业现代化的时代性更加突出。

随着农业现代化的发展，我国的农业发展取得了显著的成绩。首先，粮食生产能力不断提高和巩固。截至 2018 年底，全国已建设高标准农田 6.4 亿亩（1 亩约等于 666.67 平方米），粮食总产量达 6580 亿公斤，是 1949 年的 5.8 倍，连续 7 年稳定在 6000 亿公斤以上；粮食播种面积连续 7 年稳定在 17 亿亩以上；单位面积粮食产量连续 7 年保持在 350 公斤以上。其次，现代化农业科技实力取得可喜进步，2018 年我国农业科技贡献率达 58.3%，相比于 2010 年的 52% 提高了 6.3 个百分点，全国农作物耕种收综合机械化率超过 67%，良种覆盖率超过 97%，良种对增产的贡献率达到 45%。第三，农民持续增收，城乡差距缩小。在宏观经济趋缓和农产品价格下降的双重背景下，农民增收速度仍然保持在 8% 以上，城乡居民收入倍差降至 2.69。第四，农业生态环境向好发展。2018 年全国农业用水量占全社会用水总量的 61.4%，比 1997 年下降了 9 个百分点；水稻、玉米和小麦三大粮食作物化肥、农药利用率分别达 37.8% 和 38.8%，比 2014 年降低 2.6 和 2.2 个百分点；秸秆综合利用率达 82%，禽畜粪污综合利用率达 64%。党的十九大后不久召开的中央农村工作会议规划了两个十五年的农业现代化目标：到 2035 年，乡村振兴取得决定性进展，农业农村现代化基本实现；到 2050 年，乡村全面振兴，农业强、农村美、农民富全面实现。

二、淮河流域农业现代化的基础条件

（一）农业发展具有良好的资源优势

淮河流域位于我国南北气候过渡带，淮河以北属暖温带区，淮河以南属于北亚热带区，气候温和，年均气温为 11~16℃，气温由北向南、由沿海向内陆递增，流域内多年平均降水量大约为 920 毫米，无霜期较长（年均 220~240 天），具备了农业生产的良好自然条件和较好的发展农业现代化的基础。淮河流域是我国重要的粮食产区和商品粮生产基地，也是粮食产能建设重点核心区。目前，流域耕地面积占全国的 11.7%，粮食产量已占全国的 17.4%，商品粮占全国的 25%，提供了全国 14% 的农业产值。不仅如此，流域内还拥有众多的湖泊和河流，水面广阔，生物资源丰富，为发展水产养殖业和畜牧业等提供了理想条件。

（二）农产品品牌建设取得了较好的效益

在农业品牌建设方面，以安徽省淮北市为例，目前已拥有口子、相山、宝迪、思朗、正虹等中国驰名商标 5 个，天宏、浩大、真棒特、正大源、朗朗好心人、昆玉、鲁王、极速时代、心润、贝乐得、春雪、鲁南、临涣、普豪、久保田等安徽省著名商标 15 个，钟王、红硕等淮北市知名商标 42 个；已通过认证并有效使用标志的有机食品 2 个，绿色食品 17 个，无公害农产品 7 个；已获得国家地理标志保护产品 3 个。其中，以大地种业为龙头，组建了"大地"品牌粮食作物种子产业联合体，建设优势农作物良种基地 50 万亩、优质小麦生产核心基地 5 万亩，订单小麦良繁基地 15 万亩。2016 年生产优质小麦良种 1.9 亿公斤，平均单产 523.4 公斤，带动农民增收 5700 万元。以兴海面粉公司为引领，联合 20 家粮食关联企业，组建"兴海"小麦面粉加工产业联合体，培育永民种业等小麦品牌运营核心企业 11 家，注册粮食品牌商标 67 个，皖雪食品"孙候"商标被认定为"中国驰名商标"。塔山石榴、大庄葡萄、相山蔬菜、烈山生猪、铁佛西瓜等一大批名牌农产品，不仅声名远扬，深受消费者的青睐，而且生产规模在不断发展壮大，已经成为带动农业增效、农民增收的重要产业。

三、淮河流域农业现代化面临的问题

淮河流域拥有广阔的平原，自古以来就是我国重要的粮食生产储备基地。淮河流域以不足全国 3% 的水资源总量承载了超过全国 1/10 的人口和耕地，生产了全国 1/6 的水稻和 1/2 的小麦。虽然淮河流域在发展农业现代化方面有一定的比较优势，但是，淮河流域农业现代化的发展模式仍然面临着诸多问题和挑战。

（一）农村空心化问题严重

淮河流域农村人口比重较大，传统的农业生产模式难以消化大量的农业劳动力，良好的区位条件使其距离东南沿海经济发达地区较近，大量的农村剩余劳动力外流，存在严重的"农村空心化"问题。随着经济的发展和城镇化水平的提高，越来越多的农村劳动力不再依靠土地获取收入，农村居民举家外出的数量不断增加，耕地抛荒的现象在很多地方都存在。在农业生产方面，绝大部分采用的是以家庭为单位的个体生产经营，导致农村土地使用存在严重碎片化现象，加之农药和化肥的过度使用带来严重的面源污染和水污染，使得农村生态环境形势严峻，农业生产效率较低。农村地区没有新兴产业，农村经济发展的早期阶段所创立起来的产业，主要是在大量损耗能源和生态破坏的条件下产生的，在不搞大开发、共抓大保护的时代背景下，高污染、高能耗的农村工业企业生产举步维艰，这些企业和工厂或面临转型发展，或关停倒闭。

（二）产业队伍后劲不足

农村产业发展的主体是农民，但是农村留守的农民对农业产业认识不足，积极性不高。虽然我国耕地面积有 19.18 亿亩，但人均耕地仅有 1.36 亩，这样的规模难以吸引高素质的青壮年劳动力参与农业生产经营。由于农业现代化的发展需要以现代科技为基础，留守农村的人员综合素质普遍不高，很难承担起农业现代化经营的重任。此外，农业现代化的发展需要完善的农业科技服务体系进行支撑，而广大农村地区普遍存在农业科技服务不足、涉农科技人才队伍综合素质不高等现象。

（三）基层组织建设薄弱

由于农村人口不断流失，基层党组织在选人用人上困难重重，目前的很多基层干部把村里的事情当作副业，村级工作长期处于边缘化的地位。并且，在农村还存在行政化的乡村治理模式，村干部一方面更多地忙于上级分配的任务，另一方面以为"上级"服务来争取更多荣誉和薪酬，因而疏于对村民和村集体的具体事务负责，责任感缺失。

总之，淮河流域农业的经营模式离农业现代化所要求的规模化、机械化、集约化、市场化、专业化生产模式仍有相当的差距。

四、淮河流域发展农业现代化的路径选择

淮河流域农村地区广、农民数量多、传统农业占比高，农业现代化的发展不仅可以推动农村工业和服务业的壮大，提高农业的附加值，增加农民的收入，对市场需求产生持久的动力，还可以有效拉动工业经济的增长，为工业化发展提供广阔市场。

（一）持续夯实传统农业，稳定粮食生产

国务院《淮河生态经济带发展规划》在对淮河生态经济带建设战略定位中强调，要巩固提升全国重要粮食生产基地的地位。淮河流域是我国重要的粮食产区和商品粮生产基地，也是粮食产能建设重点核心区。只有推进淮河流域农业现代化进程，加快转变农业发展方式，不断运用现代物质装备武装农业、用现代经营理念管理农业，发展高产、优质、高效、生态、安全农业，构建具有淮河流域特色的现代农业产业体系，建设全国新型农业现代化先行区，才能从根本上为国家粮食安全提供强有力的保障。在此基础上，依托现代机械技术，深化土地的流转机制，发展规模农业，进而提高农业的产量。

（二）深化产权制度改革，壮大乡村集体经济

深化农村各项改革，创新农业经营体制机制，在充分尊重农民意愿的基础上，推进集体经济组织成员和集体资产股权"双固化"，对集体所有的资产资源进行清查、盘点、核实，摸清资产存量、分布及结构状况。按照集体资产收益由全体集体成员共享的基本原则，建立健全集体经济的收益分配机制，探索集体资产出租、集体入股分红、集体经营收入等多种经营方式。由于青壮年劳动力的外流，农村地区出现了大量的闲置、撂荒土地，应大力盘活农地、农房、集体资产，让"死资源"变成"活资产"。

（三）发展特色产业，促进乡村产业振兴

不断优化农业产业结构，加速盘活农村经济。农产品加工业不仅可以为城市中的工业部门扩张提供多样性的原材料支撑，还可以为城市中的服务业提供原材料支持。因此，可以依托"互联网+"，结合"一镇一品"经营发展模式，大力发展"互联网+"特色农业，提高农业生产效率。根据各地的区位条件和自然禀赋，逐步打破行政区划限制，推动生产要素向优势产区、

特色产品集中，形成具有区域特色和竞争优势的优质农产品产业基地。在生产加工方面，可以引入智慧农业发展机制，实现农产品的生产、加工、运输等过程的全程可控，提高农产品的品质，培育高端的有机农产品品牌，做大做强特色农业。在销售方面，可以依靠互联网电商平台拓宽农特优产品销售渠道，让特色农产品搭上电子商务快车，既能够解决农特产品"卖不出去"的问题，又通过市场倒逼，形成"规模化种植、标准化生产、品牌化营销"的产、加、销一体化良性发展格局。

（四）完善农业基础设施，促进三产融合发展

农业现代化的经营模式是土地使用的规模化和集约化，这种经营模式可以优化土地的空间布局，提高土地的利用效率，从而为城镇化建设所需的大量建设用地和商业用地提供有利条件。而农业基础设施的完善可以有效地推动农村三产的融合发展，进而推动农业现代化的发展，所以要以农田基础设施、农村物流、乡村旅游设施的建设为抓手，不断完善农业基础设施的建设。其中，在农田基础设施方面，要加强土地整治、土地流转，以及农业产业园区的建设，改造提升土地质量，改善水利灌溉条件，提高农业生产效率；在农村物流方面，应加快建设覆盖县、乡、村、组四级的现代物流网络，切实打通农产品流通环节的最后一千米；在乡村旅游设施方面，对适合发展休闲农业、观光农业、体验农业的产业基地，要加快完善步游道、停车场、观景台、接待中心、民宿民居、体验休闲等相关配套服务设施，提高旅客的体验感。

专栏1	发达国家农业现代化经验

美国：由于人少地多，美国农业现代化的发展是建立在成本较低的土地、强大的工业基础、成熟的工业化管理经验和先进的科技学术上的，依托明晰的土地产权制度、机械对劳动力的不断替代和科学技术的推广应用，为农业的规模化经营奠定了深厚的基础。同时，政府在科教、研发、推广等方面的宏观调控和农业合作组织的市场微观运作，又进一步保障了农业现代化的发展。

日本：日本在人多地少、土地资源匮乏和机械化无法应用的弊端下，通过废除农地租赁限制、鼓励流转等举措，扩大了农户的经营规

模，依托农协完善的社会化服务体系，保障了农户在农业生产的产前、产中和产后的生产效率与经营利益；在政府工业与城市布局分散战略的推动下，农民实现了就近兼业；科学技术的快速发展又进一步推动了小型农机的机械化生产，从而保障了农业现代化的发展。

荷兰：荷兰作为一个人多地少的发达国家，不同于其他国家依靠机械化和科学技术推动农业现代化，而是依靠提高人力资源的投入发展农业现代化。通过高素质与高技能的农民提高生产效率，通过有利于农业现代化发展的制度提升农产品的价值与竞争力，通过合作社和协会的力量实现农业产业链的发展，通过"创汇农业"战略，保障农产品的出口，多措并举使得荷兰农业现代化实现了全面发展。

以色列：以色列在人多地少和极度缺水的条件下，走出了一条资源节约型的农业现代化道路。比如，为保证资源节约型农业现代化的顺利发展，政府出台了一系列的法律、法规；为解决水资源匮乏的问题，通过技术手段实现了水资源的高度循环利用。此外，高度组织化的农业合作组织和完善的农业科技与推广体系为农业现代化的发展提供了保障。

第三节　以流域新型城镇化为载体，统筹推进城乡协同发展

城镇化是现代化的必由之路，推进城镇化是解决农业、农村、农民问题的重要途径，是推动区域协调发展的有力支撑，是扩大内需和促进产业升级的重要抓手，对全面建成小康社会、加快推进社会主义现代化具有重大现实意义和深远历史意义。《淮河生态经济带发展规划》对淮河生态经济带的战略定位为淮河生态经济带现代化进程发展指明的方向，即以新型城镇化发展为载体，推进城乡协同发展，提高淮河生态经济带现代化水平。

国务院《淮河生态经济带发展规划》战略定位明确要将淮河生态经济带建设成为新型城镇化示范带，"构建大中小城市和小城镇协调发展的城镇格局，增强区域中心城市综合实力。促进大中小城市、特色小镇和美丽乡村协调发展，积极推进新型城镇化综合试点，分类引导农业转移人口市民化，实

现产、城、人、文融合发展，完善城镇基础设施，增强公共服务供给能力，推进城乡基本公共服务一体化，全面提高城镇化水平和质量，努力在宜居宜业、城乡统筹发展方面探索新模式新路径。"

一、新型城镇化

（一）城镇化

"城镇化"源于英文 urbanization，也被称为城市化、都市化。城镇化是根源于城镇的建立和发展而兴起的，国家或区域经济和社会发展及其所依托的空间结构演变是以城镇经济和城镇形态为目标模式的动态演进过程。在这一过程中，城镇是国家或区域空间结构构成中的主导、核心要素；城镇经济则是国家或区域经济中经济要素聚集度高、经济结构先进、经济活力强的部分，是整个国家或区域经济的增长中心和经济重心，对乡村地区的经济和社会发展起着带动和促进作用。

城市化过程是一个多层面的过程。城市化过程既是城市人口、城市土地等规模的增加和扩大过程，又是人们生产和生活方式变化、经济结构变迁、空间形态从农村变为城市形态的质的变化过程。不同学者从经济、社会、人口、城市建设、生态等不同的研究角度出发，对一个区域城市化水平和城市化速率有着不同的度量标准。从广义上讲，城市化是三个过程同时进行：一是居住在市、镇地区的人口占总人口比例的增长过程，即由于社会生产力的发展而引起的市、镇数量增加及其规模扩大，人口向市、镇集中的过程；二是城市物质文明和精神文明不断向周边地区扩散的过程，即城市郊区等附近区域被蚕食、占领变成城市区域的过程；三是区域产业结构不断升级、经济结构和社会结构优化，发生本质性变化的过程。

改革开放以来，随着市场经济的发展，我国的产业结构发生了一定的变化，城镇化程度和水平也有了一定的提高和发展，但由于我国人口基数大，农村剩余劳动力比例高，将大量的农村剩余劳动力机械地迁入城市是不现实的。比较好的策略是大力发展中小城镇，就地安置和转移，因为农村剩余劳动力向中小城镇转移，他们的转移成本是最低的，他们在城镇中安顿下来的条件也是最好的，这样既可以促进农村经济发展，又可以消化和吸纳大部分的农村剩余劳动力。此外，中小城镇一般位于城乡接合部，是各类乡镇企业和中小企业的载体，具有较好的集聚能力和辐射功能，在一定范围内能够将各类资源和生产要素聚集起来，通过建立各具特色的产品市场和要素市场将城市和农村连接起来，把封闭和分散的农村市场纳入以城市为中心的统一开放的市场体系中来。

（二）新型城镇化

新型城镇化是相对传统城镇化而言的，"十八大"以来，中共中央根据我国的经济社会发展形势，提出要扎实推进我国从"城镇化"向"新型城镇化"方向的转型与升级。简单地说，新型城镇化就是以统筹城乡、城乡融合、产城互动、集约节约、生态宜居、和谐发展为基本特征的城镇化，是大中小城市、小城镇与新型农村社区相辅相成、协调发展的城镇化。其核心在于不以牺牲农业和粮食、生态和环境为代价，着眼农民，涵盖农村，实施城乡之间基础设施一体化和公共服务均等化，达到共同富裕的根本目标。新型城镇化的"新"突出体现在由过去盲目注重城市规模扩张转变为现在以提升城市的文化、公共服务等内涵为中心，最终使城镇成为具有更高质量的宜业、宜居、宜游之所。当前我国新型城镇化发展主要呈现以下五个方面的特点：

一是城镇化发展迅速，城镇人口迅速增加。自改革开放以来，伴随着我国国民经济的高速发展，城镇化的建设步伐也逐步加快、城镇化水平不断提高。其中，城镇人口由1978年的1.72亿增加到2019年的8.84亿，城镇化水平由1978年的17.9%提高到2019年的60.6%，41年提高了42.7%，年均提高1.04个百分点。

二是城镇基础设施不断完善，城镇功能明显增强。改革开放以来，随着城镇人口的不断增加，我国不断加大对城镇基础设施的投资，城市水、电、路、气、信息网络等基础设施得到显著改善，市政公用设施服务水平得到大幅提升，人们的居住环境得到明显改善。此外，随着教育、医疗、文化、体育、社会保障等公共服务水平的提高，我国城市的现代化水平也得到了显著的提升。

三是城镇规模不断扩大，城镇体系不断完善。改革开放以来，我国的城市数量从1978年的193个，增加到2018年的672个，建制镇数量从2173

个增加到 21297 个。城镇化的不断推进促进了城乡之间联系的加强，打破了城乡分割的局面，逐步形成特大城市、大城市、中等城市、小城市，形成以大城市发展带动中小城市发展的城市体系。城镇结构体系的不断完善又推动了我国城镇空间布局的发展，先后形成了环渤海、长三角、珠三角、山东半岛、辽中南、中原、长江中游、海峡西岸、川渝和关中等城市群。

四是城乡差距不断缩小。城镇化的发展为农业的规模化经营提供了良好的契机，有利于实现"耕地向种田能手集中"，这样不仅有利于"新型农民"的培育，还可以有效地提高农民收入。此外，城镇化的发展还推动了乡村工业的集聚发展和结构升级，一方面，城镇把人口、资金、技术、信息等各种要素聚集在一起，交通便利，信息灵通，新思想、新观念层出不穷，并能赋予人开拓进取精神，另一方面，城镇化过程也推动城市文明向乡村的扩散和传播，带动农民思想观念的转变。

五是体制改革取得明显成效。伴随着城镇化的快速发展而产生的就业机会，为农村剩余劳动力转移提供了广阔的空间，特别是城镇化的推进为第三产业的发展提供了条件，而第三产业具有吸纳就业能力强的特点，大大增强了城镇对农村剩余劳动力的吸纳能力，提高了城乡生产要素配置效率。在此过程中，户籍制度的改革取得了很大进展：2000 年，国家开放了县以下城镇户籍；2012 年，全面开放了农民进入中小城市的户籍限制。这为农村转移人口在城市获得相对公平的就业机会、社保权益、公共服务提供了保障，增强他们在城市的获得感和幸福感。

二、淮河流域发展新型城镇化的必然性

（一）城镇化可以促进农民增收，逐步缩小城乡差距

自城镇（城市和小城镇）出现以来，国家或区域就是由城镇地域和乡村（农村）地域所构成的二元空间结构，即城乡结构。城镇和乡村在一个国家或区域的城镇化过程中，始终是人口和经济要素的两类空间载体。城镇和乡村的分离，既是人类文明和社会生产力发展的成就，又是形成城乡经济发展和居民收入差距的空间因素。城镇化作为人类社会发展的客观趋势，它伴随工业化、现代化进程逐步推进，以城镇和城镇经济为导向，推动国家或区域的经

济结构、社会结构和空间结构不断地发展变化，使城乡差距得以逐步缩小并最终趋于消失。

城乡差距的失衡原因在于生产力的差异，农业是"报酬递减"的产业，而工业是"报酬递增"的产业，农民越多，越无法规模化生产，生产效率就越低；城市人越多，工业规模就越大，效率也就越高。2020年，我国作为"农业劳动者"的农民有1.77亿人，作为"农村人口"的农民有5.10亿人，作为"户籍人口"的农民有7.71亿人，而我国的耕地面积仅有19.18亿亩，如此庞大的农民基数限制了农业的规模化经营。只有把农民"赶"进了城，农田才能空下来，才能为农业的规模化经营提供条件，同时工业才能不断扩大规模，降低成本。只要农民不进城，农业不实现现代化，城乡差距就会不可避免地加大。因而可以说，城镇化是国家或区域空间结构优化的必由之路，也是有效缩小城乡差距的一种空间结构优化模式。

（二）城镇化可以推动区域均衡发展，逐步缩小区域差距

我国在城镇化整体发展的过程中，地区间的城市化水平参差不齐，城镇化差距呈现不断扩大趋势。我国城市化进程中伴随着劳动力大规模地跨区域流动，东部地区经济发达，吸引了中西部大量的劳动力从农业部门转向非农业部门，但是转移的劳动力由于户籍身份问题，其所创造的产值并没有计入户籍所在地，而是计入了东部其工作所在地。尽管中西部地区农业人口主要收入已经从农业收入转向非农业的打工收入，其收入的绝对水平在增加，但是由于我国劳动要素密集，因此其劳动报酬的份额相对较少，地区差距和城乡差距都呈现增大的趋势。随着城镇化推进力度的加大，会造成一定数量的劳动力回流，而乡镇企业的发展也会吸引大量的外出务工农民回乡就业，长期会带来地方经济的繁荣，也能在一定程度上缓解区域差异。

总体来说，我国东部地区的城镇化已经处于较高层次的现代化发展阶段，而中西部地区的城镇化仍然处于初级阶段，具有明显的城镇化率低、城市规模普遍较小、层次较低、竞争力不强的特点。但是全球发展的经验表明，主要的发达国家基本上从沿海率先发展，然后通过内河向内陆地区拓展。随着我国城镇化的进一步发展，如果这个趋势得以延续的话，我国现有的区域差距会逐步得到缓解。

加快推进城镇化是解决城乡二元体制、缩小城乡差距、缩小区域差距的良方，也是转变发展方式、保障经济又好又快发展的科学选择。但是传统的城镇化建设中种种弊端日益显现，如快速的人口城镇化发展速度与滞后的土地城镇化发展水平严重不同步、城镇化的快速发展与落后的产业结构调整高度不协调、城乡之间的差距仍然在不断拉大，农村转移人口难以融入城市、城乡矛盾不断恶化，资源环境约束条件日益突显，等等，这些矛盾妨碍了健康、可持续的城镇化的发展。因此，探索出一条适合我国国情、具有中国特色的新型城镇化道路已成为我国经济社会发展的必然选择。

三、淮河流域新型城镇化现状

淮河流域大部分处于平原地区，人口密集，虽然随着近些年经济社会的发展，流域内各城市的城镇化率有了一定的提高，新型城镇化发展也取得了一些成绩，但同时也存在一定的问题。2018年末，淮河流域人口城镇化率达到52.5%左右，但与全国城镇化率平均水平59.58%相比，仍然相对落后。根据《中国城市发展报告》中提出的城镇化发展水平综合评价指标体系，从淮河生态经济带的经济城镇化、人口城镇化、生活方式城镇化、土地城镇化和环境城镇化5个方面来看，其城镇化水平与发达地区相比仍然存在着较大的差距。

（一）人口城镇化方面

淮河流域农业人口较多，虽然人口城镇化率处于不断上升的阶段，但户籍城镇化率与人口城镇化率差距悬殊，城镇化存在"夹生"现象。人口城镇化率的提高，主要来自农业转移人口的增加，在目前的城乡分割二元体制下，农业转移人口被视为城市过客，虽然居住在城镇，工作在城镇，但他们在城市的生活中却面临着诸多困难，基本上享受不到均等的社会保障、医疗保险等权益，甚至子女上学都是一大难题，农业转移人口的子女受教育权没有得到保护，他们要么跨不进学校的大门，要么就读于数量有限的农村转移人口子女学校，无法真正融入城市。自2000年第五次全国人口普查开始，在城镇居住超过6个月以上的外来人口也被统计为城镇人口，而这部分群体中大部分是农村转移人口，即农村剩余劳动力转移到城镇的人口。目前采用的评价城镇化水平的指标只是一种名义的城镇化率，难以真实反映城镇化发展的具体效应。大量农业转移人口不能沉淀在城镇，城镇发展与农业转移人口市民化相脱节，是严重制约淮河流域城镇化健康发展的一个突出矛盾。从省份角度来看，各省份的城市人口城镇化差异较大，江苏和山东的各地市人口城镇化水平保持较高水平，河南、安徽各地市人口城镇化处于较低水平。

（二）经济城镇化方面

经济城镇化是城镇化的最直接表现形式，也是推动城镇化快速发展的主要动力。但是淮河流域内城镇功能尚不健全，按照理论研究，城镇人口达到15万人的规模时，才会形成集聚效应。淮河流域城市多为四、五线小城市，而且很多小城镇功能尚不健全。城镇功能尚未健全、城镇特色不够突出、受长期城乡二元经济结构及行政区划等因素的影响，淮河流域大城市数量少，城市规模过小，难以形成较强的集聚效应，尚不能发挥城镇乘数效应、涓滴效应。郑州、徐州两座城市规模较大，但目前辐射带动作用不强，难以带动周边地区的纵深发展。乘数效应在区域经济发展中是指通过产业关联和区域关联对周围地区发生示范、组织、带动作用，通过循环和累积，这种作用不断强化放大、不断扩大影响。涓滴效应是由优先发展起来的群体或地区通过消费、就业等方面惠及贫困阶层或地区，带动其发展和富裕的理论。由于内部竞争激烈，资源分配在各个区域内呈离散状态，没有形成统一协调，没有按照地区功能特色不同合理分配发挥市场力量，导致各个地区没有找到适合自身发展的增长点，短期内无法形成增长极，使得主要城市很难带动周边区域进一步发展。

此外，不同于农业生产，工业部门具有较好的集聚能力，它可以使单位空间内经济活动强度和规模大幅度增加，因此工业化是经济城镇化的直接推动力。总体来看，淮河流域的经济城镇化水平和人口城镇化水平基本保持一致，即城镇化率与二三产业增加值比重呈正相关关系，城镇化率越高，二三产业增加值比重越大。但应该看到，城镇化水平整体偏低，城市间差异显著，比如亳州、宿州等农业市与淮北、淮南相比就明显偏低。但是，大量劳务的输出使得淮河流域各城市正慢慢偏离以工业化驱动城市化的传统结构转型路径，由传统的工业化带动城镇化显得尤为困难。

（三）生活方式城镇化方面

生活方式的城镇化水平反映了城镇化的丰富内涵，居民的生活质量和消费方式能够反映一个城镇生活方式的变化。城镇居民人均可支配收入、城镇居民家庭设备用品及服务支出、城镇居民家庭教育文化娱乐服务支出、城市燃气普及率、城市用水普及率、城市居住用地面积等都是反映城镇化生活方式的指标。近年来，淮河流域各地级市生活方式有所改善，用水普及率及城市燃气普及率较高，城镇居民家庭设备用品及服务支出和教育文化娱乐支出也占有一定比例。从省份范围来看，江苏省生活方式城镇化水平明显高于其他省份，流域内其他地区的居民生活水平还有较大的提升空间。

（四）土地城镇化方面

土地城镇化的主要衡量指标是城镇建成区面积，因此，在城镇化过程中，土地城镇化主要表现为土地的使用类型由农用地变为城镇建设用地。当前，淮河流域各地城镇虽然规模普遍增大，建成区面积普遍扩张，但是仍然存在土地城镇化速度明显高于人口城镇化速度的现象，表现为城镇不够集中，存在低密度性和分散化倾向。究其原因，首先，整体规划不足，没有形成贯穿全局的发展战略，城镇化建设缺乏全面统筹协调；其次，对新型城镇化建设的认知不够，重要性不明确，理念跟不上，领导力量和资金投入不足。受计划经济体制的影响，传统的城镇化方式主要是由国家计划推动，利用撤县划市、撤乡改镇等方式行政干预城镇化建设，同时地方官员对"人的城镇化"和就近、就地城镇化的理解不全面，造成部分地区出现让人口集中居住、赶农民上楼等简单粗暴的做法，认知的不足造成发展规划跟不上，在制定地方新型城镇化规划时存在着千篇一律的现象，各地有效的实践创新并未反映在具体规划中。第三，城市布局结构不合理，相邻城市之间发展不够协调，部分大城市功能过分集中于中心区，不同程度存在人口膨胀、交通拥挤、资源短缺等问题，城市边缘地区则出现"棚户区""贫民区"等环境恶劣的人口聚居地。

（五）环境城镇化方面

城镇是现代文明的产物，随着人口和产业不断向城镇集聚，资源紧缺、环境污染、灾害频发等环境问题给人民生活造成的困扰越来越多。经济的快速发展使得人们对美好环境的要求越来越高，人们也越来越重视环境保护和污染治理。淮河流域在固体废物、垃圾无害化处理率等方面都高于全国平均水平，在人均公共绿地面积、城市道路面积、建成区绿化覆盖率方面除个别城市外，大部分低于全国平均水平或与全国平均水平相当，表明环境城镇化水平有待提高，也表明淮河流域内环境城市化水平存在地区差距。

四、淮河流域发展新型城镇化的路径选择

淮河生态经济带现代化发展必须以新型城镇化为有效载体，通过城镇化孕育更多产业，吸纳更多的农村人口在城镇就业生活，解决贫困人口脱贫和缩小城乡差距问题，实现城乡协同发展。通过确立发展核心，促进多个节点城市协调发展，依托产业、人口等要素在这些增长极的流动与重新配置，从而形成流域内的增长极。以节点城市的发展带动沿淮河经济走廊的经济发展，同时结合中小城镇的发展，辐射农村广大区域，有效促进二、三产业的发展，缓解农村人多地少的矛盾，促进农业规模效益的提高和农民收入的增长，以较快速度吸纳农村剩余劳动力，有序转移农民到城镇，减轻农村人口向大城市高速流动的压力，从而带动流域内的"四化同步"。

（一）优化城镇化的空间布局

随着经济全球化和区域市场一体化的快速推进，城镇化的跨区域关联性越来越强，因此，在推进淮河流域城镇化的过程中，要优化城镇的空间布局，推进区域的协调发展，从而更好地发挥城镇化的空间溢出效应。

第一，要以区域内重点城市为节点，合理规划城镇化的空间布局，增强城镇对乡村的辐射带动能力。在城镇化的基础上，可以在不改变现有城镇与乡村空间格局的条件下发展城乡一体化，增强城镇先进生产力对乡村的有效辐射和渗透，促进与带动乡村经济和社会的更快发展，进而缩小城乡间的发展差距。

第二，以产业园区为载体，完善空间布局，形成分工明确、优势明显、协作配套的产业带，推动产业融合发展。通过构建特色鲜明、优势互补的产业发展格局，实现区域间的产业互补、环境治理和基础设施等协调发展，增强中心城镇的辐射带动能力，从而降低城镇生产成本和交易成本，这将有利

于吸纳更多的农业转移人口，更好地促进城乡融合发展。

（二）推进以人为核心的城镇化

人口城镇化是经济城镇化的直接结果，表现为人口向城镇的聚集、人口的户籍类别由农业户籍转变为城镇户籍。目前，各大城市都在上演"抢人"大战，为高学历、高技能、高素质人口的落户提供了多种优惠政策，而农村居民在转变为城镇居民时在教育、医疗、社保、就业和住房等方面面临着种种障碍。因此，首先要进一步完善农民进城落户的政策制度，确保农业转移人口享受城市居民同等的待遇。比如：加快推进户籍制度改革，破除城乡二元结构；建立城乡一体化的劳动力就业服务保障体系，消除农业劳动力进城就业过程中的制度性障碍；完善流入地参加升学考试的政策措施，保障农村转移人口随迁子女在城镇接受义务教育的权利等。

（三）推进体制机制创新

城镇化的快速推进需要巨额的资金支撑，政府作为城市的基础设施建设和公共服务供给的传统供给方和建设方，在经济进入新常态、土地出让收入下降的背景下面临着严峻的财政压力。因此，在城镇化的建设和公共服务均等化的推进中，政府要鼓励民营资本进入，积极运用贴息、补助、奖励和种子资金等形式，引导社会资本进入，推动政府和社会资本合作（PPP），促使政府财政资金和社会资本共同参与形成合力，推进公共服务供给模式的多元化。此外，政府还要加快放管服改革，提升政务服务效能，大力推动投资环境的改善，提高软环境的质量和水平。

第四节　以信息化为手段，推进流域协调发展

习近平总书记指出，没有信息化就没有现代化。信息化代表了信息技术被高度应用，信息资源被高度共享，从而使得人的智能潜力及社会物质资源潜力被充分发挥，个人行为、组织决策和社会运行趋于合理化的理想状态。信息技术可以与经济社会发展各领域深度融合，蕴含着驱动现代化的巨大潜能。信息化是现代化最新的时代特征，其重要意义就是在现代化建设各领域各方面大力应用现代信息技术，深入开发、广泛利用信息资源，加速实现现

代化。

以信息化驱动现代化，是历史发展的宝贵经验，世界各国都非常重视工业信息化进程。纵观人类历史，每一轮由技术创新引发的科技革命与产业革命，都带来了社会生产力的大解放，引发了经济结构和社会结构的大调整，推动人类由农业社会走向工业社会，再到当今的信息社会，那些能够在科技革命中抢占先机，使得生产力和经济水平得到大发展的国家，往往能乘势崛起、跻身全球强国之列。例如美国，从20世纪60年代开始发展信息产业，通过信息化提高企业技术创新能力。当前，世界范围内的信息技术突飞猛进，以物联网、云计算、大数据和移动互联网为代表的新一代信息技术，催生了一大批新应用、新业态、新产业和新的生产方式、管理方式，引领着全球新一轮技术创新，深刻改变经济形态、政治生态、产业结构等各个领域，持续影响着经济社会变革。以软件、电子商务，以及互联网、大数据等新一代信息技术为代表的信息产业已经发展成为国民经济的重要产业部门，成为衡量信息化发展水平的重要参考指标。目前，信息化已发展成为衡量一个国家和地区综合实力和现代化程度的重要标志，是全球经济社会发展的重要驱动力。

一、信息化

信息化（informatization）的概念起源于20世纪60年代，是由日本社会学家梅田忠夫在他的《信息产业论》中提出的，他将信息化定义为通信现代化、计算机化和行为合理化的总称。由于信息和信息化本身均是一个动态演进过程，后来学术界对于到底什么是信息化给出过多种定义，从内涵来看，它指的是信息的广泛利用，即将信息技术应用于社会和经济的各个领域，发挥信息生产力，改变社会生产关系，提高国家综合实力，提升人民生活质量。从外延来看，它指的是一个国家或地区的信息环境。

信息化是一个动态的过程，具有鲜明的特征。首先是动态性，20世纪90年代以来，信息技术革命改变了原有的产业体系格局，这是继工业化之后人类社会发展的又一重大变革，现代科学信息技术的不断发展革新，不仅促进了全新的信息网络产业的发展，还推动着社会文明的进步和信息化水平的提升；其次是创新性，现代科学技术的发展创新促进了信息技术的发展，信息化与经济学、管理学、工学等学科的知识理念相结合，可以在实际的应用过程中实现效用最大化，从农业到工业，从经济领域到文化领域，从工作到学习，信息化已经融入人们生活的各个角落。

进入21世纪以来，我国信息化的发展取得了长足进步，对民生、环保、公共服务、公共安全等产生了深刻的影响。党的十八大报告明确把"信息化水平大幅提升"纳入全面建成小康社会的目标，并提出要促进工业化、信息化、城镇化、农业现代化"四化"同步发展；党的十九大再次指出要"推动新型工业化、信息化、城镇化、农业现代化同步发展"，明确了信息化在"四化同步"中的地位与作用。习近平总书记也多次强调要坚持以供给侧结构性改革为主线，加快发展数字经济，推动"数字中国"建设。可以看到，信息化与工业化、城镇化、农业现代化并非是简单的并列关系，信息化发展作为一种应用，服务于工业化、农业现代化与城镇化的建设，融入其他"三化"的发展中。并且，信息化与其他"三化"在实践中也显现为不同的关联：对于工业化与农业现代化而言，信息化发展体现出工具性，作为一种技术手段推进二者的进程；对于城镇化建设而言，信息化则更多体现为一种价值性，作为一种城镇化发展的结果，与人民生活直接相关，显现在日常生活中。因此，必须准确理解信息化具有的工具性与价值性的统一。

二、淮河流域发展信息化的必然性

（一）信息化发展是一种媒介形态的革新

根据著名传播学学者麦克卢汉的理论，历史上媒介形态的变化可以分为口语媒介、印刷媒介和电子媒介。从口语媒介到印刷媒介，再到电子媒介，人类社会的信息化程度日趋加深，主要表现为信息在人类社会中的重要性逐渐显著。时至今日，人类社会的信息化已经使得信息社会开始成型，加快信息化的最终目的就是早日实现向信息社会的过渡。信息社会发源于20世纪90年代初，美国政府将"信息高速公路"确立为国家重要的基础设施，由建设"信息高速公路"而引发信息化浪潮，从此人类的生产方式进入以提高脑力劳动生产力为主的信息时代。信息同物质和能源一样，是人们赖以生存与发展的重要资源。在信息社会中，人类的主要劳动对象和劳动成果是各种信息，以互联网为代表的信息传播技术不仅完全独立，不再依附于某种生产要素，而且对以往所有传播媒介进行有效融合，使得各种传播类型必须对接信息社会。信息社会的逐渐形成使得以信息处理为核心的信息产业迅速转型并快速发展，已经成为推动社会进步的强大动力和必要手段。信息社会背景下的信息产业与以往单一媒介形态独立发展不同，带来传媒手段的多样、传播信息的增加、传播权利的实现等正向效应。以淮河生态经济带所属区域为例，当前正处在工业社会尚未完成、信息社会正在过渡的两步走阶段，社会意识、知识体系、媒介素养等方面远远落后于信息产业的技术改造与制度建设。可见，信息化发展可以全方位推动整个社会的发展，对社会的现代化进程具有巨大的推动作用。

（二）信息化的发展是工具性的技术革新

信息产业作为信息化自身发展的重要指标，同时也是工具性得以实现的基础。信息化的发展会带来工作方法与工作思维意识的革新。在这个意义上，信息化发展不仅仅是信息技术的发展，也是一种新的思维方式在管理、经营乃至决策、判断层面的应用。例如"大数据"在技术上是一种处理巨大资料的工具，而其实践价值的真正实现却基于一种全体性的思维方式，这对于传统统计方法具有革命性的意义。工业社会造就了商品的极大丰富，及时、准确地得知商品信息成为商业往来是否成功的关键，专业的商品信息收集与生产成为信息社会的新行业。信息化的发展使得以网络媒介为载体的新兴行业层出不穷，比如以淘宝、京东为代表的电子商务平台，以蚂蚁金服为代表的金融服务业，以美团、饿了么为代表的互联网外卖平台。从这个角度看，信息化发展也是经营模式、思维方式的发展。

（三）信息化对工业化与农业现代化发展的工具性支持

工业化社会与信息化社会是不同的社会发展阶段，美国学者丹尼尔·贝尔提出了"后工业社会"的概念，其与"信息社会"具有相同的内涵。贝尔认为，在后工业社会时代，知识分子是社会的主导阶层，科学技术是社会变革的主要动力，经济发展从产品生产性活动转变为服务性活动，职业分布向服务型转变。从我国具体的国情来看，工业社会的建设尚未完成，需要信息化为工业化的发展提供工具性的支持。"四化同步"的实现，首先是应用信息化技术促进工业化与农业现代化的发展，而后作为一种优化的结果得以显现，这就要求在战略层面，信息化发展与工业化进程的规划、计划要相互协调。信息化对农业现代化发展的推动，主要体现在信息化可以提高农业宏观决策和综合生产能力，为农业带来发展思路、经营方式、生产技术、管理模式等方面的变革，从而打造出自动化、标准化、智能化和集约化的精细农业；依托物联网，建设集感知、传输、控制、作业为一体的智能农业系统，可以使农民打开手机就能知晓水、土、光、热等农作物生长基本要素的情况；轻点鼠标，就能为远处的农作物调节温度、浇水施肥。这种精细农业模式可提高产量 25%~30%，节约人力成本 40%。此外，信息技术还能将生产、销售、消费、管理、服务等过程串联起来，让供求衔接畅通无阻。

（四）信息化的发展对城镇化建设具有效果层面的价值

城镇化的发展为农民成为市民提供了方便，市民生活的现代化程度远高于农民，主要特征是市民在信息的探索、使用、利用等方面相较于农民具有优势。新型城镇化是以人为核心的城镇化，其中包含了人和信息化结合的人的现代化。在信息社会中，网络化社会及数字化生活与群众生活直接相关，网络化社会与数字化生活的建设关系到人民群众多大程度上能直接享用信息社会发展的成果。城镇化建设在宏观层面上具有"四化"同步发展的一般性，而在具体层面上则与数字化生活产生了密切的联系。一方面，信息技术在日常生活中的应用普遍化，是群众直接分享信息化成果的标志；另一方面，群众对数字化生活的参与也为信息化发展提供了数据信息的支持。信息技术的革新是手段的革新，在信息化发展的诸多方面，网络化社会与数字化生活的发展很大程度上不仅仅是硬件设施的投入，而且在于人们媒介素养的形成与数字生活习惯的养成，只有人民群众素养提升了，才能为信息技术提供真实、可靠的信息资源的支持。因此，数字化生活对信息化发展的影响直接延伸到"四化同步"的建设中。交通、通信、消费、娱乐是城市生活的最直接显现，而这些要素都是网络化社会发展的重要组成部分。随着移动互联网的迅猛发展，目前农村与城镇居民在接收信息方面的不对称逐渐减少，农村居民的思维、生活习惯、知识视野等与城镇居民的差距也逐渐减少，对农村居民城镇化起到了消除"鸿沟"的效应。

三、淮河流域发展信息化的路径选择

当前，随着我国经济社会信息化的逐步发展，淮河流域信息化建设取得了一定的进步，但应该看到，淮河流域信息基础设施支撑能力不足、信息产业特别是新兴业态总量偏小、产品和服务创新能力不强、信息化整合和应用水平较低、发展机制和环境不完善等问题依然突出，信息化水平较其他先进地区还有很大差距，这些问题已成为制约淮河生态经济带"四化"同步发展的突出短板。因此，在淮河生态经济带建设过程中，必须将淮河生态经济带信息化建设放到重要的战略位置，充分发挥信息化在经济、政治、文化、社会和生态文明建设中的重要作用。特别是随着国家对"新基建"投资的倾斜与扩大，淮河生态经济带各地区要抓住机遇，科学谋划，破解瓶颈，拉长短板，实现跨越发展，推动信息化与工业化、城镇化、农业现代化融合互动，为淮河生态经济带现代化进程注入更强的动力。

（一）要加快信息基础设施建设

坚持规划引导、集约建设、资源共享、规范管理，加快信息基础设施升级，突出融合发展、智能化发展和平台建设三大重点，为"四化"同步发展提供基础支撑。推进信息基础设施一体化，加强信息基础专业规划与城乡规划、土地利用总体规划体系的有效衔接，实现同步规划、同步建设、同步竣工验收，保障通信网络建设与通行，深化移动通信网络布局。做好信息基础设施与交通、电力、水利等公共基础设施的共建共享工作，推动政府机关、企事业单位、公共机构等所属公共设施及市政、公路、铁路、机场等公共设施向宽带网络设施建设开放，统筹城市地下管线规划，促进光缆、管道、基站等电信基础设施共建共享，实现主要公共区域免费高速无线局域网的全面覆盖。

建设下一代信息基础设施。加快推进光纤宽带网络升级改造，规范城市住宅小区和住宅建筑网络设施的建设行为。持续推进"三网融合"、第五代移动通信（5G）等新技术应用。加快信息通信管道工程、通信铁塔与天线工程、数据库、数据中心、数据存储基础设施建设。加强信息通信网络核心交换能力，推动与中原经济区、皖江城市带、长江三角洲城市群开展新一代移动通信网络等信息基础设施协同建设。

专栏2　　　　　　　　宿迁市电子商务的发展

近年来，宿迁市坚持把电子商务作为培育新经济增长点、拉动社会消费需求、开辟就业增收渠道、促进创新创业、推动产业转型升级的重要引擎，着力推动电子商务产业高质量发展。在载体建设方面，加大产业招商力度，将电子商务项目列入全市招商引资体系，以产业特色化、特色高端化、高端集群化为目标，成功引进各类电商企业200余家。强化孵化基地建设，推广创客空间、创业咖啡、创新工场等新型孵化模式，培育一批全要素、开放式的众创空间，市级层面规划建设互联网大众创业园（创业谷），各县（区）新建、改建网络创业孵化基地（一条街）170余万平方米。宿迁拥有1个国家级电子商务示范基地，8个省级电商示范基地，97个省级以上农村电商示范点，平均每80人就拥有1家网店，每10人就有1人从事电子商务相关工作，每1秒钟就有10.35件快递从宿迁发往世界各地。8个省级电子商务示范基地年均电子商务交易额增长率保持在30%以上，带动近4万人就业，目前入驻企业3800余家。宿迁市聚焦富民增收，聚力推动农村电商高质量特色发展。完善发展生态，全市农村电商形成"县区有服务中心、乡镇有服务站点、村居有特色网店"的县、乡、村三级发展布局；培育网货集群，推动现有电商企业进行产业链整合，加快培育花卉园艺、服饰家居、生鲜水产品、板式家具、喜糖盒子、特色农产品等六大网货集群，形成集聚效应；推动富民增收，加强农村电子商务品牌建设，提升发展层次，沭阳县、泗洪县获批国家"电商县"，创成省级"电商镇"17个、"电商村"41个、农村电商特色园区12个，"淘宝村"数量连续4年位居全省第一，26万名低收入人口从农村电子商务发展中受益。

（二）要扩大信息消费需求

紧紧抓住国家促进信息消费、扩大内需的机遇，以电子商务、物联网、云计算、移动互联网等为重点，培育发展信息技术新兴业态，充分利用信息技术加快经济转型升级、生产方式转变、商业模式创新，不断激发新的消费需求。大力发展电子商务，加快推进国家电子商务示范城市和示范基地建设，持续实施电子商务应用示范工程。加快电子商务市场体系建设，探索建立实体企业、电子商务、信息网络和物流配送"四位一体"融合发展机制，大力推动电子商务由产品销售向产业链上下游采购、分销延伸。加快引进和培育一批区域性、行业性电子商务服务平台，推动综合性农产品电子商务平台建设和专业化、特色化网络零售平台做大做强，培育中小网商，推动中小企业普及应用电子商务。加快跨境贸易电子商务发展和电子口岸建设，大力推进连云港、淮安、盐城、宿迁、临沂等域内城市跨境电子商务综合试验区建设。积极拓展新兴信息服务业态，大力发展移动互联网产业，发挥智能终端制造优势，积极引进国内外知名的移动软件及应用企业，推动移动互联网和各种终端、行业融合，培育智能终端、软件及应用研发、内容与服务一体的产业链。建设物联网技术支撑、公共服务和统一标识资源管理三大平台，面向企业供应链管理、交通、环保、物流、食品药品溯源、精准农业等领域开展物联网重大应用示范，探索建立物联网产业链上下游协作共赢的新型商业模式。积极开发满足不同需求的云服务模式，推动云计算服务在智慧城市、电子政务、工业制造等领域商业化运营，支持云计算服务创新和商业模式创新。开展大数据应用，鼓励行业、企业深度加工应用数据库，提供数据挖掘分析、精准营销和商业智能等大数据应用服务。

（三）要提升信息化应用水平

搭建高性能的信息网络基础传输平台、电子政务与公共信息网络平台、开放式多媒体综合服务平台、企业信息管理平台和电子商务与物流快递平台。坚持全面融合、深度应用、拓展提升的发展方向，促进信息化与工业化深度融合、与城镇化协同发展、与农业现代化广泛融合，提高公共服务和社会管理信息化水平，努力形成"四化"同步发展新格局。

推动信息化与工业化深度融合。围绕产业结构战略性调整和转型升级，实施"两化"深度融合示范工程，推动制造模式向数字化、网络化、智能化、服务化转变。加快传统产业升级改造，运用先进数字化装备、工业软件和行业综合解决方案改造传统设施、装备和生产工艺，重点在钢铁、化工、有色、建材、纺织等高能耗、高物耗和高污染行业建设行业节能环保公共服务信息平台、企业能源管理中心和环境信息资源中心，加强对能源利用、污染排放的实时监控和精细化管理。建立淮河生态经济带数据中心，利用传感与射频识别、全球定位系统和云智能等技术实施智能环境监测，对排污企业和大气、土壤等状况实时监控。加快信息技术在制造业中的应用，推动研发设计数字化、生产过程自动化、装备制造智能化、经营管理网络化及全流程集成，全面推行企业资源计划、供应链管理和客户关系管理，重点支持制造企业积极发展在线检测、实时监控、远程诊断、在线维护、位置服务等新应用，创新发展工业控制芯片、高端数控机床、工业机器人等智能装备和智能产品，促进传统制造向"现代智造"转型升级。加快信息技术在生产性服务业中的应用，支持和鼓励新一代信息技术在现代物流、工业设计、金融服务等领域广泛应用，深化会展、创意、租赁、技术服务外包等领域的信息化应用。依托产业集聚区和重点企业，推动建设专业信息服务平台，面向行业、企业提供信息咨询、技术研发、产业链协同等服务，打造一批"两化"融合试验区和新型工业化产业示范基地。

推进信息化与城镇化协同发展。围绕新型城镇化建设，实施智慧城市示范工程，促进城市建设规范化、城市管理精细化、城市服务智能化。重点发展智能交通、智能电网、智能水务等智能系统，加快推进供排水、供气、供暖、防灾、桥梁、道路等基础设施管理智能化，提高面向残疾人的信息无障碍服务能力，大幅提升城镇基础设施智能化水平。以城市地理空间信息系统为基础，统筹城镇规划、市政、交通、住房保障、应急指挥等系统资源，构建协同、高效、安全的城镇运行管理体系。整合政府公共服务资源，建设城市公共服务平台，创新教育、就业、社保、医疗和文化服务模式，构建广覆盖、易使用、惠民利民的公共服务应用体系。整合城市社区服务资源，建设综合服务平台，提高网格化管理和服务水平。协同推进信阳、驻马店、平顶山、商丘、阜阳、亳州、淮北、淮南、宿州、滁州、蚌埠、淮安、盐城、徐州、扬州、枣庄、济宁、临沂、菏泽等"智慧城市"建设，统一建设标准，开放数据接口，打破信息孤岛，实现信息互联互通，提升水利、交通、物流等领域管理体系的智慧化应用水平。

推进信息化与农业现代化广泛融合。依托淮河生态经济带农业生产的特点，围绕粮食生产核心区建设，实施国家农村信息化示范省建设工程，深化信息技术在农业农村各领域的应用，支撑现代农业和城乡一体化发展。积极开展精准农业示范，加快农业基础设施、装备与信息技术全面融合，加强农业生产环境及防灾减灾监控、农业投入监管及农产品生产流通环节监测，建立农资和农产品追溯体系，保障农产品有效供给和质量安全。大力发展农业电子商务，构建以特色农产品交易为核心的农业电子商务服务体系，发展城乡一体的现代流通方式和新型经营业态。建设完善农村党员现代远程教育网络，整合各类涉农信息资源，建设资源整合、共建共享、管理规范、机制完善的农业农村综合信息服务平台。加强农村信息员队伍建设，开展农村信息化知识和技能培训，提高农村信息技术教育普及率。

总之，淮河流域内各城市之间的发展还存在较大的差异，整体经济社会发展水平较低，要实现跨越式发展必须借助于信息化的有力推动。以信息化为手段，加强流域经济整体规划，实现信息化与城乡经济社会同步协调发展，建立城乡信息良性互动机制；以促进产业发展为支撑，带动、改造和提升龙头企业，推动流域工业信息化；通过推进城镇信息化水平建设，提高城镇运转效率，提升居民生活质量；以满足流域内农民对信息的需求、保护农民利益为出发点，推进流域地区间和城乡的信息互动和资源共享。在推进工业化、城镇化并助推农业现代化和城乡一体化发展方面，真正使信息化成为兴工业、强城镇、带农村、富农民的保障手段。

第五节　践行绿色发展理念，推进淮河生态经济带高质量发展

党的十九大提出，必须坚定不移地贯彻创新、协调、绿色、开放、共享的发展理念，推动新型工业化、信息化、城镇化、农业现代化同步发展。淮河生态经济带现代化进程的实现必须践行绿色发展理念，将生态文明建设注入"四化"发展的各个环节，推动淮河生态经济带高质量发展。

一、建设淮河生态经济带的重要性

绿色发展是经济社会发展的必然趋势，目前已成为全世界共同追求的目

标。绿色发展作为一种发展方式，是顺应全球对于生态和环境的要求，对传统发展模式的一种改革创新，强调在经济发展的同时，实现经济、社会、资源、环境的协同发展。

淮河流域跨越我国中东部5省，矿产资源丰富，具有较好的工业基础，拥有较多的工业部门，因此产生了大量的工业废水、废气，造成严重的污染问题。因此，建设淮河生态经济带，"生态保护"是其中的关键。国务院《淮河生态经济带发展规划》将淮河生态经济带建设战略定位为流域生态文明建设示范带，要求把生态保护和环境治理放在首要位置，加快形成绿色发展方式和生活方式，把淮河流域建设成为天蓝地绿水清、人与自然和谐共生的绿色发展带，为全国大河流域生态文明建设积累新经验、探索新路径。绿色发展是以效率、和谐、持续为目标的经济增长和社会发展方式，它是一个系统工程，包括绿色生产、绿色经营、绿色生活、绿色出行等与生产生活相关的人类一切活动，其宗旨在于发展的永续性，即前代的发展不能阻碍后代的发展，应该为后代的发展开辟广阔路径。因此，淮河流域各级政府要在绿色发展理念指导下，在各领域的生产活动中制定相应的规制，引领和规范社会主体的生产生活方式朝着绿色环保、生态文明的方向不断发展。

（一）绿色发展是推进生态文明建设的必然举措，是建设美丽中国的必然要求

生态兴，则文明兴，生态衰，则文明衰，生态文明建设关系人民福祉，关乎民族未来。建设美丽中国是生态文明建设的应有之义，是新时期党执政兴国的重大责任和使命。在人与自然和谐视域下，绿色发展理念提出加快主体功能区建设、推动绿色低碳循环发展、全面节约和高效利用资源、加大环境治理力度、筑牢生态安全屏障等举措，充分明确了生态文明建设的主攻方向和精准着力点，目的是要打造科学合理的发展布局、构建系统完备的生态文明制度体系、建立绿色低碳的产业体系、培育绿色节约的生活方式，推动生态文明建设的各项决策部署落地实施、有序推进、同向驱动，补齐生态短板，开创生态文明建设新局面，使美丽中国建设取得更多成果和更大进展，由蓝图变为现实。发展淮河生态经济带，打造绿色生态廊道，居于首要位置的是协同推进生态文明建设，按照国家的统一部署，在推进"四化同步"发展过程中，更加注重生态文明建设，为建设美丽中国做出贡献。

（二）绿色发展是全面建成小康社会的应有之义，反映了全面建成小康社会的内在要求

全面建成小康社会的关键在于"全面"，需要经济、政治、文化、社会、生态等方面协同发力，以更好满足人民群众各方面的需求。近年来，人民群众的需求呈现形式日趋多样、水平不断提高的特点，从追求物质生活到追求精神生活，从关心物质文明建设到关注生态文明建设，从关心经济建设到关心政治建设，从关心人与社会发展到关心人、社会与自然协调发展。人们对生存环境的要求显著提高，生态环境质量在人民群众幸福指数中的地位不断凸显。当前，我国正处于实现中华民族伟大复兴的关键时期，发展动力、发展结构、发展条件、发展环境都发生了深刻变化，资源环境承载逼近极限，已经构成制约经济社会发展的最大瓶颈。增强生态治理能力，提升生态治理水平，推进经济社会可持续发展，是必须要解决的重大时代课题。践行绿色发展，就是要破解绿色发展难题、厚植绿色发展优势、增强绿色发展动力，为社会发展增强生态底色。要实现《淮河生态经济带发展规划》提出的发展目标，必须将绿色发展理念贯穿到实现现代化进程的过程之中。

（三）绿色发展是推动产业升级的必由之路，是推进现代化建设的重要引领

当前，我国已步入经济发展的新常态，加快转变经济发展方式，推动产业升级，客观上要求必须推动绿色转型、建设生态文明。产业转型升级需要依靠技术创新和产业结构调整，提高发展质量和效益。随着新一轮科技革命和产业变革的到来，我们必须将科技创新作为战略基点，加强重大科学技术问题研究，开展生态文明领域关键技术攻关。一方面推动传统制造业绿色改造，构建清洁低碳、安全高效的现代能源体系，加快推动生产方式绿色化、低碳化。另一方面大力发展节能环保、新能源等绿色产业，以推广绿色产品拉动绿色消费需求，以增强工程技术能力拉动绿色投资增长，为生态文明建设提供坚实的产业基础和技术支撑。同时要全面节约集约和高效利用资源，推动利用方式根本转变，转变传统的增加资源供给只能依靠开发原生资源的认识，把节约资源能源、推动废弃物循环利用作为增加资源供给的重要渠道，

把节约资源作为保护生态环境的首要之策，在转变资源利用方式、提高资源利用效率上下功夫。要实施全民节能行动计划，全面推进工业、建筑、交通、公共机构等重点领域节能减排，加强高耗能行业能耗管控，实施近零碳排放区示范工程。实施循环发展引领计划，推行企业循环式生产、产业循环式组合、园区循环化改造，加快建立循环型工业、农业、服务业体系，推进生产系统和生活系统的循环链接，建设覆盖全社会的资源循环利用体系，减少单位产出物质消耗，大幅度提高资源产出率。做好节约集约利用水、土地、矿产等工作，提高节能、节水、节地、节材、节矿标准，落实全面节约要求，大幅降低资源消耗强度。

二、淮河流域生态经济环境存在的问题

淮河流域内拥有大量的矿产资源，因此促进了诸多工业城市的崛起。在工业化和城镇化快速推进的进程中，传统粗放型的经济增长方式给淮河流域生态经济的绿色发展带来了一系列的问题，加之统筹协调机制建设不足，流域长期实行属地管理机制，流域内城市区域协作和协商机制建设较为滞后，对整个生态经济带建设的指导作用发挥不够。

（一）工业绿色发展存在的问题

流域内省市工业能源消耗大。淮河流域内的山东省、安徽省、河南省、江苏省四省的工业化发展存在较高的资源能源依赖度，以2016年四省在工业能源消耗方面的数据为例（表1-1），可以明显看出，淮河流域内城市工业能源消耗巨大，这严重制约了绿色经济的发展。

表1-1 　　　　　　　　2016年淮河流域内外各省市工业能源消耗对比表

	淮河流域内				淮河流域外
	安徽省	山东省	河南省	江苏省	北京市
工业能源消耗（万吨标准煤）	8489.29	29613.7	16290.58	23456.02	1870.8

流域内城市工业污染排放多。流域内城市，特别是省会城市，在经济快速增长和工业化发展的背后，产生了大量的污染排放物。以2016年流域内三大省会城市在工业废水排放量、工业二氧化硫排放量和一般工业固体产生

量的数据来看（表1-2），要实现绿色发展还面临着种种挑战。

表1-2   2016年流域内省会城市工业污染排放物情况表

城市	工业废水排放量（万吨）	工业二氧化硫排放量（吨）	一般工业固体产生量（万吨）
合肥市	5153	9011	991.99
郑州市	6710	22943	1585.88
南京市	21624	28639	2016.69

流域内城市创新能力不足。流域内虽然有大量的高校和科研院所，但在工业技术创新方面跟一线城市还存在一定的差距（图1-1），创新能力不足严重制约了工业企业的升级改造，也影响了绿色经济的发展。

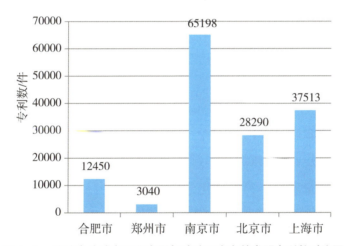

图1-1   流域内外城市工业发展与试验研究有效发明专利数对比图

（二）乡村绿色发展存在的问题

第一，生态修复治理由易趋难，污染防治和生态修复任务繁重。流域内有诸多的资源枯竭型城市，由煤炭开采导致的土地塌陷等问题一直都很严重，目前针对资源型城市的资源开发补偿机制、资源型产品价格调节机制、资源税收机制不够健全和完善。长期以来，资源枯竭型城市对生态环境保护的认识不足，矿业"掠夺式"开采，使得土地出现大面积塌陷，煤矸石等尾矿大量堆积，工业废弃物大量排放，生态环境破坏严重。并且，随着环境治理转向深层次，治理周期变长，治理成本也变高。

第二，垃圾污染问题严重，人居环境脏、乱、差。虽然美丽乡村的建设使农村的人居环境得到了很大的改善，但农村环境卫生的总体状况仍然形势严峻，随意倾倒垃圾，散养家禽，随意使用农药、化肥等农业投入品，排放工业废水的问题依然严重。在农村人居环境提升工作中，承担乡村保洁的主要是政府雇用的保洁员，很少有村民能够响应村委会的号召主动清理房前屋后垃圾杂物。随着人们生活水平的提高，塑料袋、食物残渣等生活垃圾不断增多，农村生活垃圾的清理和转运速度远低于产生速度。

第三，基础设施建设不足。目前农村存在严重的垃圾池、垃圾中转站等环卫设施匮乏的现象，垃圾随意丢弃的现象依然存在。在"厕所革命"开始之前，大部分农户家中使用的均是旱厕，冲水式厕所并没有完全覆盖。

第四，农民思想观念落后，环保意识不强。垃圾处理和环境保护的责任主体是当地政府和主管部门，农民的主动参与意识不强，认为农村环境脏乱差属于正常现象，环保意识淡薄。

三、建设淮河生态经济带的路径选择

产业转型升级既是淮河生态经济带发展的客观要求，也是能否完成现代化进程的关键一步，必须以绿色引领产业转型升级，推动工业化、新型城镇化、农业现代化高质量发展，为现代化建设注入更多"绿色"底色。

（一）在推进新型工业化过程中践行绿色发展

世界工业化的历史表明，无论是资本主义工业化，还是社会主义工业化，无论是发达国家工业化，还是发展中国家工业化，都是把经济增长建立在过多地索取自然资源、大量消耗能源的基础上进行的，都在走"先污染、后治理"的老路。传统工业化发展道路的不可持续性，造成现代经济不可持续发展的危机。推动现代经济非持续性发展向可持续性发展转变，必须变革传统的工业化发展道路，探索工业化与生态化有机统一与协调发展的道路，建立绿色工业模式。

绿色工业是以可持续发展为宗旨，以经济与环境协调发展为基础，尊重客观规律，利用生态学、生态经济学原理以及现代科学技术，推动工业绿色化，发展生态型工业，从而达到投入少、消耗低、质量高、污染少而又生产出符合环境标准的产品的目的，实现生态系统和经济系统的良性循环以及经济效益、社会效益、生态效益相统一的工业模式。长期以来，我国工业发展方式粗放，高消耗、高投入、高排放、低产出、不可持续的特征明显，相关工业行业能效水平远低于发达国家。据统计，我国钢铁行业平均能效水平比国际先进水平落后 6% 左右，建材行业落后约 10%，石化化工行业落后10%~20%。工业作为资源消耗和污染物排放的重点领域，一次能源消耗占全社会的 70% 以上，二氧化硫、氮氧化物分别占全国的 90%、68% 左右，严重危害人民群众健康的非常规污染物如持久性有机污染物（POPs）、重金属污染物等几乎都来源于工业领域。在未来相当长一段时间内，我国仍将处于工业化快速发展阶段，绿色发展是我国工业转型升级的必由之路。

发展绿色工业，首先需要制定绿色产业发展战略，各工业行业要遵循低碳循环发展的理念，制定绿色发展战略规划和实施方案，注重培养和扶植绿色龙头企业，积极鼓励产业积聚，打造绿色产业集群基地，形成以绿色龙头企业为标杆，以国际化市场体系、"专精特新"企业、专业化设计公司为基础的绿色产业发展格局；第二，要将绿色发展理念渗透到工业企业各个具体环节中，把发展低碳循环经济的理念落实到每个企业、每个产品、每项生产工序上，设计企业绿色发展战略、生产流程、营销模式和企业绿色文化，在废弃物资源化利用的同时实现零污染排放，生产能效高和具有环境友好特征的绿色产品，努力打造生态绿色品牌；第三，各地方、各部门要制定和实施绿色发展规划和具体实施方案，对区域经济结构进行合理布局和优化，以实现资源、能源、物料的循环利用和废弃物无害化处理，推动工业发展园区化，实现园区污染零排放。2015 年，国务院正式印发了我国实施制造强国战略的第一个十年行动纲领——《中国制造 2025》，这是在国内外新形势下，中国政府首次提出实施制造强国战略的纲领性规划，旨在通过"三步走"战略，到新中国成立 100 年时，进入世界制造强国前列。该规划明确提出全面推行绿色制造，"绿色"成为贯穿全文的主色调，绿色发展成为《中国制造2025》指导思想的核心内容之一。《淮河生态经济带发展规划》也指出，淮河生态经济带发展要联手推动传统产业优化升级，支持企业瞄准行业先进水平推进新一轮技术改造升级，全面提高产业技术、工艺装备、产品质量、能效环保等水平，加快推广和应用新一代信息技术，促进工业化和信息化融合发展，培育一批具有创新能力的排头兵企业。推动冶金、煤电、化工、纺织、机械、轻工、建材、食品等传统优势产业绿色化、智能化改造升级，鼓励企业跨区域兼并重组。《中国制造2025》和《淮河生态经济带发展规划》对淮河生态经济带新型工业化坚持绿色发展道路指明了方向和路径。

（二）在推进农业现代化过程中践行绿色发展

农业现代化的目标是实现传统农业向现代农业的转变，其重要特征是实现农业的可持续发展，发展绿色农业是实现农业可持续发展的必由之路，也是实现农业现代化的必然选择。绿色农业是指以可持续发展为原则，从注重生态平衡、减少环境污染、保护和节约自然资源、维护人类社会长远利益及长久发展的角度出发，充分运用先进科学技术和现代化管理理念，以促进农产品安全、资源安全、生态安全和提高农业综合效益的协调统一为目标，把绿色化贯穿到农业生产的整个产业链，推动经济和社会全面、协调、可持续发展的农业发展模式。绿色农业既不是传统农业的简单回归，也不是对有机农业、生态农业等类型农业的全盘否定，而是一种避免各种类型农业的弊端，取长补短，内涵丰富的新型农业。20世纪70年代以来，美国、德国、英国、法国、荷兰、丹麦、奥地利、日本、韩国等发达国家十分重视绿色农业的发展，绿色农业技术不断进步并趋于成熟，从事绿色生产的农场和耕地不仅在数量上增多，而且生产领域迅速扩大。中国耕地资源总量有限，人口众多，人均耕地占有量很低，耕地资源总量和人均耕地资源量都严重不足。农业是我国国民经济发展的基础，我国政府历来高度重视农业问题，倡导以生态环境保护为基础，以生产优质产品为核心，坚持统筹兼顾，追求绿色产品、清洁生产和资源循环利用的绿色农业发展道路。十八大以来，面对国内外错综复杂的经济形势和多发频发的自然灾害的不利影响，党中央始终从全局出发，高度重视农业农村改革，先后出台一系列强农惠农富农政策，推动了农业生产方式由过去的资源浪费型向绿色生态型转变。2016年12月中央经济工作会议首次明确提出"深入推进农业供给侧结构性改革"，把增加优质绿色农产品供给放在突出位置。2017年2月中央一号文件发布了《中共中央国务院关于深入推进农业供给侧结构性改革加快培育农业农村发展新动能的若干意见》，明确提出"质量兴农"，通过转变农业发展导向、实施农业标准化战略、推行绿色生产方式、健全农产品质量和食品安全监管体制等四大措施，增强农业可持续发展能力。2019年中央一号文件《中共中央国务院关于坚持农业农村优先发展做好"三农"工作的若干意见》提出，推动农业农村绿色发展，创建农业绿色发展先行区，这些都为我国农业发展指明了方向。《淮河生态经济带发展规划》将绿色农业发展作为构建现代农业产业体系、生产体系、经营体系的重要内容，指出要推进农业供给侧结构性改革，深入推进农业绿色化、优质化、特色化、品牌化，调整优化农业生产力布局，推动农业生产由增产导向转向提质导向。

（三）在推进新型城镇化过程中践行绿色发展

随着城镇化进程的加快，也造成了一定的环境污染、生态破坏等现象。"摊大饼"式粗放的城市发展模式导致城市环境危机出现，要解决这些问题，需要把生态文明的理念与生态文明原则融入城镇化过程中，将绿色低碳的观念嵌入城市规划中，促进城镇化绿色发展转型。新型城镇化是以城乡统筹、城乡一体、产业互动、节约集约、生态宜居、和谐发展为基本特征的城镇化，包含了绿色发展的理念。以绿色发展理念推进新型城镇化，首先要解决的是城镇化动力问题。以日本为例，其在实现城镇化的过程中，十分注重绿色发展，取得了较好的效果。从20世纪90年代开始，日本现代服务业成为城镇化的新动力源泉，现代服务业包括信息技术、科技研发、金融保险等内容，绿色、环保、低碳和高技术是其重要特征。这种以"绿色发展"为首要特征的现代服务业已经取代了传统工业，成为城市发展的最重要动力。我国推进新型城镇化，关键是要转变经济发展方式，决不能以牺牲环境为代价换取一时的经济增长。要结合供给侧结构性改革与产业结构优化，改变传统的粗放型经济发展方式，向集约型、创新型发展方式转变，推动经济绿色低碳循环发展，实现经济发展与环境保护相协调，走可持续发展之路。在推进新型城镇化进程中，有条件的地方可以重点发展生态环保产业、高新技术产业、优势服务业、创意文化产业、现代农业、休闲旅游业等。传统产业要积极引进绿色科技、发展绿色生产，为社会提供更多的生态环保型产品和服务。其次，要优化城镇化布局形态。按照统筹规划、合理布局、分工协作、以大带小的原则，立足资源环境承载能力，构建大中小城市和小城镇协调发展的城镇化空间格局。

统筹优化城市国土空间规划、产业布局和人口分布，提升城市可持续发展能力，建设宜业宜居、富有特色、充满活力的现代城市。要优化城市空间布局，全面推进城市国土空间规划编制，强化"三区三线"管控，推进"多规合一"，促进城市经济增长。基于资源环境承载能力和国土空间开发适宜性评价，在国土空间规划中统筹划定落实生态保护红线、永久基本农田、城镇开发边界三条控制线，制定相应管控规则。再次，要加强城市基础设施建设，推进节水型城市建设，实施海绵城市建设。开展城市黑臭水体整治，提升城镇污水和垃圾处理能力和水平。同时，要大力推广绿色建筑与绿色节能，实现节能减排，提高建筑舒适度和管理效率，提升城镇化建设绿色水平。

习近平总书记关于深入推进新型城镇化建设的重要指示强调，坚持以创新、协调、绿色、开放、共享的发展理念为引领，促进中国特色新型城镇化持续健康发展。《淮河生态经济带发展规划》对于推进淮河生态经济带新型城镇化绿色发展也有明确要求，指出要构建绿色宜居环境，将生态文明理念全面融入城镇化发展，优化城镇生态空间。创新城镇规划管理，统筹规划、建设、管理三大环节，合理划定城市"三区四线"，强化规划环评，优化空间开发布局，加强城镇生产、生活和生态空间管制。同时指出，建设淮河生态经济带要培育壮大战略性新兴产业，加快文化产业发展，为新型城镇化建设提供"绿色"动力。

（四）持续营造绿色发展氛围

践行绿色发展理念，离不开社会公众的参与和支持，必须持续地在人民群众中营造绿色发展的社会氛围。其一，政府要加大对绿色发展理念的宣传力度，通过网络、电视、短视频、电梯广告、商场和公共交通展示屏等方式，将绿色发展理念渗透到公众生活的方方面面，为淮河流域的绿色发展营造良好的社会氛围。其二，通过学校、单位、社区等各级机构，积极营造绿色发展的文化氛围，潜移默化地提高公众的绿色、环保意识。其三，完善奖惩机制，对高能耗高排放的企业和破坏环境卫生的个人进行惩处，对有效举报有损绿色发展的行为进行奖励，让每个个体都参与到保护环境的工作中来。其四，加大科学教育投入，培养高素质人才，加强区域绿色技术的研发和产业化，提高科学技术和教育在环境治理、节能减排等方面的技术指引，进而切实提高绿色发展水平。其五，切实打破行政壁垒，借鉴长江经济带"共抓大保护，不搞大开发"的指导思想，通过区域协同合作的方式，建立和完善区域生态—经济合作机制，推动绿色经济协同发展。

淮河生态经济带现代化进程不能缺少绿色发展，它不仅仅是将"四化"简单"绿化"，而且是与"四化"融合发展、协同发展，通过高科技、高效益、低消耗、低污染的产业结构与生产方式，推动工业化与城镇化；围绕农业现代化和信息化，创建低碳、节约、节能、文明的消费模式与生活方式。

第六节　坚持差异化发展，有序推进淮河生态经济带"四化"进程

一、差异化发展的经济学理论

（一）区域竞争力理论

区域竞争力理论起源于国家竞争力理论，最早是由美国著名的战略管理学家迈克尔·波特提出的，他认为生产力水平的高低决定了一个国家的竞争力，而生产力水平的高低又与一国使用生产要素的含量、市场需求的多少、产业发展的程度、政府政策的影响等息息相关。在此基础上，我国从20世纪90年代后期开始从各个维度、各个领域研究区域竞争力的问题，比较有代表性的观点，一是强调资源的优化配置，二是强调经济的可持续增长，三是强调区域竞争力的系统性。

（二）比较优势理论

早在1776年，亚当·斯密在《国富论》中就曾提出，各国（区域）通过生产各自具有优势的产品并与他国（区域）进行交换，可以实现生产要素的充分利用，进而增加社会财富。在此基础上，大卫·李嘉图在《政治经济学及赋税原理》中又进一步发展了该理论，提出比较成本理论，指出即使一国（区域）所有产品的绝对成本都高，但是成本差异小的产品同样具有比较优势，这种比较优势与资源有很强的相关性，比如劳动力资源的优势，等等。

（三）竞争优势理论

竞争优势理论起源于德国古典经济学家弗·李斯特的竞争优势思想，他指出一个国家独特的历史条件、文化传统、地理环境、自然资源等都有可能成为该国经济发展的内生动力。在此基础上，迈克尔·波特又进一步发展了该理论，提出竞争优势理论，不仅强调了比较优势的重要性，还强调了成本优势和差异优势对一国经济增长的重要意义。

（四）要素禀赋理论

要素禀赋理论的观点来源于瑞典经济学家赫克歇尔的要素禀赋论，该理论认为，一个国家应集中生产并出口使用本国资源最丰富、价格最便宜生产要素的商品，而不应该生产需要使用本国拥有量最小或完全不拥有的生产要素的那些商品。劳动丰富的国家应集中生产并出口劳动密集型产品，资本丰富的国家应集中生产并出口资本密集型产品。

（五）差异战略理论

差异化发展战略由迈克尔·波特率先提出，该理论是指企业凭借自身技术和管理优势，开发和生产出优于市场上现有产品水平的富有个性化色彩的独特产品，从而实现营销利润最大化。该理论提出的初衷是提高企业的综合竞争力。在淮河流域生态经济带的建设中，可以借鉴这种积极主动的优势竞争战略，根据各城市的自身基础条件，选择适合自身发展的实施途径，确立自身的发展特色和优势地位，确立有比较优势和竞争优势的绿色经济差异化发展的战略、模式和目标。

二、淮河生态经济带差异化发展的必然性

淮河生态经济带覆盖5个省份，涵盖人口超过1亿，各省份、各地市甚至各县（市）之间经济发展水平、产业结构、资源禀赋等方面都存在着较大差异，因此，各地区工业化、城镇化、农业现代化、信息化的状况差异显著，这就决定了推进淮河生态经济带现代化路径必须坚持差异化发展的原则，不搞一刀切，要有序协同推进。《淮河生态经济带发展规划》对此也明确指出，要"从各地实际出发，遵循客观规律，量力而行，分阶段、分步骤有序推进

重点任务和重大工程"，这也就要求建设淮河生态经济带要坚持差异化发展。

（一）淮河生态经济带发展水平整体情况

根据曹玉华等2019年对淮河生态经济带区域发展差异所做的分析，淮河生态经济带总体发展水平不高，整体上呈现"东高西低"的空间分异特征，综合发展水平呈现与上、中、下游基本一致的"三个梯队"现象。第一梯队为扬州、徐州、泰州、盐城和淮安，均位于淮河下游的江苏省境内；第二梯队为济宁、临沂、连云港、宿迁、蚌埠、滁州和枣庄，大部分位于淮河中游；第三梯队为漯河、菏泽、淮北、阜阳、平顶山、亳州、宿州、周口、六安、淮南、驻马店、信阳和商丘，大部分位于淮河上游（表1-3）。可以看出，淮河生态经济带发展综合水平空间上总体呈现"自上（游）而下（游）"递增、"东高西低"的特征，说明下游地区的发展对于整个经济带的经济社会发展发挥着重要作用。同时，"三个梯队"发展悬殊，第三梯队发展滞后，且"三个梯队"和"三个流段"基本一致，但不完全重叠。

表1-3　　　　　　　　　　淮河生态经济带区域发展水平聚类分布

发展水平	地区	区位
第一梯队	扬州、徐州、泰州、盐城、淮安	全部位于下游
第二梯队	济宁、临沂、连云港、宿迁、蚌埠、滁州、枣庄	大部分位于中游
第三梯队	漯河、菏泽、淮北、阜阳、平顶山、亳州、宿州、周口、六安、淮南、驻马店、信阳、商丘	大部分位于上游

淮河生态经济带区域发展水平的差异决定了推进淮河生态经济带"四化同步"过程应遵循差异化发展，这是由其自身现时的发展阶段特点决定的，符合客观实际，符合经济发展规律，对于实现淮河生态经济带建设各项目标任务，实现淮河生态经济带现代化进程具有重要意义。

（二）淮河生态经济带区域内经济发展水平差异较大

淮河流域面积广阔，各地区间资源禀赋不同，进入工业化阶段的先后时间不同，加之各地区所处的行政区划不同，造成了各城市经济发展水平存在较大的差异。例如：同一行政区划下（江苏省）的扬州、泰州、徐州、淮安，虽然经济发展水平都相对较好，但也存在一定程度的差异。扬州和泰州均位于淮河下游，虽然地处江苏经济次发达的苏中地区，但有着承东启西、沟通南北、通江达海的区位优势和交通的比较优势，加之上海和苏南地区在产业、交通、要素、环境和人才等方面优势巨大，对扬州、泰州有很强的经济辐射作用，使其能够较早地承接产业转移，因此这两个地区的工业发展不仅在时间上较早，而且发展速度也相对较快，经济体量也较大；地处江苏经济欠发达的苏北地区的徐州，区位优势明显，资源丰富，工业基础雄厚，处于东部沿海开发和中部崛起、西部开发的连接带，在沿东陇海线上具有承东启西、沟通南北战略优势，是长江三角洲与环渤海湾两大经济板块的接合部，也是江苏省苏北振兴和沿东陇海线产业带开发建设的重点地区；盐城地处江淮平原东部的黄海之滨，拥有江苏省最长海岸，与韩国、日本隔海相望，承启南北，贯通东西，区位优势较为显著，土地、海洋、滩涂、生态等资源丰富，参与国际分工，接受资金、技术、信息转移的潜力巨大；淮安作为江苏省委省政府战略规划下的苏北中心城市，区位空间、生态环境、综合交通等优势较为明显，为经济发展提供了优越条件。

而安徽省的淮北、淮南、亳州和宿州，河南省的驻马店、商丘和信阳等地市，有的属于典型的以煤炭、电力和化工为主导的资源型城市，在经济步入新常态的大背景下，产业结构单一、煤电独大等问题日益成为阻碍其经济社会发展的瓶颈；有的因为深处内陆，开放程度不高，外向型经济比重较小，传统优势产业开放能力不足，整体对外开放层次较低，现代产业体系不健全，现有产业大多处于价值链中低端，自主创新能力不强，核心技术和自主品牌较少，综合竞争能力不强，劳动力、土地、能源等要素供给趋紧，生态环境约束不断强化，产业结构调整与转型升级面临的压力巨大。

如表1-4所示，从经济总量上看，根据2018年的数据，处于第一梯队的各地市生产总值均超过3500亿元，而徐州更是接近7000亿元，比国内许多省会城市还要高，而处于第三梯队的各地市普遍在3000亿元以下，其中，淮北市不足1000亿元，差距显而易见；从经济质量上看，扬州、泰州、徐州等第一梯队地市人均生产总值均达到7万元以上，而处于第三梯队的地市人均生产总值均在5万元以下，其中亳州市甚至低于2万元，相比扬州市的

12 万余元，差距巨大。可见，经济发展水平的巨大差异是淮河生态经济带内部各地区现代化发展水平不平衡的重要因素，也是推进淮河生态经济带发展不可忽视的现状。

表 1-4 　　　　　　淮河生态经济带部分地区经济发展水平对比（2018 年）

地区	生产总值（亿元）	人均生产总值（万元）
淮安市	3601.25	7.31
盐城市	5487.08	7.62
徐州市	6755.23	7.67
扬州市	5466.17	12.06
泰州市	5107.63	11.02
淮南市	1133.31	2.91
亳州市	1277.19	1.94
宿州市	1630.22	2.48
淮北市	985.19	4.52
信阳市	2387.80	2.70
驻马店市	2370.32	2.58
商丘市	2389.04	2.58

（三）淮河生态经济带区域内城乡发展水平差异较大

城镇化水平是反映一个地区现代化阶段的重要指标，也是反映城乡发展水平的重要依据。从表 1-5 可以看到，处于第一梯队的江苏各地市城镇化水平均高于 60%，超过全国平均水平（59.58%），处于较高水平；而安徽、河南的大部分地市均在 60% 以下，其中阜阳、亳州、宿州、商丘、周口、驻马店等地市低于 45%，与扬州、泰州、徐州等地超过 65% 的城镇化率差距巨大；另一方面，本省内的各地市间城镇化率也存在明显差距，比如同处安徽省，淮北、淮南的城镇化率达到 65% 左右，而邻近的亳州、阜阳等地仅为 42% 左右，差距 23 个百分点，这也反映了淮河流域内各城市城镇化率存在严重的发展不均衡状况（见表 1-5）。对比经济发展水平我们也可以看到，城镇化率的高低与经济发展水平高低存在正相关关系，即经济发展水平高，其城镇化率也相应较高。

表 1-5　　　　　　　　淮河生态经济带部分地区城镇化发展水平对比（2018 年）

地区		人口数量（万人）	城镇化水平（％）
江苏省	淮安市	492.50	62.40
	盐城市	720.00	64.00
	徐州市	880.20	65.10
	扬州市	453.10	67.10
	泰州市	463.57	66.00
安徽省	蚌埠市	383.94	57.22
	淮南市	389.66	64.11
	阜阳市	1070.83	43.29
	六安市	588.57	46.08
	亳州市	656.83	41.01
	宿州市	656.56	42.74
	淮北市	217.86	65.11
	滁州市	453.75	53.42
河南省	信阳市	885.00	47.60
	驻马店市	920.00	43.10
	周口市	1162.00	42.80
	商丘市	926.00	43.30

（四）淮河生态经济带区域内产业发展水平差异较大

根据经典的经济发展理论，随着现代化水平的提高，区域经济产业的结构会随之改变，即经济越发达，第一产业所占比重越低，第三产业所占比重则越高，而第二产业所占比重会随之呈现先提高后逐步降低的特征。如前所述，淮河生态经济带区域整体发展水平不仅较长三角、珠三角等发达区域仍有较大的差距，而且区域内部产业发展同样存在较大的差异，这是区域发展整体差异性的一部分。如表 1-6 所示，处于第一梯队的江苏五地市中，除了盐城市第一产业所占比重略微超过 10％ 以外，其他地市第一产业所占比重均低于 10％，扬州、泰州两地更是低至 5％，而安徽、河南两省的大部分地市第一产业增加值占比超过 15％；在第三产业方面，第一梯队各地市均达到 45％ 以上，而其他地市大部分低于此值，其中周口、滁州等地甚至低于40％，反映了两类地区处于不同的发展阶段；同时可以看到，安徽的淮北、淮南两市的第一产业所占比重低，第二产业所占比重很高，但第三产业所占比重相对较低，与第一梯队的地市又有所不同，这主要是因为这两地拥有丰富的煤炭等矿产资源，属于较早启动工业化的地区，现在也同样面临着资源枯竭型地区经济转型问题，与周边的以农业为主的地区有很大的区别，导致产业结构方面的差异。

表1-6　　　　　　　　淮河生态经济带部分地区产业发展对比（2018年）

地区		第一产业占比	第二产业占比	第三产业占比
江苏省	淮安市	9.96%	41.88%	48.16%
	盐城市	10.45%	44.40%	45.15%
	徐州市	9.35%	41.63%	49.03%
	扬州市	5.00%	47.99%	47.01%
	泰州市	5.48%	47.65%	46.86%
安徽省	淮南市	10.80%	46.57%	42.63%
	阜阳市	17.66%	41.90%	40.44%
	六安市	15.27%	40.61%	44.12%
	亳州市	16.47%	38.90%	44.63%
	宿州市	15.56%	36.84%	47.60%
	淮北市	6.63%	54.81%	38.56%
	滁州市	12.25%	51.62%	36.13%
河南省	信阳市	18.69%	37.59%	43.72%
	驻马店市	17.41%	39.05%	43.54%
	周口市	16.71%	45.13%	38.17%
	商丘市	15.98%	41.34%	42.68%

淮河生态经济带区域发展的差异决定了在推进淮河生态经济带协同发展过程中，既要顺应流域发展的自然规律，又要根据空间分异的多元复杂性实施差异化策略，这就需要加强顶层设计，总体谋划淮河生态经济带发展。流域内各省市需要树立"一盘棋"思想，凝聚发展共识，用全局的、整体的、长远的眼光加强顶层设计，总体谋划淮河生态经济带的区域联动发展。通过构建多层次的（如中央和省市地方政府之间、各省市之间，以及省市和市县之间）和多元化的（如对投资资金的区域分配和投资项目的区域布局、区域

第一章

「四化」同步推进思路

产业转移、生态利益的跨区域补偿等）区域协调发展机制，消除不利于淮河生态经济带发展的各类行政壁垒，加强区内经济、生态一体化联系和各省市之间的协作。

当前，在国家已经出台《淮河生态经济带发展规划》的背景下，山东、河南两省已经根据要求出台了各自省级淮河生态经济带发展规划实施方案，盐城、淮安、商丘等部分地市也出台了行动方案或措施，其他各省市需要尽快出台实施方案，从宏观层面加强协同，推动经济带建设有序发展。

河南：2019 年 5 月，《河南省贯彻落实淮河生态经济带发展规划实施方案》（下文简称《实施方案》）出台，提出构建淮河生态经济带规划范围"一区、两轴、两廊"为主体的空间发展格局。其中，"一区"指淮河生态经济带内陆崛起引领区，"两轴"指沿京广线、京九线两大发展轴，"两廊"指沿淮河干流、重要支流两大绿色生态走廊。《实施方案》聚焦推动河南省淮河生态经济带建设，重点对国家规划中明确的重大任务、政策措施等进行细化，梳理形成了 6 个方面 22 项主要任务，并分别明确了责任单位，建立健全配合联动机制；梳理形成了 10 项重大工程作为推进规划落实的重要抓手，明确建设内容和责任单位，引领规划各项目标任务全面推进。

山东：2019 年 11 月，《山东省实施淮河生态经济带发展规划》印发出台，要求自 2019 至 2035 年，枣庄、济宁、临沂、菏泽市人民政府和省发展改革委等 30 个部门（单位），落实加强区域生态环境保护联防联控、加快区域基础设施网络化建设、推动区域产业协同发展、统筹城乡一体化发展、推进区域社会事业融合发展、共建双向开放新格局 6 个方面的 36 项重点任务，全面提升区域协同发展水平，加快鲁南地区实现转型跨越高质量发展。

淮安：为对接国家战略、加快推动重点工程建设，淮安市编制形成《淮安市淮河生态经济带发展规划工作任务分解方案》，编排 60 项工作任务。其中，绿色生态廊道方面 8 项、基础设施建设方面 13 项、产业转型升级方面 12 项、城乡统筹发展方面 5 项、公共服务方面 7 项、开放合作方面 15 项。每项任务都明确了主要建设内容、进度安排、推进实施的牵头单位和配合单位。

商丘：2020 年 6 月，《商丘市贯彻落实淮河生态经济带发展规划实施方案》（下文简称《方案》）出台，提出构建"一区、两廊、四轴"的空间发展格局：一区即商丘市中心城区，两廊分别是引江济淮、黄河故道两大生态走廊，四轴是依托重要交通运输通道构建以商丘为中心向外延伸的发展轴线，加强产业合作，形成连贯东西、沟通南北的发展大局。《方案》明确了构建生态安全屏障、完善基础设施网络、加快产业转型升级、推动城乡统筹发展、加强基本公共服务保障、全面提升开放水平等6个方面23项重点任务。

三、淮河生态经济带差异化发展的路径选择

正视淮河生态经济带区域发展的差异性，推进淮河生态经济带现代化进程，需要综合考虑经济带在国家和地方的区域性发展战略中的定位，与河南中原经济区战略、江苏沿海开发战略、安徽皖江城市带战略的关系，坚持有所为有所不为，突出重点。一是加强区域协作分工，实现利益分享。按照统筹规划、产业共育、园区共建、设施共享、短板共补的思路，推动跨区域项目建设的布局。对于项目在建期间和建成后产生的所有税收及附加收入、工业增加值和投资等主要经济指标，流域内各地市政府在平等、协作的基础上，通过签订规范的制度来实现城市间的利益转移和利益在各城市间的合理分配。二是实施错位发展，避免同质化竞争。在区域协同发展过程中，进一步打破各城市大而全的产业同构现象，各城市要主动突破行政区划障碍，克服自我利益为中心的本位思想，避免恶性竞争，坚持错位发展。至于每个城市如何错位发展，不能完全以地方意愿为主，必须由国家层面通盘谋划，充分发挥各地产业优势，扬长避短，大力培育各地市的比较优势，将优势产业和领域做大做强，从而形成各自的经济特色。

（一）从空间上看，优先发展淮河干流绿色发展带

《淮河生态经济带发展规划》明确构建"一带、三区、四轴、多点"的总体格局，其中居首的是推进"一带"，即推进淮河干流绿色发展带发展。牢固树立绿色发展理念，加强淮河干流及沿线地区生态系统保护和修复，提升生态系统质量和稳定性，构筑具有防洪、水土保持、水源涵养等复合功能的沿淮综合植被防护体系。支持淮河干流中心城市发展，增强淮安、盐城、蚌埠、信阳的辐射带动能力，建立健全绿色低碳循环发展的经济体系，推进资源全面节约和循环利用，形成特色鲜明、布局合理、生态良好的现代特色

产业和城镇密集带。

（二）从产业发展上来看，优先推动新型工业化发展

新型工业化是"四化"协同发展的引擎，没有区域工业化的发展，就不会实现城镇化和农业现代化。淮河流域工业以煤炭、电力、农产品加工和轻纺工业等为主，工业基础差、底子薄，工业化程度较低，工业企业布局也存在一些问题，区域内一些工业的重复建设现象严重，导致淮河流域区域内产业结构不合理，严重阻碍了淮河流域区域经济的快速发展。淮河流域应加大对工业结构的调整，提高工业企业的信息化水平，促进区域间工业企业的联系和合作，避免重复建设，大力发展低碳经济，走新型工业化道路，不断提高淮河流域工业化水平和可持续发展能力。

（三）从城乡关系来看，优先推进城乡融合发展

建立健全城乡融合发展体制机制和政策体系，坚持以工补农、以城带乡，使市场在资源配置中起决定性作用，推动城乡要素自由流动，加速形成工农互促、城乡互补、全面融合、共同繁荣的新型工农城乡关系，促进城乡经济社会协调发展，让广大农民平等参与现代化进程，共同分享现代化成果。积极推进新型城镇化综合试点和中小城市综合改革试点工作，建立健全农业转移人口市民化的成本分担机制、进城落户农民农村"三权"维护和自愿有偿退出机制，进一步放宽农业转移人口在城市的落户条件，加快消除城乡区域间户籍壁垒，有序推进农业转移人口市民化。

（四）加强流域治理，坚持绿色发展

首先，把生态保护和环境治理放在淮河生态经济带建设的首要位置，按照谁开发谁保护、谁受益谁补偿的原则，在淮河流域建立相互衔接的跨行政区域生态建设和环境保护工作机制，对流域产业和项目布局实行严格的规划管控，共同核定水域纳污能力，严格入河排污口的监管和审批，加强入河排污总量控制，强化流域水质监测管理，制定产业准入负面清单，严格环境准入标准，严控产业增量，着力保护水资源和水环境，坚持绿色发展。其次，将流域综合治理的目标纳入淮河生态经济带现代化建设的内容，全面整治工农业面源污染、畜禽养殖污染；加快生活污水处理设施建设，确保日常保洁机制有效运转，避免垃圾入河入溪，加快形成绿色发展方式和生活方式，把

淮河流域建设成为人与自然和谐共生的绿色发展带。

总之，淮河生态经济带的发展，要秉持"四化同步"的思路，以绿色发展理念为指引，坚持差异化发展，有序推进新型工业化、城镇化、农业现代化和信息化，逐步消除发展中存在的不平衡不充分的问题，促进淮河生态经济带高质量发展，让人民群众在实现淮河生态经济带现代化进程中，不断提升获得感、安全感、幸福感。

第二章　淮河生态经济带城镇化布局和规划

淮河生态经济带覆盖国土面积广阔，淮河流域内人口基数大，城乡剩余劳动力数量也较大。据相关统计数据，我国城镇化率每提高一个百分点，就有1000多万农民转为城里人，淮河流域城镇化水平每提高一个百分点，就有近200万农村人口转为城镇人口。随着我国城镇化进程的加快，大批农村人口进城工作乃至定居，使得流出地和流入地的人口结构均发生了很大的变化。全国常住人口净流出前15位城市中，有9个城市位于淮河流域。淮河流域作为人口净流出地区，从产业可持续发展和推进区域现代化的角度出发，需要加强淮河生态经济带城镇化的规划协调，优化城镇化布局，培育区域中心城市，提升区域中心城市辐射带动能力，以淮河流域城市群为主体构建大中小城市和小城镇协调发展的城镇格局，促进城市组团发展，有序发展中小城市，引导特色小镇和小城镇健康发展，适当扩大城市空间，提升城市服务功能，有序承接农村人口的内部转移，为淮河生态经济带城镇化水平的提升奠定基础。

第一节　淮河生态经济带城镇化目标与战略

当前，国家对淮河生态经济带发展给予了高度重视，提供了多重政策支持，淮河流域各省市要抓住机遇，加快发展，大力推进新型城镇化建设，实现流域内城镇化水平和质量的双重提升，使得城镇化空间呈现新格局，城镇承载力得到新提升，城镇化体制机制更加完善，城镇人居环境更加美好。

一、淮河生态经济带城镇化基础

淮河生态经济带城镇化发展目标，要由淮河流域城镇化发展水平决定，与淮河流域经济社会发展水平相适应。制定淮河生态经济带城镇化战略，要充分考虑淮河流域城镇化现状，以此作为基础和依据。

（一）城镇化水平参差不齐，城镇化地区差距明显

淮河生态经济带城镇化水平整体不高，且明显滞后于工业化。据测算，截至 2018 年底，淮河生态经济带所覆盖区域，人口城镇化率约为 52.5%，低于全国平均水平。常住人口城镇化率与工业化率比值为 1.17，低于国际公认的 1.4~2.5 的合理区间。除了整体城镇化水平较低外，另外一个不可忽视的现象是，区域内部城镇化水平差异很大。根据对 2018 年沿淮河南信阳、驻马店等 6 地市，安徽阜阳、六安等 8 地市，江苏淮安、盐城等 7 地市，山东枣庄、济宁等 4 地市共计 25 个地级市的统计分析，16 个地市的人口城镇化率低于全国 59.58% 的平均水平。具体来看，江苏地区的城镇化率最高，普遍在 60% 以上，超过全国平均水平，但低于长三角城市群 67.38% 的平均城镇化率；安徽、河南大部分地市城镇化率不足 5 成，山东城镇化率普遍在 50%~60% 之间，但也低于全国平均水平。同时也可以看到，区域之间差异极大，以安徽为例，淮南、淮北两市的城镇化率高于 60%，远超其他地市，但这两个地区属于典型的资源型城市，其城镇化水平严重依赖于自然资源的丰裕程度，因而其城镇化水平并不具有典型代表性。（表 2-1）从上述统计数据可以看出，相对全国来讲，淮河生态经济带城镇化水平总体偏低，即使是区域内各城市之间相比，城镇化水平差距也较大，地区差距明显。

表 2-1　　　　　淮河生态经济带部分区域人口城镇化水平表（2018 年）

地区		总人口（万人）	城镇化率（%）	工业化率（%）	城镇化率与工业化率比值
江苏省	淮安市	492.5	62.40	41.88	1.49
	盐城市	720	64.00	44.40	1.44
	宿迁市	492.59	60.00	46.52	1.29
	徐州市	880.2	65.10	41.63	1.56
	连云港市	452	62.60	43.56	1.44
	扬州市	453.1	67.10	47.99	1.4
	泰州市	463.57	66.00	47.65	1.38

续表

地区		总人口（万人）	城镇化率（％）	工业化率（％）	城镇化率与工业化率比值
山东省	枣庄市	392.73	58.88	50.77	1.16
	济宁市	834.59	58.85	45.31	1.3
	临沂市	1062.4	51.54	43.00	1.2
	菏泽市	876.5	50.25	51.00	0.99
安徽省	蚌埠市	383.94	57.22	44.46	1.29
	淮南市	389.66	64.11	46.57	1.38
	阜阳市	1070.83	43.29	41.90	1.03
	六安市	588.57	46.08	40.61	1.13
	亳州市	656.83	41.01	38.90	1.05
	宿州市	656.56	42.74	36.84	1.16
	淮北市	217.86	65.11	54.81	1.19
	滁州市	453.75	53.42	51.62	1.03
河南省	信阳市	885	47.60	37.59	1.27
	驻马店市	920	43.10	39.05	1.1
	周口市	1162	42.80	45.13	0.95
	漯河市	284	52.50	59.94	0.88
	商丘市	926	43.30	41.34	1.05
	平顶山市	553	54.00	47.62	1.13

（二）城镇体系结构不完善

城镇体系是指某一地域范围内，以中心城市为核心，由一系列不同等级规模、不同职能分工、相互密切联系的城镇组成的有机整体。从城市规模结构而言，淮河生态经济带整体经济首位度不高，为1.03，且市辖区人口第一位和第二位为徐州和淮安，均位于江苏省。如果细化到省，则山东整体经济首位度为1.20（前两名为临沂、枣庄），安徽整体经济首位度为1.07（前两名为六安、宿州），河南整体经济首位度为1（前两名为信阳、商丘）。另一方面，区域内大城市规模不够大，到2018年底，淮河生态经济带所覆盖区域，仅有徐州、淮安两个地级市市辖区人口超过300万，滁州、驻马店、周口三地的市辖区人口不足100万。也就是说，大城市规模过小，对区域经济带动能力弱，是该地区的典型特征。同时，可以看到，淮河生态经济带区域内城市人口密度普遍较低，大部分不超过 1000 人每平方千米，仅有周口市和平顶山市超过 2000 人每平方千米，这反映了区域内城镇化发展的不成熟，城市人口的集聚作用还不明显。尤其需要注意的是，盐城、信阳、滁州等地市市辖区人口密度仅约 400 人每平方千米，城市的低密度发展会产生耕地浪费、土地闲置、商业发展缓慢等一系列问题。（表 2-2）

在经济发展、城镇化进程推进等方面，由于一直没有形成联系紧密的淮河流域经济带，导致区域内城市之间的互补性不强，城市体系的分工实际上没有从流域经济一体化的角度展开。比如周口、商丘、菏泽、阜阳、宿州等地属于传统的农业地区，由于行政区划不同，在产业协同方面存在较大的障碍。徐州市作为淮河生态经济带区域经济龙头，地处苏鲁豫皖四省交会处，由于行政区划等原因，其与周边城市的产业分工难以达成，对周边区域城市发展的带动作用有限，难以形成有效的城市体系。

表 2-2　　　　　淮河生态经济带部分地市市区面积和人口表（2018 年）

地区		市区面积（千米²）	市辖区人口（万人）	人口密度（万人/千米²）
江苏省	淮安市	4531	332.2	0.07
	盐城市	5131	224.4	0.04
	宿迁市	2108	176.3	0.08
	徐州市	3040	343.7	0.11
	连云港市	2602	222.6	0.09
	扬州市	2358	229.9	0.1
	泰州市	1567.1	164	0.1
山东省	枣庄市	3076.1	244.9	0.08
	济宁市	1647.5	186.9	0.11
	临沂市	2656.9	294.6	0.11
	菏泽市	2261	233.5	0.1
安徽省	蚌埠市	956.9	115.1	0.12
	淮南市	1690	180.7	0.11
	阜阳市	1923.8	229	0.12
	六安市	3834	204.3	0.05
	亳州市	2226	167	0.08

地区		市区面积 （千米²）	市辖区人口 （万人）	人口密度 （万人/千米²）
安徽省	宿州市	2868	190.6	0.07
	淮北市	754	105.1	0.14
	滁州市	1404.3	55.8	0.04
河南省	信阳市	3604	156.5	0.04
	驻马店市	1365.1	89.3	0.07
	周口市	269	61	0.23
	漯河市	1020	138.8	0.14
	商丘市	1697	155.6	0.09
	平顶山市	443	114.3	0.26

（三）城镇综合承载能力低

近年来淮河生态经济带城镇基础设施建设取得了长足的进步，部分指标已经赶上全国平均水平，比如受益于西气东输工程的建成运营，大部分地市市辖区用气（煤气及液化气）普及率已达到100%，人民的生活条件得到了很大改善。但也应该看到，淮河生态经济带区域内城镇基础设施薄弱的状况并没有发生根本性的改变，跟长三角、珠三角等地相比，仍然存在较大的差距。在城市交通承载能力方面，从表2-3可以看到，随着国家近一段时期在基础设施方面投入的逐步加大，淮河流域各地市道路面积规模很大，但由于人口众多，大部分地市人均实有道路面积低于16.7平方米的全国平均水平。在城市基本生活保障方面，供水、污水、生活垃圾处理能力较低，与发达地区差距巨大。以供水为例，苏州市供水综合生产能力达到414.9万立方米每日，与信阳、驻马店、平顶山、漯河、商丘、周口六地市之和的两倍相当；苏州市垃圾无害化处理能力达到8280吨每日，同样是以上六地市之和的数倍，污水处理厂生活污水处理能力达到195.3万立方米每日，也远远高于以上六地市。在公共服务方面，以人均绿地面积为例，淮河生态经济带所属大部分地市仅略高于14.11平方米每人的全国平均水平，商丘市仅为10.3平方米每人，不仅在区域内最低，也低于河南省平均水平。此外，从市政公用设施建设固定资产投资方面来看，2018年，淮河生态经济带城市普遍投资总额不高，大部分在 30 亿元以下，信阳、六安不足 10 亿元，距离沿海城市差距巨大。淮河生态经济带城镇综合承载力较低的状况，成为限制城镇化发展的重要因素。

表 2-3　　　　　　　　淮河生态经济带 25 城市承载力部分指标（2018 年）

地区		市辖区人口（万人）	实有道路面积（万米²）	人均公园绿地面积（米²）	生活垃圾无害化处理能力（吨/日）	污水处理能力（万米³/日）	城市供水能力（万米³/日）	市政公用设施建设固定资产投资（亿元）
江苏省	淮安市	332.2	3752	14.2	2400	49.5	145	23.45
	盐城市	224.4	3420	14.2	1600	34.4	84	79.4
	宿迁市	176.3	2060	15.5	1600	36	45	12.34
	徐州市	343.7	4644	14.3	2600	66.5	142.5	203
	连云港市	222.6	2524	14.4	2690	38	57.5	22.5
	扬州市	229.9	2794	19	2510	46	121.1	63.2
	泰州市	164	2796	14.9	1000	27.5	56	39.51
山东省	枣庄市	244.9	2786	14.7	2140	29	39.7	23.07
	济宁市	186.9	5378	18	1600	50	71.5	20.37
	临沂市	294.6	4732	20.9	2500	56.8	89	32.28
	菏泽市	233.5	2356	12.9	1810	26.5	29.7	26.91
安徽省	蚌埠市	115.1	2129	13.56	2010	45	68	34.44
	淮南市	180.7	1981	13.14	1600	37	40.7	19.81
	阜阳市	229	2192	19.7	1280	26	28.9	84.84
	六安市	204.3	1608	14.94	1200	16	28.5	9.26
	亳州市	167	1355	15.84	600	22	14.1	17.69
	宿州市	190.6	1849	13.7	1100	16	23.5	16.98
	淮北市	105.1	1400	17.43	950	14	39.8	26.74
	滁州市	55.8	2161	15.22	700	26	41.5	22.78
河南省	信阳市	156.5	933	14.1	600	20	26	4.23
	驻马店市	89.3	1206	14.2	570	25	24	20.88
	周口市	61	905	13.3	500	17	22.1	22.29
	漯河市	138.8	1041	15	840	21	41.2	27.33
	商丘市	155.6	1184	10.3	700	49.5	40.5	25.33
	平顶山市	114.3	1373	11.8	800	36	60.5	12.07

另一方面，淮河生态经济带城镇在综合承载力不高的同时，城市间的综合承载力也差异巨大。江苏、山东的地市普遍建设较好，而安徽、河南的地市普遍基础较差，这也与经济发展水平相对应。比如安徽、河南两省地市的垃圾无害化处理能力普遍低于 2000 吨每日，大部分不超过 1000 吨每日，而地处江苏、山东两省的地市普遍超过 2000 吨每日。再比如城市道路面积指标，安徽、河南两省地市普遍在 2000 万平方米以下，而江苏、山东两省的地市普遍超过 2000 万平方米，济宁、临沂、徐州三地均超过 4000 万平方米。徐州市市政公用设施建设固定资产投资以 203 亿元一枝独秀，是信阳市的近 50 倍。可见，提升淮河生态经济带整体城镇综合承载力仍有较大难度。

二、淮河生态经济带城镇化目标

《淮河生态经济带发展规划》对淮河生态经济带的战略定位之一便是新型城镇化示范带。淮河生态经济带在发展过程中，要积极探索在不牺牲农业和粮食、生态和环境的前提下，以新型城镇化为引领，推进城乡协调发展，构建新型工业化、农业现代化的发展平台，走多级集聚、城乡统筹、生态宜居、民生安全和共同富裕的城镇化道路，努力在宜居宜业、城乡统筹发展方面探索新模式新路径。这就要构建大中小城市和小城镇协调发展的城镇格局，增强区域中心城市综合实力，促进大中小城市、特色小镇和美丽乡村协调发展，分类引导农业转移人口市民化，实现产、城、人、文融合发展，完善城镇基础设施，增强公共服务供给能力，推进城乡基本公共服务一体化，全面提高城镇化水平和质量。

（一）保障农业和粮食安全的城镇化

"国以民为本，民以食为天"，自古以来，粮食安全就是一国的立国之本，民生之基。我国是世界上人口最多的国家，虽然拥有 19.18 亿亩耕地面积，但是人均耕地仅有 1.36 亩。虽然是科学技术的进步使我国农业科技得到了长足发展，在很大程度上提高了我国粮食生产能力，但是，粮食的生产还是要依赖土地。随着工业化和城市化进程的不断加快，耕地非农化现象的不断增加、农村劳动力不断向城市集聚、加之农民种粮积极性的下降，我国粮食产业被边缘化，粮食安全水平总体偏低，粮食安全不稳定、不确定和不可持续的脆弱性不断加剧。

淮河流域是我国重要的粮食主产区，在国家粮食安全体系中具有举足轻重的地位和作用。因此，要实现保障农业和粮食安全的城镇化，必须要同时解决好以下几个问题：

第一，减少耕地的非农化。土地是进行粮食生产的基本物质条件，耕地非农化的增加会严重影响一个国家或地区的粮食生产能力。由于工业化和城镇化的快速发展，大量的耕地被征用，虽然农村人口的迁移空出了大量的宅基地，但复垦后的宅基地再生产能力较差。此外，城镇化对农业土地资源有着刚性需求，以地为本的城镇化大量占用土地，严重影响了耕地的数量和质量。2000—2016 年我国城镇建成区面积增加了1.4 倍，而同期城镇人口只增长了3.8%，在少数地方还出现了先圈地后造城的现象，土地城镇化明显快于人口城镇化，浪费了大量的土地资源。因此，淮河生态经济带保障农业和粮食安全的城镇化必须要确保耕地的数量和质量。

第二，减少农村劳动力的流失。随着科技的发展，农业生产的机械化水平在不断提高，农业生产可能不再需要众多的劳动力。但目前，我国的农业现代化水平跟发达国家还存在一定的差距，要实现大规模的机械化还需要一定的时间。因此，种粮主体还得依靠广大的农村劳动力。随着大量青壮年劳动力流入城市，越来越多的农村劳动力不再依靠土地获取收入，农村居民举家外出的数量不断增加，农村空心化、农民老龄化逐渐成为农村普遍现象，农民种粮兼业化趋势明显。2002—2016 年，我国 55 岁以上农业生产经营人员占比由 18.8% 上升到 47.3%，而 35 岁以下的青壮年劳动力占比由 28.8% 下降至 19.2%。种粮主体数量和质量的双重下降使得粮食的生产面临一定的挑战。因此，淮河生态经济带保障农业和粮食安全的城镇化还要关注农村劳动力的流失问题。

第三，提高农民种粮的积极性。近些年来，虽然粮食的销售价格在上涨，但农用生产资料的价格也在大幅度上涨，种粮收益低严重影响了农民种粮的积极性。作为理性的经济人，农民在种粮收益低的情况下，纷纷外出务工，从农业部门流向城镇第二、第三产业等相对高收益的行业，出现了大量的耕地闲置、粗放耕种的现象，对粮食生产产生了非常不利的影响。因此，淮河生态经济带保障农业和粮食安全的城镇化还要注重农民种粮积极性的提高。

淮河生态经济带在城镇化过程中,要把保障农业和粮食安全作为重要的底线,大力推进更强调集约、节约和可持续发展的新型城镇化,因为新型城镇化的核心就是以产业为支撑、以粮食安全为保障,不以牺牲农业和粮食为代价实现"四化"协调发展。发展现代农业,提高和推广粮食生产技术,提升农业劳动生产率,提高粮食生产能力,一方面对农民知识能力和综合素质提出了更高的要求,"倒逼"农民学习新知识、新技术,不断培养大量有文化、懂技术、会经营、有较强市场竞争意识和能力的专门人才参与农业现代化建设;另一方面会促进粮食的集约化生产,使得种粮规模化效应和比较收益不断提高,为土地大规模流转提供了可能,而土地流转又能为新型城镇化推进客观上提供土地、高素质的劳动力等生产要素,为城镇化发展奠定基础。

(二)资源节约、环境友好型城镇化

党的十八大将生态文明建设纳入社会主义现代化建设"五位一体"总体布局,提出努力建设美丽中国的行动目标。新修订的环境保护法明确规定"保护优先"原则,大幅度提高排污及环境违法惩治力度,着力强化了公众环境权益保障,将促使各级政府把环境保护摆在综合决策的优先位置。

为推进雾霾治理,国务院 2013 年 9 月发布了《大气污染防治行动计划》,提出了十条具体措施,其中包括加强工业企业大气污染综合治理,通过集中建设热电联产机组逐步淘汰分散燃煤锅炉,开展石化行业挥发性有机物综合整治及"泄漏检测与修复"技术改造,完成石化企业有机废气综合治理,全面推进清洁生产,实施清洁生产技术改造;强化节能环保指标约束,化工企业以及燃煤锅炉项目要执行大气污染物特别排放限值。

国务院 2015 年 4 月发布《水污染防治行动计划》("水十条"),提出了 10 条 35 项具体措施,其中包括控制污染物排放,全力保障水生态环境安全,明确和落实政府、排污单位责任,强化公众参与和社会监督等措施要求。

国务院 2016 年 5 月发布《土壤污染防治行动计划》,提出了开展土壤污染调查、实施农用地分类管理、实施建设用地准入管理、加强污染源监管、加强目标考核,严格责任追究等措施要求。

改革开放四十余年,我国经济得到了持续快速发展,城镇化率也越来越高，但是快速增长的经济和较高的城镇化率背后，是我们不得不面对的严峻的资源和环境形势。也就是说，传统的城镇化给经济社会的持续发展带来了很多负面效应。这主要表现在以下两个方面：

第一，高消耗、高排放、低效率的粗放型扩张的经济增长，以及不合理的城市化发展方式，使资源与环境超负荷运转，已经大大超过了环境的承载能力，造成自然资源的缺乏、城市污染严重，很多城市已经无法获得相对充足的资源和环境支持。比如每年的秋冬季节很多大城市出现的长期雾霾天气，反映了这种以牺牲资源和环境为代价发展城市经济、拓展城市规模的后果。

第二，城镇化建设的极度浪费。在以往的城市化发展过程中，片面追求经济的发展和城市规模的扩大，很多城市盲目扩张城市空间的外延，乱占耕地，造成土地资源严重浪费。同时，建筑物和道路的频繁拆迁，导致城市建筑物的平均寿命仅30多年。在一些中小型城市中，存在道路过宽、利用率低、人口密度小的现象；而在一些大城市，公用设施标准高，大型雕塑、景观亮化工程的建造浪费能源和资金的现象也比较普遍。

因此，淮河生态经济带在推进新型城镇化的过程中，要始终牢固树立新发展理念，坚持绿色发展，推动资源节约、环境友好型的城镇化；要严格遵守耕地保护红线，实行最严格的耕地保护制度；要有严格规划的刚性约束，杜绝建筑物和道路建设频繁变化；要大力推进各类节能、绿色、环保和新能源技术应用，高起点推进节约型城镇化，更好地利用各种资源，发挥资源更大的效用。

（三）安全宜居型城镇化

习近平总书记指出，要"更好推进以人为核心的城镇化，使城市更健康、更安全、更宜居，成为人民群众高品质生活的空间"。因此，在淮河经济带城市化的布局和规划中，要推动安全宜居型城镇化的发展。

淮河流域上游和中游干流较多，河道较窄，历史上淮河流域经济发展严重受制于淮河泛滥的洪灾影响，虽然目前淮河干流部分河道已经加固堤防，但是当有复杂多变天气出现时，地势低平的淮河流域平原还是极易发生不同程度的洪涝灾害。安徽淮河行蓄洪区区域内，便有庄台199座，涉及濛洼、城西湖、南润段、邱家湖、城东湖、姜唐湖、寿西湖、董峰湖、下六坊堤、荆山湖等 10 处行蓄洪区，台顶总面积 576 万平方米，现居住人口 22.72 万人；保庄圩 35 座，涉及濛洼、城西湖、城东湖、瓦埠湖、董峰湖、花园湖、老汪湖等 7 处行蓄洪区，总保护面积 222.3 平方千米，现居住人口 26.49 万人；低洼地涉及城西湖、潘村洼等 9 处淮河行蓄洪区，居住人口 49.86 万人。在推进淮河生态经济带城镇化过程中，要充分考虑蓄滞洪区和低洼地的安全状况，根据淮河流域的历史和现状，统筹考虑蓄滞洪区和低洼地的城镇化发展问题。

淮河生态经济带区域是我国重要的煤矿资源产区，淮南、淮北、永城等地均有较长的煤矿开采历史，资源型经济蓬勃发展带来的地质灾害、空气污染、水体污染、土壤污染等问题，给人民群众的生产生活带来安全隐患，也制约了城镇化发展，因此，要全面实施"治山、治土、治水、治气"工程。在治山方面，加强对矿山开采区、尾砂库的环境整治和生态修复，有计划地关停沿湖、沿港和重要交通干线上的矿山，积极实施天然林保护工程，大力开展封山育林、植树造林、退耕还林，建设生态保护区，加速林区生态环境的恢复和生态功能的提高。在治水方面，加强重点港渠、湖泊、水库的水环境保护，确保工业废水集中收集处理，生活污水截污处理，加强水体生态保护和建设，规划控制好水体的开发和利用，推进城镇生活污水处理和垃圾无害化处理设施建设。在治土方面，加强国土整治和地质灾害治理，加大工矿废弃地修复力度。在治气方面，加快工业企业脱硫脱硝，加快餐饮服务业、黄标车、城市扬尘和细颗粒物治理，提高地区空气质量。在农村地区，加大"厕所革命"和农村垃圾治理力度，改善人居环境，同时减少秸秆焚烧，改善大气质量。

同时也要看到，新冠病毒感染疫情的发生，突出了城市公共安全体系和应急能力建设存在的短板，因此城镇化过程中要注重加强防灾设施体系建设，完善洪涝、沙尘暴、冰雪、干旱、地震、台风、山体滑坡等自然灾害监测和预警体系，强化城市消防、防洪、排水防涝、抗震、公共卫生等防灾减灾设施和救援救助能力建设，规划建设好城市生命线工程，保障经济社会正常安全运行。强化公共建筑物和设施的应急避难功能，依托公园、绿地、广场、体育场（馆）、操场、人防疏散基地等设施，合理规划布局和建设应急避难场所，配备相应的标志标识和基础服务设施。完善突发公共事件应急预案和应急保障体系，加强应急管理体系、治安防控体系、消防安全体系建设，健全防灾减灾救灾体制和救灾应急联动机制，加强灾害分析和信息公开，开展市民风险防范和自救互救教育，发挥群众在应急管理中的作用。

由此可见，淮河生态经济带城镇化发展，要统筹考虑蓄滞洪区、低洼地及采煤沉陷区的人口与发展问题，把城镇供水安全、环境安全及综合防灾放在突出位置，科学规划，合理布局，在安全的基础上实现城镇化发展。农业转移人口向往美好的城市生活，无非就是想要过上舒心、踏实、方便、安全的生活，享有平等的发展机会，完成"农民"到"市民"的转化。因此在城镇化的进程中要以更加严谨的政策设计、更加精细化的服务理念、更加务实的工作作风和更加人性化的管理方式，来帮助农业转移人口开启新的生活。

专栏3　　　　　　　蒙洼蓄洪区

蒙洼蓄洪区位于中国安徽省阜阳市的阜南、颍上两县境内，总面积约180.4平方千米，涉及4个乡镇，75个行政村，131座庄台，17万余人，耕地面积18万亩，是淮河流域于1953年设立的第一座行蓄洪区。国家防总批准的《淮河洪水调度方案》规定："当王家坝水位达到29.0米，且有继续上涨趋势时，开启王家坝闸启用蒙洼蓄洪区蓄洪……蒙洼蓄洪区的运用由淮河水利委员会提出意见，报国家防汛抗旱总指挥部决定，安徽省防汛抗旱指挥部组织实施。"自建成以来，蒙洼蓄洪区先后15次蓄滞洪水，为淮河全流域安全发挥了重要作用。

2003年淮河大汛后，安徽省阜南县合理利用土地资源，走可持续发展、集约式的城镇化道路，在淮河蒙洼行蓄洪区内按照小城镇的要求规划建设了9座城镇化移民新村，完成建房面积120万平方米，安置常年居住在低洼地和不安全庄台的群众3万余人，使长期受洪水侵害的蒙洼群众的永久性居住安全问题得到根本解决。新村内基础设施配套齐全，学校、医院、活动场所应有尽有，不仅为蒙洼群众迈向城镇化的生活奠定了坚实的基础，也为经济发展提供了基础性保障。

专栏 4　　　　　　　　　　　庄台

　　庄台是淮河流域一种类似小岛的特殊防洪工程，一般是在行蓄洪区内筑起的一些台基或者在高地上建设的村庄。行蓄洪时，庄台成了洪水中的孤岛，四面环水，仅能通过船筏与外界交通。目前，仅蒙洼蓄洪区便有庄台131座。

（四）有利于解决农业转移人口市民化的城镇化

　　新型城镇化的核心在人，农业转移人口市民化是城镇化的首要任务，也是衡量城镇化是否成功的关键一步。改革开放以来，随着对外开放程度的加深，我国的工业化和城镇化都得到了快速发展，城乡间收入的差距使得农村剩余劳动力逐步向城市和城镇转移，其中有一部分转移的劳动力在城市和城镇落户，完成了人口的市民化。在"十三五"时期，我国新型城镇化建设迈出坚实步伐：1亿非户籍人口在城市落户目标提前完成，城镇常住人口达8.48亿人，我国常住人口城镇化率已经达到60.6%。

　　然而，在淮河生态经济带尚有数千万农业人口需要转移至城镇，有序推进农村人口向城镇转移是城镇化发展的必要部署和必经阶段。在传统的城镇化进程中，大量的农村转移人口只是实现了地域转移和职业转移，并没有实现身份和地位的转变，这就要求淮河生态经济带城镇化发展过程中，要着力提高城镇的就业容纳能力和综合承载能力，在就业、医疗、教育、养老、住房等多方面构建协调城乡的新型工业化、农业现代化、基本公共服务均等化的发展平台。结合各地的实际情况，促进农业转移人口的市民化。具体包括以下六个方面：其一，适度发展劳动密集型工业和第三产业，为农民提供更多就业岗位，为其在城市生活提供必要的物质基础；其二，要推进农业转移人口享有城镇基本公共服务，着力保障农村转移人口随迁子女平等的受教育权利，特别是实施义务教育"两免一补"和生均公用经费基准定额资金随学生流动可携带政策；其三，要不断完善公共就业创业服务体系，组织实施农业转移人口职业技能培训，提升农村转移人口就业能力；其四，要扩大社会保障覆盖面，落实"全民参保登记计划"，扩大社保覆盖面，改善基本医疗卫生条件，整合城镇居民基本医疗保险和新型农村合作医疗两项制度，建立统一的城乡居民医疗保险制度；其五，要不断扩宽住房保障渠道，探索建立租购并举的住房制度，加快棚户区、城中村和危房改造，确保农业转移人口"住有所居"；其六，要有序扩大城镇规模，加强道路等基础设施建设，提升供水、供气、网络等公共服务能力，让更多农业转移人口享受更好的现代生活。

（五）城镇布局更加科学合理的城镇化

2013年，中央城镇化工作会议明确指出，要优化布局，根据资源环境承载能力构建科学合理的城镇化宏观布局，把城市群作为主体形态，促进大中小城市和小城镇合理分工、功能互补、协同发展。

城镇化是人类社会发展的必然趋势和必由之路，是经济结构、社会结构和区域空间变化和调整转型的过程。城镇是一个不断生长的有机体，空间布局会随着时间的推移而不断"变化"。因此，在城镇化的发展过程中，要以技术手段对城市物质空间环境发展进行预测，以尊重城市所在区域的生态环境和自然禀赋为出发点，对城镇的空间结构和城市形态进行合理化引导，将自然山水及城市内部的人工景观引入城市空间布局中，为城市未来发展提供尽可能多的可能性，让城市的人口规模、产业布局、区域交通和城市空间均处于健康"生长"状态。

淮河生态经济带面积广阔，各个区域人口数量、自然资源、经济社会发展、生态环境承载能力等方面情况各不相同，需要从战略高度对城镇化进行谋篇布局，制定发展战略和长远规划，有计划、有重点、有秩序地推进。

《淮河生态经济带发展规划》要求构建大中小城市和小城镇协调发展的城镇格局，是对淮河生态经济带区域发展现状的准确定位，必须坚定不移按照"规划"的要求，推动城镇化科学合理发展。

三、城镇化发展战略

随着城市化的推进，城市出现了交通拥挤、环境污染、资源相对紧张的种种弊端，而与之相邻的郊区以及周边县城具有较大的发展空间和良好的资源环境，因此，淮河生态经济带城镇化发展应坚持核心带动、组团发展、互动协作、城乡一体，有序推进大中小城市、特色小镇和美丽乡村协调发展的新型城镇化，不断推进农业转移人口市民化，实现城市、产业、人口、文化融合发展，有力推动城乡融合向纵深发展。

（一）培育区域中心城市

城市是一定地域范围内经济、政治和文化生活的中心，人们对于中心城市的认识其实是经历了一个动态的过程。关于中心城市的定义，学者们从不同的角度进行了阐述。在国外，区域中心城市一般被认为是区域内规模最大的城市，其区位处于城镇体系的市场和交通网络中心，通过其规模效应、集聚效应、外部效应等辐射和带动整个区域。在国内，学者们主要从中心城市的功能和作用角度对区域中心城市进行了定义，并认为区域中心城市是所在区域发展的引领者，因此也就具备了以下几点特征：其一，拥有适宜的人口规模，因为人口规模是城市中心性和各类功能得以发挥的基础和保障；其二，拥有较强的经济实力和适宜的产业结构，在所在区域内占有较大份额的经济总量；其三，具有较强的辐射带动能力，能够较好辐射带动周边地区经济社会的发展；其四，拥有较为完善的基础设施和公共设施，能够较好地发挥城市功能。其五，具有较强的科技实力和综合功能，能够促进城市的创新、持续发展。

淮河流域在推动城市化的建设中，要注重培育区域中心城市，推进产城融合，引导人口集聚，充分发挥中心城区的辐射力和带动力。增强淮安、盐城、徐州、蚌埠、商丘、阜阳、信阳等区域中心城市辐射带动能力，优化市辖区规模结构，力争到2025年培育形成若干主城区常住人口300万以上的城市。进一步优化城市形态、提升服务功能，有序推进新城区建设和老城区改造，推动城市产业高端化和功能现代化，创新城乡融合发展机制和城镇联动发展机制，引领形成区域联动、结构合理、集约高效、绿色低碳的新型城镇化格局。推动位于中心城区、工业比重低的开发区向城市综合功能区转型。加快城区老工业区搬迁改造、独立工矿区改造搬迁，支持徐州、平顶山等地创建老工业城市和资源型城市产业转型升级示范区。

（二）促进城市组团发展

城市群（Urban Agglomeration）是"在特定的地域范围内具有相当数量的不同性质、类型和等级的城市，依托一定的自然环境条件，以一个或两个特大或大城市作为地区经济的核心，借助于现代化的交通工具和综合运输网的通达性，以及高度发达的信息网络，发生与发展着的城市个体之间的内在联系，共同构成一个相对完整的城市集合体"。当前，我国已经初步形成了多个较典型的区域城市群，大家较为熟悉的城市群有以北京、天津、青岛和大连等城市为中心的环渤海湾城市群，以上海、南京、苏州、杭州和宁波等城市为中心的长三角城市群，以广州、深圳、东莞等城市为中心的珠三角城市群，以武汉为核心的"武汉城市圈"、以长沙为核心的"长株潭城市群"、以南昌为核心的"环鄱阳湖城市群"和以合肥为核心的"皖江城市群"，等等。随着我国交通网络的快速发展，城市之间交通的便捷化将进一步推进域内经济集聚与扩散效应。

淮河生态经济带的发展可以以城市群为主体构建大中小城市和小城镇协调发展的城镇格局，立足通江达海的交通条件，推动淮安—盐城—泰州—扬州组团发展，全面对接长江三角洲城市群，积极融入长江经济带发展。依托合作基础和区位优势，支持徐州—连云港—宿迁—宿州—淮北—商丘—济宁—菏泽—枣庄联动发展。加强规划统筹和产业协作，促进蚌埠—淮南联动发展，支持滁州、六安全面融入皖江城市带和合肥都市圈。全面深化信阳、驻马店、漯河、平顶山在基础设施建设、产业发展、生态环境保护等方面的协作。推进基础设施和产业园区共建，促进阜阳—亳州—周口组团发展，进一步密切与郑州都市圈、合肥都市圈的联系。

专栏5　　　淮河生态经济带周边城市群

长江三角洲城市群：长江三角洲城市群（简称：长三角城市群）以上海为中心，位于长江入海之前的冲积平原，根据国务院批准的《长江三角洲城市群发展规划》，长三角城市群包括上海、江苏、浙江、安徽等26个城市，面积21.17万平方千米，约占中国面积的2.2%。长三角城市群的战略定位是建设面向全球、辐射亚太、引领全国的世界级城市群，建成最具经济活力的资源配置中心、具有全球影响力的科技创新高地、全球重要的现代服务业和先进制造业中心、亚太地区重要国际门户、全国新一轮改革开放排头兵、美丽中国建设示范区。

皖江城市群：2010 年 1 月，国务院正式批复《皖江城市带承接产业转移示范区规划》，安徽沿江城市带承接产业转移示范区建设纳入国家发展战略。这是全国唯一以产业转移为主题的区域发展规划。皖江城市带包括合肥、芜湖、马鞍山、安庆、滁州、池州、铜陵、宣城 8 个地级市全境，以及六安市的金安区和舒城县。

合肥都市圈：合肥都市圈位于长江中下游沿江长三角西端，包括安徽省合肥市、淮南市、六安市、滁州市、芜湖市、马鞍山市、蚌埠市、桐城市（县级市），合肥都市圈面积占全省的 40.6%，人口占全省的 43.2%，区域经济总量占全省的比重接近 59%。合肥都市圈以合肥为中心，打造合滁宁、合芜马、合淮、合六、合安宜产业发展带，推动创新链和产业链融合发展，逐步建立和完善产业链合作体系，推动圈内城市合作，构建高水平、多功能、国际化的对外开放平台，建设具有较强影响力的国际化都市圈。

郑州都市圈：根据国务院批复的《中原城市群发展规划》，郑州大都市区范围包括河南省的郑州、开封、新乡、焦作、许昌 5 座地级市，面积 31226 平方千米，占河南全省面积的 8.7%，集聚了全省近 20% 的人口和超过 30% 的经济总量，其发展战略是把支持郑州建设国家中心城市作为提升城市群竞争力的首要突破口，强化郑州对外开放门户功能，提升综合交通枢纽和现代物流中心功能，集聚高端产业，完善综合服务，推动与周边毗邻城市融合发展，形成带动周边、辐射全国、联通国际的核心区域。

（三）大力发展中小城市

中小城市不仅是我国新型城镇化的重要组成部分，还是城市体系优化的关键环节和城市创新发展的重要平台。随着经济的快速发展，大城市创造出更多的就业机会，为不同技能的劳动者提供了多种就业选择，因此具有很强的人口集聚效应。但大城市的人口承载能力毕竟有限，一些大城市和特大城市在发展中面临着人口过度膨胀、环境污染严重、资源相对紧缺等多种大城市病。虽然小城镇也具有多项大城市所具备的城市功能，但我国当前小城镇的发展依然表现为数量多、规模小、较分散、发展效率低等特点，对转移人口的吸引能力还有限。所以，中小城市的发展能够避免人口过度集中于大城市或过度分散于小城镇带来的种种弊端。在我国城镇化进程中，中小城市对转移人口吸引力小，不能适应我国城镇化发展的需要，成为制约我国城镇化健康、可持续发展的重要因素之一。

《国家新型城镇化规划（2014—2020年）》指出："把加快发展中小城市作为优化城镇规模结构的主攻方向，加强产业和公共服务资源布局引导，提升质量，增加数量。"因此，要以县级市为重点，优化产业和公共服务资源布局，提升基础设施和公共服务供给能力，推动基础条件好、发展潜力大、经济实力强的县级市发展成为50万人口以上的中等城市，有条件的县城发展成为20万人口以上的小城市，这样可以在很大程度上解决人口过度聚集引起的"大城市病"和农村剩余劳动力的就业问题。同时，鼓励中小城市因地制宜发展生态产业、特色产业，提升就业容纳能力，促进无法扎根于大城市的流动人口"回流"，促进农业转移人口就近城镇化，改变传统的以"候鸟式"和"钟摆式"人口流动为代价的城镇化，使中小城市成为弥合城乡差距，促使转移人口就地城镇化的聚集地。

> **专栏6　借力都市圈核心城市的燕郊的发展**
>
> 河北省三河市燕郊镇，被称为"北京后花园"，因为离北京很近，拥有北京扩散效应的长期辐射，加之土地资源跟北京相比相对廉价，居住成本低，吸引了大量的"北漂"前来居住。借力京津冀协同发展的推进，燕郊在发展房地产的同时，大力推进电子信息、生物医药、新材料、机械制造等产业的发展，使得城镇化水平不断加快、环境建设更加优美、功能区分更加合理、基础设施建设不断完善，已经成为环首都地区理想的商务接待地、休闲地。

（四）引导特色小镇和小城镇健康发展

关于特色小镇，国外已有较为丰富的研究成果，比如法国的普罗旺斯小镇、瑞士的达沃斯小镇、美国的格林威治对冲基金小镇，都具有非常鲜明的特点。因此，在淮河流域发展特色小镇和小城镇，可以借鉴这些成功的发展经验，在相对落后的广大农村地区充分发挥资源优势，结合产业空间布局优化，循序渐进发展文化旅游、商贸物流、资源加工、交通枢纽、新闻出版、广播影视、生态宜居等特色小城镇，打造创新创业发展平台和新型城镇化载体。选择一批区位条件优越、基础好、潜力大的小城镇，完善市政基础设施和公共服务设施，加强生态环境保护，打造成为联接城乡和带动农村地区发展的支点。

专栏7　　　淮河生态经济带周边特色镇的发展

江苏宜兴模式：宜兴市地处天目山余脉，南部地区以丘陵和山地为主。宜兴市通过转变思路，发展生态旅游，走出了以产业转型带动乡村振兴的转型之路。

①发展生态旅游业。在"两山"科学论述的引领下，宜兴市主动转变思路，开展美丽乡村建设，由过去的炸石头、卖石头，到现在的卖盆栽、卖风景，宜兴市村民以合作社为基础，从下向上争取资源，大力发展盆景种植业和生态旅游业。依靠农林局定期邀请高校专家指导苗木的培育嫁接，带领农户上山选取可供育种的野生植物，引进优良品种供农户选植，不仅培育了具有一定规模的盆景产业，也将花农培养成了园艺师。

②创新农家乐模式。通过创新农家乐模式，形成了"吃农家饭、住农家屋、干农家活、享农家乐"的发展局面。一是成立农家乐协会，推行食宿分开经营模式，统一服务标准，统一组织客源，统筹安排入住，提高农家乐项目整体水平和档次，实现了农家乐的公司化经营。二是推动景区带动农家乐，通过与景区合作，推出购买景区联票可以在享受门票优惠的同时享受农家乐的免费食宿的活动。三是通过品牌带动农家乐，村民以住房入股加盟品牌农家乐，将闲置的空房交给农家乐品牌出资改造整修、经营管理。

安徽六安模式：六安市地处大别山腹地，依托红色革命根据地和山川水域风光，大力发展全域旅游，在特色镇和小城镇的发展方面成效明显。具体做法主要有：骨干景区扩容升级、乡村旅游提质增效、文化旅游交汇融合。

①骨干景区扩容升级。一是积极打造旅游景区。严守生态保护大原则，着力打造骨干景区，并逐步串联融合以红色革命、绿色生态、

古色文化、金色农事、美色风光"五色"为主题的景点和线路。二是着力畅通旅游交通。对旅游交通干道和重点旅游区道路进行改造升级，形成了以高速公路和国道省道为主骨架、以大别山旅游扶贫快速通道和县乡道路为支撑、以农村公路网络为基础的外通内畅旅游交通体系。

②乡村旅游提质增效。一是政府引导打造"示范点"。结合美丽乡村建设、易地扶贫搬迁，打造乡村旅游特色小镇，形成乡村旅游集聚区。二是依附景区发展"农家乐"。鼓励4A级及以上景区周边村民发展"农家乐"，实现山上游玩、农家吃住，湖中游玩、岸上吃住。注重挖掘特色资源，提升"农家乐"品质，以"大别山的问候"为主题，重点打造一批养生小院、茶谷小院、田园客栈。

③文化旅游交汇融合。一是打造红色旅游胜地，构建大别山红色革命文化旅游区域。以大别山精神和淠史杭精神为主题，着力打造红色精神教育基地、红色旅游目的地、红色旅游带动革命老区经济发展的示范地。二是丰富绿色旅游内涵。立足山水美景资源，发挥绿色生态优势，大力拓展研学、康养、休闲旅游新业态。三是开发古色旅游资源。依托泉陶、楚汉、农耕等非遗传统文化资源，挖掘文化内涵，助力旅游产业发展。传承发扬舒席制作、六安瓜片制作、迎驾贡酒传统酿造等传统技艺，培育金寨丝绸、霍邱柳编、六安一品斋等富有地域特色的旅游产品。

总之，淮河生态经济带城镇化既要加快发展区域性中心城市，又要积极发展中小城市，有序推进小城镇发展，形成以中心城市为核心，中小城市和小城镇为依托，产业协同发展为基础，交通运输通道为纽带，布局合理、协调发展的城镇体系。

第二节　城镇体系空间布局

关于城镇的区位，学术界出现过多种理论，比如德国农业经济学家约翰·冯·杜能（Johann Heinrich von Thünen）的农业区位论，阐述了农业经营方式区位的理想模式：即在城市近处种植相对于其价格而言笨重而体积大的作物，或者是生产易于腐烂或必须在新鲜时消费的产品，而随着与城市距离的增加，则种植相对于农产品的价格而言运费少的作物，以城市为中心，由里向外依次为自由式农业、林业、轮作式农业、谷草式农业、三圃式农业、畜牧业这样的同心圆结构。德国著名工业布局学者韦伯的工业区位论，阐述了工业企业空间位置选择的决定因素，即运输成本和工资在工业区位选择中起了很大的决定作用。瑞典著名的经济学家帕兰德（Tord Palander）的经济区位论，在导入不完全竞争的概念和价值理论的基础上发展了区位理论。德国城市地理学家克里斯塔勒（W.Christaller）和德国经济学家廖什（A.Lösch）提出的中心区位论，阐述了城市、中心居民点发展的区域基础，及等级—规模的空间关系，并将区域内城市等级与规模关系形象地概括为正六边形模型。

关于城镇的布局，主要有三种类型：第一种是点状布局，城镇的分布呈现的是一种零星的状态；第二种是紧凑的面状或带状布局，即我们经常看到的"大都市区"；第三种是相互交叉渗透的网状布局，即"城镇连绵区"，城乡之间的界限变得十分模糊，一体化的城镇布局趋势增强。

不管是城镇的区位理论，还是城镇的布局形态，都可以为淮河流域的新型城镇化发展提供一定的理论基础和指导。

城镇化的发展需要靠城镇功能的完善来支撑，人们之所以愿意往城市流动，无非是受城市便捷的基础设施、较好的公共服务条件和较高工资的吸引。鉴于传统城市化带来的一系列问题，淮河生态经济带在新型城市化的推进中，要根据主体功能分区，优化城镇布局形态，完善城镇体系空间格局，坚持以资源环境承载能力为基础，通过科学规划，依托产业和交通运输体系，促进沿淮集聚发展、流域互动协作，分步推进，最终构建形成"一带、三群、四轴、多点"的城镇化空间布局。

一、强化"一带"

历史上，淮河流域经常出现水患，因此，长期以来，在发展定位上主要以治理水患为主、经济发展为辅，导致流域内城市一直是江苏、河南、安徽三省的经济欠发达区域，经济发展速度缓慢，基础设施建设落后，产业结构失衡，城镇化水平和质量不高，生态环境形势严峻，区域协同发展机制不健全，城市整体竞争力不强。以长三角、珠三角为代表的中国城市群的形成，无不依托于主要节点城市的发展，形成三角形的稳定关系，从而带动区域整体的发展，如长三角的上海、南京、杭州三座核心城市构成了长三角城市群的主体框架，而广州、深圳、香港、澳门则支撑起了大珠三角城市群。长江经济带发展也是以长江黄金水道为依托，发挥上海、武汉、重庆的核心作用，以沿江主要城镇为节点，构建沿江绿色发展轴。

2018年10月18号，国务院批复同意《淮河生态经济带发展规划》，有力推动了淮河生态经济带的发展。淮河生态经济带可以通过充分发挥淮河干流水道作用，推进淮河出海航道建设和中下游航道疏浚，增强干流航运能力。沿淮城市结合城市总体规划，加快临港产业园和临江码头等基础设施的建设，构建现代化、规模化的港口，将港口打造成物流供应链的重要节点和信息集聚地，促进港口功能的转型升级。同时，大力发展多式联运，加快沿淮铁路、高速公路和集疏运体系建设，合理推进岸线开发和港口建设，构建综合立体交通走廊，对接苏北大开发、沿江大开发、沿海大开发，以中原经济圈以及淮河生态经济带为腹地，形成以淮安、盐城、蚌埠、信阳为核心的淮河干流城市带。增强淮安、盐城、蚌埠、信阳等区域中心城市的辐射带动能力，建立健全绿色低碳循环发展的经济体系，推进资源全面节约和循环利用，形成特色鲜明、布局合理、生态良好的现代特色产业和城镇密集带。

专栏8   **长江经济带**

长江经济带覆盖上海、江苏、浙江、安徽、江西、湖北、湖南、重庆、四川、云南、贵州等11个省市，面积约205.23万平方千米，占全国陆地面积的21.4%，人口和生产总值均超过全国的40%。2014年9月，国务院印发《关于依托黄金水道推动长江经济带发展的指导意见》，将长江经济带建设定位为具有全球影响力的内河经济带、东中西互动合作的协调发展带、沿海沿江沿边全面推进的对内对外开放带和生态文明建设的先行示范带。

淮河干流城市带是一条连接中东部、沟通南北的城市带，是淮河生态经济带城镇化的骨干。淮河干流沿岸岸线很长，各城市不能孤立发展，要以经济带为主体，走开放道路，不断深化与区域外的合作，与周边城市特别是其他区域中心城市协同发展。这样不仅能够推动经济带内经济活动和交通运输的有效配置，还可以减少区域内不合理的制约因素，形成长足有效发展机制，助力经济平稳运行，有利于经济带内城市顺应自然和社会经济条件，相互制约，相互依存，共同发展。

积极对接中原城市群、皖江城市带、长三角城市群等，借助周边优势城市的发展，为其提供相应的配套服务，做好下游角色，以此形成增长极，带动自身经济发展，并借此形成良性循环。通过战略规划引导、地方政府协调、中央政策引领、现代产业体系构建，形成以淮安、盐城、蚌埠、信阳为核心，桐柏、息县、淮滨、霍邱、寿县、颍上、定远、明光、五河、盱眙、洪泽、泗洪、金湖、宝应、响水、滨海等城市为主体的我国东中部地区新兴的城市带。

二、建设"三群"

目前，我国正在加速迈进高质量发展阶段，组团式发展成为我国区域发展的新战略，其根本目的就是要打破行政区的体制壁垒，突破经济区的规制限定，消除生态区的设施障碍，实现区域的协同发展。《淮河生态经济带发展规划》将淮河生态经济带划分为三个发展区域，即东部海江河湖联动区、北部淮海经济区、中西部内陆崛起区。经济和产业发展是城镇化的基础，淮河生态经济带城镇化发展也要按照经济区域的不同，着力发展三个城市群，即东部海江河湖城市群、北部淮海城市群、中西部内陆城市群。强化每个城市群集聚扩散的作用，促进各城市之间的分工与协作。要进一步壮大淮安、盐城、徐州、蚌埠、商丘、阜阳、信阳作为区域核心城市的实力，在人口、资源、经济实力等各个方面形成集聚效应，提升核心城市辐射带动能力，增强区域核心增长极，带动城市群协同发展。

城市群建设要提高前瞻性、引领性，把握产业集群和人口汇集的方向与布局，协调城乡发展，推动城镇化向质量提升转变。东部海江河湖城市群包括淮安、盐城、扬州、泰州、滁州等市，要发挥淮安、盐城区域中心城市的引领作用，依托洪泽湖、高邮湖、南四湖等重要湖泊水体，突出生态文明建设，强化与长江三角洲、皖江城市带等周边区域对接互动。

北部淮海城市群包括徐州、连云港、宿迁、宿州、淮北、商丘、枣庄、济宁、临沂、菏泽等市，要大力提升徐州区域中心城市辐射带动能力，建设徐州都市圈，发挥连云港新亚欧大陆桥经济走廊东方起点和陆海交汇枢纽作用，强化与中原城市群、皖北宿淮（北）城市组群、山东鲁南城镇发展带的对接联系，推动淮海经济区协同发展。

中西部内陆城市群包括蚌埠、信阳、淮南、阜阳、六安、亳州、驻马店、周口、漯河、平顶山、桐柏、随县、广水、大悟等市（县），要发挥蚌埠、信阳、阜阳区域中心城市的辐射带动作用，积极推进城市间在承接产业转移、资源型城市转型发展方面的协同配合，加快区域新型城镇化进程。

三个城市群建设为淮河生态经济带城镇化布局提供了躯干，各个行政区域的城市要打破条块分割，发挥各自的资源优势和区位优势，充分发挥大城市的规模效应和集聚作用，加大资源整合力度，构建起大中小城市等级有序、产业分工和功能互补的组团式核心结构，为区域城镇化发展提供广阔的空间。

近期目标：城市群发展，首先要壮大区域中心城市。要将增强淮安、盐城、徐州、蚌埠、商丘、阜阳、信阳中心城市实力作为优先发展方向，才能为城市群协同发展提供引领能力和辐射带动力。淮安、盐城要协同泰州、扬州、滁州，拉动洪泽、宝应、金湖、盱眙、涟水、泗阳、泗洪、兴化、高邮、天长、江都、大丰、射阳、建湖等节点城市的发展；徐州要利用自身在区域经济最强的优势，带动宿迁、连云港、临沂、济宁、枣庄、菏泽、商丘、淮北、宿州等中心城市进一步增强发展实力，并通过他们的辐射和扩散作用拉动永城、睢宁、沭阳、响水、新沂、邳州、沂南、蒙阴、费县、滕州、曲阜、沛县、郓城、曹县、夏邑等周边节点城市发展，实现城市群区域内全面发展；蚌埠要发挥自身在安徽中部连接南北的独特地理优势，阜阳要发挥自身铁路交通枢纽的优势，信阳要充分发挥豫南区域的政治、经济、文化中心，以及鄂豫皖三省交界地带的交通枢纽、商品集散地的优势，协同六安、亳州、驻马店、周口、漯河、平顶山等区域中心城市，通过他们的辐射和扩散作用带动周边霍邱、颍上、寿县、凤阳、固始、项城、临泉、随县、广水、大悟等区域发展，形成区域城镇抱团发展的态势。

远期目标：坚持中心城市、中小城市、小城镇共同发展的方针，通过中心城市的辐射带动作用，形成以淮（安）盐（城）、徐州、蚌（埠）阜（阳）信（阳）为核心的淮河生态经济带三大城市群及布局科学合理的城镇化结构体系。形成以淮安、盐城为核心，泰州、扬州、滁州为副中心，洪泽、宝应、金湖、盱眙、涟水、泗阳、泗洪、兴化、高邮、天长、江都、大丰、射阳、建湖等中小城市环绕，协调发展，产业分工明确，对接沿江城市群，衔接江苏沿海经济带，连接呼应苏北大开发战略，城市层级结构合理的城市群；以徐州为核心，宿迁、连云港、临沂、济宁、枣庄、菏泽、商丘、淮北、宿州为副中心，对接山东半岛城市群、中原城市群、皖北城市群，辐射周围永城、睢宁、沭阳、响水、新沂、邳州、沂南、蒙阴、费县、滕州、曲阜、沛县、郓城、曹县、夏邑等中小城市的城市群；以蚌埠、阜阳、信阳为中心，六安、亳州、驻马店、周口、漯河、平顶山为副中心，对接皖江经济带、武汉城市群、中原城市群，培育具有较高聚集和辐射带动作用的中心城区，以霍邱、颍上、寿县、凤阳、固始、项城、临泉、随县、广水、大悟等中小城市为支撑的覆盖三省的城市群。

专栏9　　　　　　　　　　**皖北城市群**

　　以建设淮河生态经济带和推动淮河流域综合治理和绿色发展为统领，以资源环境承载力为基础，促进皖北地区城镇集聚化布局，促进各设区城市继续加快发展，适度扩大新的节点城市规模，适时调整行政区划，做大做强中心城市；加强各城市间分工合作和协同发展，推进交通链接、产业融合、功能互补、生态共建，加快蚌淮（南）城市组群、宿淮（北）城市组群、阜阳都市区、亳州都市区建设，带动县城发展，加强合蚌淮（北）、沿淮、淮（南）阜亳等发展轴带建设，构筑以大带小、协调发展的城镇空间格局。提升开放型经济水平，培育一批跨省域的城市组团，加快形成与长三角、中原经济区、淮河生态经济带等区域联动发展格局，推进南北结对帮扶和园区合作共建，促进就地城镇化和省内异地城镇化，构建有序竞争、联动发展的皖北城市群。

　　　　　淮安带动周边城市化的战略规划

　　　实施"一轴两翼"战略。一轴是指沿宁连高速公路所串联的城镇构成的城镇发展轴，通过整合各区发展动力，打造具有区域竞争力的淮安中心城市，向北发展空港新区，与涟水县城协调发展；向南发展盐化工业区，与洪泽区协调发展。形成空港工业区—淮安—盐化工业区的规划区城镇空间发展主轴。两翼，即由京沪高速公路以东、徐宿淮盐高速公路以南的城镇乡村构成的东部发展翼，和由宁连高速公路以北、以西的城镇乡村构成的西部发展翼。东部发展翼重点发展车桥镇，强化培育钦工、范集等重点镇的综合功能和朱桥、平桥等镇的特色职能。西部发展翼重点发展徐溜镇，强化培育渔沟、南陈集、刘老庄等镇的综合功能，和码头、赵集等镇的特色职能。通过增强小城镇的设施服务能力，带动其各自周边乡村地区整体协调发展。

专栏 11　　　　　　　　徐州都市圈

　　　徐州都市圈也称作徐州城市群，是以徐州为中心的经济区域带，地跨苏鲁豫皖四省，包括江苏的徐州市、连云港市、宿迁市，以及安徽、山东、河南部分城市，涉及总人口 3100 多万，面积 4.8 万平方千米。根据已经出台的《徐州都市圈规划纲要》，徐州都市圈将强化徐州市的中心城市功能，形成以徐州主城区为一个核心、沿陇海线这一条轴线所构成的"点轴"空间结构。重点打造成产品深加工、物流信息、旅游、特色名优食品制造、纺织、中医药开发和制造、信息制造、重化工、钢铁、重型机械、现代服务等产业群，成为苏北地区首要的经济增长极和实施江苏全省区域共同发展战略的重要区域。徐州城市群综合实力排名全国第 15 位。

三、"四轴"牵引

　　　淮河生态经济带城镇化过程要积极加入区域的分工合作，依托交通通道和产业布局，加快构建以航空、水路、铁路、高速公路为纽带的快速运输系统，加强综合交通设施建设和基础设施一体化建设，打通重点镇与主要城市之间的交通网络，缩短时空距离。

促进产业互补、园区共建和劳动力合理流动，统筹不同级别和先后顺序，由点状集聚向带状发展转变，构建特色鲜明、优势互补的产业与城镇发展格局。按照国家级、省级和区域级三级轴带组织城镇发展网络，促进生产要素向城镇轴带和交通节点城镇集聚，以线促点、以线带面，整合、优化城镇体系空间结构，形成依托轴带、聚内联外、开放式的空间发展态势，进一步提高发展建设质量和辐射带动能力。

淮河生态经济带要重点以交通通道为依托，着力推进四个纵向城镇轴建设。即依托新（沂）长（兴）铁路、京沪高速公路、京杭运河，以及2020年底通车的连淮扬镇高铁、规划建设的京沪高铁二通道，建设临沂—连云港—宿迁—淮安—盐城—扬州—泰州发展轴；依托京广线，建设漯河—驻马店—信阳发展轴；依托京九线，建设菏泽—商丘—亳州—阜阳—六安发展轴；依托京沪铁路与高铁，建设济宁—枣庄—徐州—淮北—宿州—蚌埠—淮南—滁州发展轴。依托四条发展轴，向南对接长三角城市群、长江中游城市群、皖江城市带，向北对接京津冀地区、中原城市群，着力吸引人口、产业聚集，辐射带动苏北、皖北、豫东、鲁南、鄂东北等区域发展，形成四条纵向城镇轴（带）的发展格局。四条城镇轴是淮河生态经济带城镇化布局的骨架，支撑了整个区域城镇化的框架，为密切区域城镇间关系，联动城市发展提供了不可或缺的抓手。

专栏 12　　　　　　　　**京沪高铁二线**

京沪高铁二线，是中国"八纵八横"高速铁路网中第二纵——京沪高铁通道的组成部分，北京至上海的第二条高铁线路，由北京出发，经天津、河北、山东、江苏，到达上海，根据国家发改委《中长期铁路网规划》，途经临沂、徐州、淮安、扬州、泰州等淮河生态经济带城市。

四、多点联动发展

淮河生态经济带内大中小城市相互呼应，辅之以众多小城镇，因此城镇化的发展要积极培育并形成城镇网络，重点发展流域中心城市和区域节点城市，根据区域城镇发展现状采用非均衡发展战略，有选择地培养、提升区域节点城市。壮大节点城市规模和综合实力，完善城市功能，因地制宜发展特色优势产业，提升基础设施和公共服务供给能力，吸引农业转移人口加快集聚，加强与区域中心城市的经济联系与互动，发挥对淮河生态经济带发展的多点支撑作用，增强对周边地区发展的辐射带动能力。

中小城市发展要根据区位条件、产业基础和发展潜力，明确发展定位。沿海及中心城市周边县市，要积极参与区域产业分工，以发展临海、临港产业，依托特色资源，为中心城市生产生活服务配套型产业为重点，建设一批新型中小城市。经济欠发达的山区县市，要实施大城关战略，引导产业和人口集聚，增强对农村经济的辐射力。比如：安徽的皖北地区可以通过加强与本省周边强势城市（合肥、芜湖等）的合作和资源共享，实现互助模式，积极承接周边强市的产业转移和辐射带动作用，推动传统产业转型升级，突破城市发展瓶颈，培育形成新的经济增长极，推动区域协调协同机制的发展；江苏的苏北地区同样可以借助苏南、苏中地区的辐射优势，带动自身经济社会的发展。

支持区位优势明显、产业基础较好、经济实力较强的县（市）率先向中等城市发展，建设成为区域副中心城市。江苏省要围绕徐州、淮安、盐城等中心城市，依托京沪铁路、京沪铁路第二通道、京杭运河、京台高速等交通动脉，重点支持发展新沂、邳州、东海、睢宁、泗洪、盱眙、金湖、高邮、兴化、滨海、响水、大丰等节点城市；山东境内要依托京沪铁路、京杭运河，积极融入徐州城市群，重点发展滕州、邹城、曲阜、临沭等节点城市；安徽境内要围绕阜阳、蚌埠等中心城市，依托淮河干线、京九铁路、济广高速等交通线路，重点培育太和、临泉、蒙城、定远、寿县、颍上、凤阳、天长、灵璧等节点城市发展，河南省内要围绕商丘、信阳等中心城市，协同驻马店、漯河、周口等副中心城市，依托陇海铁路、京广铁路、大广高速等交通干线，着力发展永城、夏邑、淮阳、新蔡、临颍、舞钢、汝州、固始、淮滨、桐柏等节点城市。湖北要全力支持随县、广水、大悟融入以信阳为中心的城市群发展。（表2-4）

表 2-4　　　　　2030 年淮河生态经济带主要城市规模与城镇化目标

中心城市等级	城市名	市区人口规模（万）
中心城市	徐州	>500
	淮安、盐城、蚌埠、阜阳、商丘、信阳	300~500
副中心城市	扬州、泰州、滁州、宿迁、连云港、济宁、临沂、枣庄、菏泽、淮北、宿州、淮南、滁州、六安、淮南、亳州、周口、漯河、驻马店、平顶山	100~300
节点城市	汝州、永城、项城、新蔡、固始、滕州、邹城、新沂、邳州、临泉、滨海、颍上、定远、霍邱、灵璧、广水	100~200
	东海、睢宁、泗洪、盱眙、金湖、高邮、兴化、滨海、响水、大丰、曲阜、临沭、太和、临泉、蒙城、颍上、凤阳、天长、夏邑、淮阳、临颍、舞钢、淮滨、桐柏、随县	50~100
副节点城市	射阳、灌南、涟水、宝应、泗阳、洪泽、泗洪、泗阳、沭阳、五河、明光、泗县、灵璧、固镇、怀远、寿县、息县、光山、新县、大悟、民权、泰康、定陶、曹县、萧县、濉溪	20~50
城镇化水平	2030 年达到 70% 左右	

第三节　淮河生态经济带城镇化关键举措

随着我国经济的快速发展，城市的综合实力在不断增强，一些城市已经进入了特色城市化发展的阶段。淮河生态经济带面积广阔、人口众多，地区间经济社会发展水平各异，在城镇化过程中，必须要把握和做好一系列关键举措，才能更好地推动城镇化发展。

一、因地制宜全方位推进城镇化建设

一直以来，淮河流域内城市均不处在发达地区行列，导致城镇化发展所需的各种生产要素供给不足，产品市场的需求不足，削弱了城镇化的初始动力，因此存在人口城镇化率不高，产业支撑城镇化的能力不足等问题，由于整个淮河流域东西跨度比较大，各个城市存在区位条件、资源禀赋、产业特征、生态环境等方面的不同，因此城镇化质量也存在一定的差异。由梯度推进理论可知，不同国家或不同地区间存在着产业梯度和经济梯度，经济的发展趋势是由发达地区向次发达地区，再向落后地区推进，所以在城镇化的建设中，很难形成统一的覆盖全区域的发展战略。要根据自然禀赋差异、经济发展水平和城镇发展的阶段特征，根据流域内不同地区的实际情况，分别制定相应的发展策略，实施分类指导，实现共同发展。

从区位特征来看，淮河流域位于我国东中西部的交界区域，东邻长三角，北接山东半岛蓝色经济区，南邻长江经济带，西有广袤的西部地区，拥有众多的交通枢纽城市，交通枢纽地位显著（表2-5）。

表2-5　　　　　　　　　　　　　　域内重要交通枢纽城市

交通枢纽城市	铁路	高速公路	港口	机场
蚌埠市	京沪铁路、淮南铁路的交会点；京沪高铁、京福高铁的交会点	宁洛高速、蚌宁高速、合徐高速、京台高速		
徐州市	京沪铁路、陇海铁路交会点；京沪高铁、郑徐高铁、徐广高铁等8条高铁途经		徐州港是中国内河十大港口之一	徐州观音国际机场是淮海经济区内规模最大、设施最先进、等级最高（4E级）的大型国际航空港
郑州	陇海铁路、京广铁路、京港高铁、郑西高铁、郑徐高铁、郑渝高铁、郑合高铁多方交会点	京港澳高速公路、郑民高速公路等14个高速公路干线		郑州新郑国际机场为4F级国际民用机场，是中国首个国家级航空港郑州航空港经济综合实验区核心组成部分、国际航空货运枢纽机场、中国八大区域性枢纽机场之一

流域内重要交通枢纽城市可以依托交通枢纽区位优势带动相关产业的发展，利用"互联网+"，大力发展交通+金融贸易、交通+电商等新型业态，促进产业向物流化、信息化和高端化不断迈进。通过交通枢纽带动模式，发展淮河流域相关区域性中心城市、大县城和中心镇，推动现代物流业的发展，引导生产要素、优势资源向中心聚集，扩大规模、增强实力、完善功能，塑造景观特色，推进特色城镇建设，打通公、铁、水运输无缝对接，以大容量、高流速的现代物流促进和带动资金流、信息流、技术流、人才流的集聚和扩散，提高城镇化发展水平，进而带动整个流域的城镇化建设。

从河流流域分区来看，淮河中上游地区要在遵从国家整体粮食安全战略的前提条件下，积极探索资源节约型和环境友好型城镇化战略，促进劳动力的合理流动，大力推进农村劳动力市民化，着力实施小城镇战略，促进城镇集约紧凑发展，推进各类节能、绿色、环保和新能源技术应用，促进农村土地的集约利用和易垦耕地的开发改造。淮河下游地区要积极对接长三角、苏南等先进地区，重点依托现代产业体系，构建与现代产业体系相适应的城镇化体系，积极探索与经济及现代工业体系相适应的新农村建设。

从城市类型区分来看，淮河生态经济带城镇化要优先发展中心城市，做大做强城市规模，提升中心城市能级，增强城市辐射带动能力；其次要发展以县城为主的重要节点城市，完善县城公共服务功能，提升县城建设品质，增加城市容量，增强对周边农民进城的吸引力，有序推进农民进城；再次要有侧重地发展一些重点乡镇，围绕全国百强镇、中部地区百强镇等重点城镇，以特色小镇建设为抓手，进一步完善城镇功能，形成与县城相互协同的城镇化格局。

从省域划分上来看，江苏、山东两省辖区内淮河流域的地市城镇化率较高，而安徽、河南、湖北均较低，因此，江苏、山东两省要着重在城镇化质量上下功夫，进一步提升城市群集中度，增强徐州、淮安、盐城中心城市实力，增强辐射带动能力，同时要完善城镇功能，特别增强公共服务能力建设，由让农民成为市民到让市民享受更好的城市生活转变，实现更高质量的城镇化；安徽、河南、湖北要进一步加快城市化进程，提升城镇人口比例，提升产业集中度和规模，为农村人口提供更多工作岗位，加快推进农村土地流转，提升土地生产力，为城镇化发展提供更多人口存量。

二、以信息化提升城镇化质量

城镇化进程不仅仅是工业集聚、人口集中的过程，市民生活质量和城市运转效率的提高也是城镇化所必须解决的课题。同时随着城市的发展，面对城市高度复杂的规划、建设和管理工作，以及日益提升的公共服务能力要求，要想满足城镇化质量提升的需求，只有通过信息化才能实现。信息技术作为一种变革力量，正在以互联网和物联网的方式将整个城市联结为复杂而庞大的数字系统，深刻地改变着城市的经济形态和空间结构，信息技术的发展将会在一定程度上影响城市在未来发展格局中的地位。

（一）信息化对城镇化质量的影响

第一，信息化可以促进经济的城镇化。随着 5G 技术的发展及云计算、大数据和物联网在各个领域的广泛应用，信息经济正在成为各个城市的新经济增长带动点。信息化和传统产业的融合可以促进产业结构的升级改造，通过应用信息技术，可以促使传统的高能耗、高污染、低效益的生产方式向高效率、节能环保的生产方式转变，进而促进产业结构的升级改造。对于大城市而言，信息化和传统产业的融合可以推动资源要素的集聚，新能源、新材料等高新技术产业在信息技术的带动下逐步崛起，从而增强核心城市辐射带动能力，帮助其提升竞争力和影响力。对于中小城市而言，信息技术的使用可以提高城市的经济活力，从而促进城市化水平和质量的提高。

第二，信息化可以促进人口的城镇化。这主要体现在两个方面，一方面是信息化的发展吸引了大量人口流入城镇，带来城镇中就业结构的改变，同时，就业、医疗、教育、娱乐等各类城市功能的完善大大提升了城市对于农村人口的吸引力，吸引大量人口流入城市；另一方面，信息化的发展提升了城市居民的人口素质，使优质的教育和知识获取更加便捷，各种新就业职位的产生，比如软件业、信息技术服务业之类，使得从事信息行业的人员大幅增加，引起更多拥有高技能的人口向城镇集中，从而使城镇人口的素质逐渐提高。

第三，信息化可以促进生活的城镇化。信息化技术的发展改变了人们传统的生产和生活方式，互联网、物联网的发展在给人们的生活带来极大便利的同时，还丰富了人们的生活方式。比如通过互联网，人们可以很方便地实现远程会议、在线预约、在线消费等服务；原材料的在线采购、生产线的智能制造大大提高了生产效率，促进了产业的升级改造；信息化办公、云平台与电子政务的实施提升了城市的经营管理和服务水平，增加了社会公民的政治参与率，使得城市职能得到了很大的改变，提高了决策的速度和力度，促进了城镇居民生活水平和生活质量的提升。

第四，信息化可以促进空间的城镇化。信息化技术的快速发展使得经济活动全球化趋势加剧，带来城市的空间结构与功能的巨大变化。主要体现在三个方面：其一，信息化的发展使得传统的以规模与"量"扩大为主的城市空间演化过程慢慢地向以城市空间内部的重组和提升为主转变，使得城镇化内部的各个组成部分的功能与关系更加合理和高效；其二，信息化技术的快速发展改变了原有的泾渭分明的城市空间结构，使得信息流的传递不再完全受制于空间距离，城镇的产业结构、人口的分布、城镇的中心职能不必受限于中心城区内，使得居民的生存空间不断扩大。同时互联网的活动还具有明显的空间集聚效应，会带来各种城镇"新空间"的出现。

第五，信息化可以促进生态的城镇化。对于城市，信息化使得城市生活变得更加智能，优化了资源利用效率，减少了污染、保护了环境；对于企业，信息化技术与工业化的融合可以实现传统产业的快速升级改造，降低生产中的能耗和污染；对于政府，信息化的发展可以帮助监管部门快速有效地获取各种数据，提高环保的执法水平。所以，信息化的发展可以促进城镇化的绿色可持续发展。

（二）以信息化助推淮河生态经济带城镇化

在推动淮河生态经济带城镇化的建设中，要通过推进信息技术的应用，提升淮河生态经济带城镇化规划建设管理信息化水平。要编制淮河生态经济带空间规划，建立跨省级空间规划信息平台，加强空间开发利用协同和管制，进而明确城市功能定位，划定城市开发边界，推动城市集约紧凑发展。要通过信息化完善城镇综合功能，优先发展城镇公共交通，加强城市地下综合管廊和"海绵城市"建设，构建安全高效便利的市政公用设施网络体系，建设智慧城市，推进智慧社区、智能交通、智慧医疗等广覆盖，提高城市通信效率，便捷居民沟通和交流，加强城市的交通管理，加快物流业的发展，增强城市的公共服务能力和应急反应能力。要通过信息化加强城市治理，在各城市建设城管数字化平台的基础上，实现淮河生态经济带城市间数字化城管互联互通，实现城市管理扁平化，面向基层下沉管理职责、落实管理任务，提升城市管理水平，改善城市的综合发展环境，促进城市的可持续发展。

另一方面，随着城镇化和经济发展阶段的变化，城镇化的动力将由单一的工业化主导向农业现代化、信息化等多元动力协同驱动转变。服务业与高科技产业对城镇化的促进作用日益明显。淮河生态经济带城镇化进程要由高度依赖要素投入的粗放模式向更多依赖创新、绿色、共享、协调的集约模式转变，必须以信息化为支撑，从而培育和发展服务业和高科技产业。宿迁市依托京东商城，发展电商客户服务业，并使之成为当地的支柱产业，解决了数万人的就业问题，进而带动周边产业发展，成为推动宿迁城镇化发展的重要力量。因此，信息化不仅在城镇化过程中起着提高建设管理和服务效率的作用，还可以通过推动产业发展，进而间接推进城镇化，提升城镇化质量。

专栏 13　城镇基础设施建设重点领域

城市地下综合管廊。编制城市地下综合管廊建设规划，统筹城市电网、通讯网等架空线入地，改造老旧管网，积极推进有条件的市新建道路、工业园区地下综合管廊建设，建立数字化信息管理系统并异地备份。

智慧城市。推进光纤到户工程，实现光纤网络基本覆盖城市家庭。强化城市信息网络、数据中心等信息基础设施建设。推动物联网、云计算、大数据等新一代信息技术与城市发展深度融合，推进智慧社区、智能交通、智慧医疗、智慧教育、智慧邮政等广覆盖。

海绵城市。落实低影响开发理念，构建健康完善的城市水生态系统。加强城市水环境综合整治，优化城市绿地与广场建设，改善城市道路排水，结合海绵城市建设，推进城市雨污分流改造。

城市便捷生活服务圈。优化城市社区生活设施布局，加强社区服务设施建设，完善便民利民服务网络，打造包括公共停车场、物流配送、便民超市、平价菜店、家庭服务中心、快递服务等在内的便捷生活服务圈。

县城和重点镇基础设施。推进公共供水设施、污水处理厂建设，推动垃圾无害化处理，积极开展城镇天然气管网、液化天然气站、集中供热等设施建设。以提升民生服务和城市治理能力为目标，进一步改善人居环境，提高城市运行效率。重点加快工业园区污水处理厂建设、城镇污水处理厂配套管网建设，实施雨污分流改造，以有效提高污水处理率。进一步提高城镇生活垃圾收集率和无害化处理率，提升城市公共服务功能；推进城市燃气管道建设，实现燃气管道全覆盖。在消费升级的背景下，以科技创新为内核的消费基建将成为满足民众消费升级需求的关键，因此要加快布局充电设施、共享网点、公共空间等新型公共共享设施。

三、探索农业地区新型小城镇化道路

由于长期以来存在严重的人口外流现象，传统农业地区在基础设施建设和公共服务等方面明显发展滞后，新型城镇化建设不仅任务重，而且还有很大的难度，因此必须结合自身自然资源特征和发展现状，进行改革创新，不断提升城镇的承载能力和综合实力，促进经济社会的全面进步。

（一）农业地区发展新型城镇化的优势

农业地区走新型城镇化道路有其自身的优势：首先，人均土地资源匮乏是农业人口向小城镇集聚的直接动力，耕地是一种自然禀赋资源，其供给在一段时间内是刚性的，由于城镇建设的不断发展，建设用地不断增加，农村每个劳动力占有的耕地面积急剧减少，农民要寻求长远、更好的发展，必须从土地之外找出路，走非农化的道路。其次，农业生产效率提高，也为农业地区人口向小城镇集聚提供了前提条件。再次，农民观念的变化是推动农业人口向小城镇集聚的内在动力，随着经济社会发展，封闭落后的乡村生活已经不能满足人们的需要，城镇生活方式成为农民的一种价值追求。

（二）淮河流域农业地区发展城镇化的路径选择

淮河生态经济带是典型的农业地区，特别是流域的中西部更是我国主要的传统产粮区，城市数量少、城市规模小。由于历史和自然原因，淮河流域中部地区存在大量的行蓄洪区和平原洼地，大城市难以形成，难以支撑大量人口的城镇化，成为经济和城镇化的洼地。因而，在城镇化的建设中，要坚持"创新、协调、绿色、开放、共享"的发展理念，促进城镇化的平稳有序推进，实现城镇化水平和城镇化质量的稳步提升。

首先，传统的农业发展模式多呈现"点多、线长、面广"的特点，很难进行大规模的集中耕种。通过流域环境治理、水利建设、迁村并点等举措，形成一批抗灾能力强的小城镇，实现农村居民集聚就近居住，将释放出来的土地资源进行集约化管理，结合农业产业发展，依托农业产业示范区建设以及农业生产基地建设，以第一产业为核心，发展农产品深加工、精加工，构建现代产业体系，增加农产品的附加价值，以实现农业生产效率和经济效益的最大化，从而推动农业规模化，推进农民转变为产业工人，使得农村剩余

劳动力就近安置、就近工作，实现就地城镇化。

其次，依托扶贫开发，在城镇化建设中把农村改革、农民增收、农业发展、精神文明建设结合起来。注重以人为本，加快城乡基础设施一体化，加强区域生态环境保护与建设，逐步提高农民生活水平，逐步改善农村环境，建设生态宜居美丽城镇，提高人民群众的满意度。

第三，大力发展区域内节点城市，完善基础设施和公共服务设施的建设，提升节点城市承载能力和集聚辐射力，统筹推进人口城市化区内转移和区外转移相结合，最大限度地推进区域城镇化。

第四，培育发展特色小城镇。选择一批基础条件好、发展潜力大的小城镇，进行分类指导和重点培育，依托自然资源、区位条件等比较优势，打造"红色文化＋绿色资源型""现代农业＋休闲娱乐型""特色医药＋康养产业型"等特色小镇。

第五，不断增强改革创新能力，进一步放开城市、城镇户口准入条件、住房保障和社会福利制度，让更多的农民享受与城市居民一样的公共服务，打通农业人口城镇化的"绿色通道"。总之，在保障农业生产的基础上，多措并举，逐步探索施行符合传统农业生产区及淮河生态经济带特色的新型小城镇化道路。

专栏 14 **山东省宁阳县鹤山乡——建设"九皋文化社区城"，探索特色城镇化道路**

鹤山乡位于山东省泰安市宁阳县西北部，在推进新型城镇化道路上，围绕"打造特色之乡，建设优雅鹤山"，实现了全乡经济社会各项事业加速度推进、跨越式发展。

1.推进社区化。一是综合考虑行政区划、地理位置、风土人情、文化传统、人口面积等实际情况，精心建设和布局新型农村社区，优化社区建设；二是围绕服装加工、核桃加工、木材加工等产业优势，大力发展社区经济；三是大力发展旅游文化、生态文化、休闲文化、传统文化、历史文化、民俗文化，打造"文化鹤山"，不断繁荣社区文化；四是通过建立和健全"乡便民服务大厅、社区便民服务中心、村为民代理服务站""助学扶贫厚德基金"和"慈善积分榜"等，不断创新社区管理；五是不断深化改革、强化教育培训，促使社区干部解放思想，不断提升社区党建管理。

2.加快土地全流转。为确保土地"全流转"有序实施，通过制定"东菜西果北生态"的农业产业规划布局，加速现代农业和第三产业的融合发展；通过现场看、反复讲等多种宣传形式，不断提高广大群众的参与度；通过成立乡土地流转中心，规范流转合同，及时汇总、发布土地流转及项目建设等信息，不断提供高效服务。

3.培育新农民。为适应现代农业的发展，通过设立新农村课堂，不断提高群众的科学文化水平和创业致富能力；通过搭建全民健身赛场，精心组织各类比赛，不断丰富群众生活；通过打造文明之约奖台，促进乡风文明的建设，全面培养有文化、懂技术、善经营、会生活的新型农民。

4.发展大文化。大力实施"文化立乡"战略，基于自然景观，不断提升鹤山的旅游产业竞争力，努力打造有区域竞争力的生态文化旅游目的地。

专栏15 湖南省长沙高新区麓谷街道新型城镇化道路的探索

麓谷街道地处湖南长沙高新技术产业开发区核心城区，在探索新型城镇化的道路上，坚持发展先行，抓好民生保障，推行文化强街，优化城市管理，创新社会管理，实现了农村蝶变为城市、农民转化为市民。

1.坚持发展先行，用产业支撑城镇化。产业是城镇化发展的基础和保障，通过拆迁腾地，为服务园区的快速发展奠定了基础。一是依托高校、管委会、东方红路风光带培育了"校园商业圈""行政商业圈"和"景点商业圈"；二是通过归集400余亩闲置土地，打造麓谷汽车世界等龙头企业项目；三是通过争取税收减免、所得税优惠、贷款绿色通道等政策，不断壮大集体经济和实体经济。

2.抓好民生保障，用人本夯实城镇化。城镇化的关键是就业方式、社会保障等由"乡"到"城"的重要转变。一是逐步完善城市配套设施，保障城镇化人口生活方式的转变；二是大力促进就业创业，按照网格化包干模式，对未就业人口进行就业帮扶，成立创业指导员队伍，帮助农民成功创业；三是全面开展社会基本医疗、养老保险服务。对慈善助学、大病救助、特殊群体慰问等优抚救助活动，实行"广泛覆盖、动态管理"的办法，确保零差错、零投诉。四是提升医疗卫生服务质量，引进专业人才，为辖区群众提供优质高效服务。

3.推行文化强街，用文化引领城镇化。通过打造"文化磁场"，培育具有高新精神的新市民。一是精细化提炼街道核心价值，专门设计了象征激情与和谐的logo（标志），谱写了专门的"街歌"。二是常态化开展群众性文体活动，及时向群众传达正面声音，丰富群众的日常生活。

4.优化城市管理，用环境改善城镇化。城市形象的提升关系到城市的长远发展，一是立足实际情况实施格式化创建和网格化管理，全面提升城市品位。二是定期组织开展专项集中整治行动。三是探索建立环卫公司，发挥市场调节作用，提高卫生清扫保洁效能。

5.创新社会管理，用效率推进城镇化。一是党建网格化管理，每个党员设岗定责，实现组织网格化，人人网格中。二是街道、社区干部公开选拔，精简内设机构，竞聘确定中层职务，增强选人用人透明度。三是成立作风督查专案组，加强督查督办，强化党风廉政责任制，不定期对干部工作作风进行抽查暗访。

四、城乡统筹协调推进新型城镇化

新型城镇化与传统城镇化最大的不同，就在于新型城镇化坚持以人为核心，不是简单的城市人口比例增长、规模扩张，而是注重城乡之间、区域之间、经济社会与人之间的多元协调发展，城市之间要构建大城市对小城镇辐射和小城镇对大城市支持的良好互动格局，在功能、区位、规范等方面实现共存与互补。强调在产业支撑、人居环境、社会保障、生活方式等方面实现由"乡"到"城"的转变，实现城乡统筹和可持续发展。因此，在推进淮河生态经济带城镇化过程中，必须坚持城乡统筹，协调推进，注重处理好城镇与乡村的关系、农业与工业的关系、一般与个别的关系等，才能更好地实现城镇化。

（一）在改革方面进行统筹

深化重点领域和关键环节改革，不断破解人口管理、土地管理、资金保障、生态环境等体制机制难题，形成有利于城镇化健康发展的制度环境。推进人口服务管理制度改革，创新完善人口服务管理制度，逐步消除城乡区域间户籍壁垒，还原户籍的人口登记管理功能，促进人口有序流动、合理分布和社会融合。强化土地利用总体规划实施管理，完善城乡建设用地增减挂钩政策，实施城镇建设用地增加规模与吸纳农村转移人口落户数量挂钩机制，适度增加土地利用年度指标和城乡建设用地增减挂钩指标。实行最严格的耕地保护制度和集约节约用地制度，管住总量，严控增量，盘活存量，优化结构，提高效率，合理满足城镇化用地需求。加快投融资体制改革，创新金融服务，放宽市场准入，逐步建立低成本、多元化、可持续的城乡建设资金保障机制。完善推动城镇绿色、循环、低碳发展的体制机制，实行最严格的源头保护制度、损害赔偿制度、责任追究制度。建立资源环境承载能力监测预警机制，加快完善城镇化地区、农产品主产区、重点生态功能区空间开发管控制度。

（二）在一体化建设方面进行统筹

按照城乡发展一体化要求，改革城乡分割的经济社会发展和管理体制，持续推进淮河生态经济带城乡规划、产业发展、基础设施、公共服务、就业社保和社会管理一体化，促进城乡协调发展和共同繁荣。合理安排市域县域城镇建设、农田保护、产业集聚、村落分布、生态涵养等各类空间，实现区域内产业规划、城乡规划、土地利用规划、环保规划和基础设施规划有机衔接。加快农业产业结构和布局结构调整，推进农业生产向加工、销售、服务一体化方向延伸，增强城乡产业联系，构筑城乡互动产业链。加快城市基础设施向农村延伸，推动水电路气等各类设施城乡联网、共建共享。以市、县为单位制定并落实基本公共服务均等化规划体系，强化政府公共服务供给责任，充分发挥市场作用，鼓励和支持社会力量参与提供医疗卫生、健康养老、教育培训等公共服务，建立健全多元化供给机制，促进基本公共服务在城乡之间、区域之间、群体之间均衡配置。把农民就业纳入整个社会就业体系，推动城乡各类基本保险制度全面并轨。健全城乡社会管理体系，借鉴城市社区管理模式，建设新型农村社区，增强农村社区自我管理和自我服务能力。

专栏16　　　　无锡推进城乡一体化建设格局

　　无锡是苏南城乡一体发展的核心区域。无锡在城乡一体化建设中形成了"一轴一环三带"和"一体两翼两区"的市域空间布局和"一城两核三片六组团"的市区空间布局。"太湖长江发展轴"和"沿湖生态发展环"，串联"沿江发展带""沪宁发展带""宁杭发展带"，形成以无锡市区为一体，江阴、宜兴为两翼，锡澄、锡宜两个协同发展区为两区的总体结构。"一城两核三片六组团"的市区空间布局中，"一城"指由梁溪区、滨湖区全部和锡山区、惠山区、新吴区的部分组成的中心城，"两核"指中心老城和太湖新城，"三片"指锡东新城片区、惠山新城片区、高新片区三个产城综合片区，"六组团"指玉祁—前洲、洛社、阳山、东港—锡北、羊尖、鹅湖六个外围城镇组团。

（三）在乡镇发展方面进行统筹

　　乡镇是淮河生态经济带人口城镇化的主要载体，必须大力推动乡镇发展，完善乡镇的产业布局、基础设施、公共服务等，提升乡镇的承载能力，为淮河生态经济带城镇化进程奠定基础。要优化乡镇产业结构，因地制宜地发展特色产业，宜工则工、宜农则农，宜商则商、宜游则游，推进农业产业结构调整和空间布局的优化，有针对性地发展优质、高效、生态农业，鼓励发展休闲、观光农业，并向特色化、规模化的方向转变。努力建设融农业观光、生态休闲、文化体验、居住接待于一体的乡村旅游体系。要大力推进乡镇基础设施建设，推动交通路网升级改造，建设完善生活污水、生活垃圾处理设施，优化供水、供气网络，提升自来水、天然气覆盖能力。要提升乡镇公共服务能力，加强学校、医院等设施的建设，提升医疗、教育服务能力。建立完善的就业培训和帮扶机制，提升群众就业能力，为乡镇居民提供更好的就业保障。

　淮河生态经济带各省份小城镇发展特色

安徽：按照城乡统筹的要求，促进城乡公共资源均衡配置，充分发挥建制镇连城接村、承上启下的作用，把建制镇作为统筹城乡发展的重要节点和县域经济社会发展的重要组成部分，增强产业发展、公共服务、吸纳就业、人口集聚功能，促进城乡发展一体化。积极培育发展潜力大、镇区人口达 10 万以上的特大镇，推动建制镇开展设市模式试点，引导农业转移人口就近就地城镇化。重点加强小城镇供排水、能源、信息等基础设施建设和交通设施建设，着力提升小城镇承载能力。到 2025 年，选择 160 个左右产业基础较好、生态环境优良、文化积淀深厚的小城镇进行重点培育，形成一批具有徽风皖韵、凸显"专精美活"的生态宜居型特色小城镇或特色小镇。其他镇作为服务于"三农"的综合服务中心，加强基础设施建设和公共服务配套，提升服务功能。

河南：有重点地发展小城镇。实施重点镇建设示范工程，按照控制数量、提高质量、节约用地、体现特色的要求，在全国重点镇和省域城镇体系规划中，选择 100 个左右区位条件优越、发展潜力大的重点镇，推动小城镇发展与特色产业发展相结合，与服务"三农"相结合。支持产业基础较好、人口规模较大的重点镇，通过完善基础设施和公共服务设施，布局建设专业园区，因地制宜发展特色产业。支持具有特色资源、区位优势的重点镇，通过规划引导、市场运作，发展成为文化旅游、商贸物流、资源加工、交通节点等专业特色镇。推动远离中心城市的重点镇，通过提升服务功能，发展成为面向周边农村的生产生活服务中心。对吸纳人口多、经济实力强的镇，赋予同人口和经济规模相适应的管理权。

江苏：分类建设发展小城镇。突出小城镇连接城市和农村的纽带作用，强化其在城镇体系中的重要节点地位。鼓励具备条件和基础的大中城市周边的小城镇发展成为新市镇或卫星城，有效疏解大城市中心城区功能，分担人口和公共服务压力。推动建制镇加强基础设施配套和公共服务设施布局，进一步完善服务"三农"功能，建设成为农村经济文化中心。合理规划布局重点中心镇，增强产业发展能力和交通节点功能，更多吸引农业转移人口，鼓励有条件的重点镇发展成为小城市。依托传统历史条件、区位优势和发展基础，推动其他镇发展特色经济，改善人居环境，成为服务农村、带动周边的综合性特色化小城镇。

山东：深入开展"百镇建设示范行动"。以200个省级示范镇为抓手，强化政府推动、市场运作、社会参与，深入落实土地、资金等各项扶持政策，推进示范镇产业向园区集中、人口向城镇集中、居住向社区集中，促进示范镇产业集群发育、城镇规模壮大，在全省培育一批经济强镇、区域重镇和文化旅游名镇，打造县域经济次中心，提升县域城镇化水平和质量。

（四）要加强新型农村社区建设

新型农村社区打破了原有的村庄界限，经过统一规划，统一建设，既不能等同于村庄翻新，也不是简单的人口聚居，而是在农村营造一种新的社会生活形态，使农民享受到跟城里人一样的公共服务，过上像城里人那样的生活，缩小了城乡差距。淮河生态经济带城镇化进程中，要借鉴目前新型农村社区建设成功经验中的"城镇开发建设带动""中心村建设带动"等模式，坚持政府引导、规划先行、群众自愿、社会参与的原则，综合考虑地域特色、生态环境、生产方式、居民习惯、农民意愿和经济发展水平，合理确定社区建设模式。引导城中村、城边村、乡镇驻地周边村、各类园区村，规划建设城镇聚合型社区，发挥城镇集聚带动作用；引导区位相近、规模较小、分布零散的多个村，规划建设中心村聚集型或强村带动型社区；鼓励大企业与村庄融合发展，规划建设村企共建型社区。

专栏18　　　　**新型农村社区模式**

"城镇开发建设带动"模式：就是站在实现城镇化、工业化、农业现代化的高度，把县域经济发展、小城镇开发建设、新型农村社区（中心村）建设一体规划、一并推进，围绕"农村发展什么产业、在什么地方发展""农民居住什么环境、在什么地方居住"两大课题，统筹考虑耕地保护、粮食安全与农民富裕，推进工业化、城镇化和农业现代化协调发展。

"产城联动"模式：按照"以社区建设为突破、以产业发展为支撑、以人文关怀为纽带、以文明建设为保证"的建设方向，产业集聚区通过对代管的行政村进行村庄、土地双整合集中，实现人口向城镇社区集中，土地向农业企业家、农民专业合作社等大户集中。

"中心村建设"模式：中心村是指以区域位置和经济发展条件较好的居民点为中心，聚集周围一些弱势村庄，形成的具有一定规模和良好生产生活环境且能对周边一定区域经济和社会发展起到带动和辐射作用的村庄。通过中心村建设，带动周边区域基础设施和产业发展，实现居民生活城镇化。

五、生态文明和文化繁荣引领新型城镇化

生态文明是新型城镇化发展的应有之义。把生态文明的理念融入淮河生态经济带城镇化全过程是新型城镇化的客观要求。这就要求必须转变城镇建设模式，保护自然生态本色，推进绿色发展、循环发展、低碳发展，建设资源节约型和环境友好型城镇，促进城镇化发展与资源环境相协调。

城市的可持续发展离不开文化产业的发展，文化是城镇的灵魂，是城镇发展的软实力。淮河生态经济带城镇化要注重对文化的保护，注重文化传承功能，把文化传承贯穿于新型城镇化全过程，深入挖掘运河文化、淮河文化、儒家文化、沂蒙红色文化等传统文化的丰富内涵，充分挖掘其精神内涵，强化文化传承与创新，融入现代文化元素，不断增强文化的吸引力，构建开放包容的现代城镇文化，以文化的繁荣引领城镇化发展，让城镇化过程更为厚重，发挥更为持久的力量。

（一）落实生态文明理念

淮河生态经济带发展要摒弃落后的发展理念，切实转变城镇发展方式，探索资源节约型、环境友好型，低碳、生态的新型城镇化模式。

其一，把生态文明融入新型城镇化建设的全过程中，以"天蓝、地绿、水清"的生态美为建设规划蓝图，寻求与环境相协调的现代城镇发展方式，提高城镇生态环境的承载力，在城乡规划、产业布局、企业引进过程中坚决淘汰环

境污染、资源过度开发的产业及行业，建设生态城镇。

其二，优化城镇化生态安全格局，构建以山脉、水系、海岸带为骨干，以重要生态功能区为节点，支撑城镇化健康发展的生态安全格局。

其三，加强环境污染治理，加大环境污染治理投入，加快环境基础设施建设，以水、大气和海洋环境等为重点，完善相关环境标准，严格环境准入制度，根据环境承载力和环境质量优化产业布局，淘汰落后产能和生产工艺装备，切实解决环境污染突出问题。

其四，要提高资源能源安全和可持续利用水平，拓展资源能源供应途径，保障供应安全，把节约资源能源作为加快转变城镇化发展模式的着力点，节约集约利用水和土地资源，加强节水型城镇建设，推进节能降耗，提高资源能源利用效率，实现可持续利用。

其五，要推进绿色城镇建设，尊重自然、保护环境，倡导绿色文化、绿色生产、绿色消费和绿色建筑等思想，以绿色生态城区、低碳社区建设为抓手，转变城乡建设模式和建筑业发展方式，深入实施绿色建筑行动，促进城镇化向低碳、生态、绿色转型，实现生态美与环境美、自然环境与社会环境的统一。

其六，要实行最严格的环境监管制度，建立和完善严格监管所有污染物排放的环境保护管理制度，独立进行环境监管和行政执法；推进区域生态文明共建共享，建立陆海统筹、江海联动、河湖并重的生态系统保护修复和污染防治区域联动机制；健全区域危险废物、化学品环境监管机制，加强环境风险预警和管控；完善集体林权制度改革，切实保护林业生态；完善污染物排放许可制，实行区域和企事业单位污染物排放总量控制制度；健全环境执法联动工作机制，强化对环境执法的法律监督，对造成生态环境损害的责任者严格实行赔偿制度，依法追究刑事责任。

（二）注重城市文化传承与特色保持

淮河流域是中华民族5000年文明史的主要发源地之一，淮河文化跨河南、安徽、江苏三省，和齐鲁文化、荆楚文化、吴越文化并立而互相渗透，传承着众多优秀的文化传统，保存着诸多历史文化名城古镇。因此，淮河生态经济带城镇化要充分尊重城镇和乡村在产业结构、功能形态、空间景观、社会文化等方面的差异，因地制宜，优化城乡建筑设计，深度挖掘自然山水、地域文化、建筑传统等元素，融合文化保护和历史传承，保持各具特色的城乡风貌，使平原地区更具田园特色，丘陵地区更具山村风貌，水网地区更具水乡风韵。加强山水自然地貌保护和修复，深度挖掘历史遗产资源，注重延续城乡文脉，保存文化记忆。要加强历史文化名城名镇、历史文化街区、民族风情小镇、特色乡村文化资源挖掘和文化生态的整体保护，支持有条件的地区申报国家历史文化名城、中国历史文化名镇和名村。推动旧城保护与适应性再开发，实现功能提升与文化保护相结合。注重保护乡村独特的民俗风情、民间演艺、传统体育和节庆文化，逐步修缮具有传统建筑风貌和历史文化价值的住宅。创新城乡文化传承和保护体制机制，健全历史文化遗产档案及管理，完善历史文化遗产破坏责任追究机制，让更多富有淮河流域特色的文化得到保存，形成独具淮河魅力的城镇特色、精神和魅力。

（三）要综合治理城市病

在当前的城镇化过程中，少数城市无序开发，重城市建设、轻管理服务，重地上、轻地下，重经济发展、轻环境保护，大气、水、土壤等环境污染不断加重，城乡建设缺乏特色，人居环境较差，城市运营管理效率不高，公共服务供给能力不足，个别大城市出现交通拥堵、环境恶化等城市病。淮河生态经济带城镇化过程中要倡导绿色的生产模式和消费模型，推行清洁生产和循环经济，推动形成绿色经济结构和生活方式。大力发展公共交通，实施公共交通优先战略，徐州要加快地铁建设，其他区域中心城市要根据自身发展阶段，选择合适的交通方式。要运用物联网、云计算等先进技术，优化城市管理，提升管理水平，多措并举避免城市病的出现。

六、制度先行保障新型城镇化

淮河生态经济带城镇化进程中有一个显著的特点，就是农村转移人口"市民化"数量庞大。只有解决了农村转移人口"市民化"的问题，才能更好地推进区域城镇化。在此期间，要完成农业转移人口的物质资本、人力资本、社会资本、金融资本等各种资本积累，而这些资本的积累需要健全的体制机制保障。

新型城镇化的发展涉及诸多政策方针的实践，因此，要不断创新与新型城镇化建设紧密相关的户籍制度、土地制度、社会保障制度等,不断优化政策环境,从而有效地推进新型城镇化建设。

第一,进一步推动户籍制度改革,以解决好农村转移人口身份的市民化问题,使农业转移人口首先获得市民身份的法律认同,以此增加农业转移人口在城市中的融入感和归属感,并以此为基础,逐步完善农业转移人口在养老、医疗、子女教育、工作等社会保障方面的政策保障。

第二,要把改善民生作为城镇化发展的出发点和落脚点,加快产业结构调整和升级,提高就业支撑能力。健全城乡一体的就业创业服务体系,搭建农村转移人口市民化综合服务平台,免费提供就业咨询、职业介绍、创业指导、项目推荐等服务。加强农业转移人口职业技能培训,落实政府补贴政策,鼓励参加各类短期、中期和长期培训,大力实施"凤还巢"工程,利用农村转移人口创业园等孵化载体,鼓励积累了一定资金、技术和管理经验的农村转移人口返乡创业兴业。

第三,要拓宽住房保障渠道,加大保障性住房建设力度,增加中低价位、中小户型普通商品住房供给,建立健全满足多层次需求的住房供给体系。深入实施保障性安居工程,重点支持农村转移人口数量较多的企业在符合规定标准的用地范围内建设农村转移人口集体宿舍,基本解决产业集聚区内稳定就业人员的住房保障问题。落实新建住房结构比例要求,新建商品住房要重点发展中低价位、中小套型普通商品住房,稳定增加商品住房供应,积极满足居民刚性需求。推进公共租赁住房和廉租住房并轨运行,把符合条件的农业转移人口纳入城镇住房保障体系。将稳定就业的农村转移人口纳入住房公积金制度覆盖范围,支持农村转移人口家庭购买普通商品住房。

第四,实施城镇学前教育扩容、义务教育学校标准化建设和普通高中改造工程,新建和扩建中小学校及幼儿园,增加城镇基础教育资源供给,保障农村转移人口随迁子女平等享有受教育权利,逐步解决入学难、入园难、大班额等重点、难点问题。坚持以流入地政府为主、以公办学校为主,按照就近入学的原则,将进城务工人员随迁子女义务教育纳入当地公共教育体系和财政保障范围。对未能在公办学校就学的,采取政府购买服务等方式,保障农村转移人口随迁子女全部免费接受义务教育,实现在流入地参加中考和高考。

第五，要推进农村转移人口群体享有基本公共服务。强化企业缴费责任，提高农村转移人口参加城镇职工工伤、失业保险比例，继续扩大高风险行业、小微企业参加工伤保险覆盖面。适时调整最低生活保障标准，逐步将农村转移人口及随迁家属纳入城镇社会救助、医疗救助、养老服务范围。推进医疗保障、医疗服务、公共卫生、药品供应、监管体制综合改革，将农村转移人口及其随迁家属纳入社区医疗卫生服务体系，免费提供健康教育、妇幼保健、预防接种、传染病预防、职业病防治、计生等公共卫生服务。鼓励农村转移人口参加城镇职工基本医疗保险，允许灵活就业农村转移人口参加当地城镇居民基本医疗保险。整合城乡居民基本医疗保险制度，尽快实现农民、城镇居民、城镇职工基本医疗保险关系转移接续。全面推进城乡居民大病保险工作，健全重特大疾病医疗保险和救助制度。通过多方面全方位的保障措施，让更多农村转移人口在城市有工作、住得下、留得住。

> **专栏 19**   **增强农村转移人口进城制度保障**
>
> 教育保障：将农业转移人口随迁子女义务教育纳入城镇发展规划和财政保障范围，保障农业转移人口及其他常住人口随迁子女享受公平教育的权利，实现义务教育经费随学生可流动，将随迁子女义务教育纳入公共财政保障范围，逐步完善并落实中等职业教育免学杂费和普惠性学前教育的政策。
>
> 职业培训：完善公共就业服务体系，为农业转移人口提供均等化就业服务。将农业转移人口纳入就业失业登记范围，并进行实名制动态管理，以农村初高中未升学学生为重点，加强流动人口职业技能培训，提升流动人口在劳动力市场的竞争力。
>
> 医疗卫生：加快落实医疗保险关系转移接续办法和异地就医结算办法，将流动人口及随迁家属纳入社区医疗卫生服务体系，免费提供健康教育、妇幼保健、预防接种、传染病防治、计生等公共卫生服务。督促用工企业对从事接触职业病危害作业的农业转移人口开展职业健康检查，确保不发生重大职业健康事件。

住房保障：将符合条件的农业转移人口纳入城镇住房保障范围，将每年竣工的公共租赁住房按一定比例供应给农村转移人口，支持将稳定就业的进城务工人员纳入住房公积金缴存范围，鼓励市县政府为进城购房农户提供适当优惠或补贴。

社会保障：完善社会保险关系转移接续办法，督促用工单位依法参加社会保险，保障农村转移人口合法权益。支持农村转移人口参加城镇居民社保，并进一步拓展至随迁子女、父母等群体，实现城市居民社保由农村转移人口个人向家庭覆盖。

第三章　淮河生态经济带工业化布局和规划

工业是国民经济的重要支柱和经济增长的引擎，改革开放四十余年，我国的经济得到了高速增长，很大程度上得益于工业部门的快速发展。目前，我国经济的发展由高速增长阶段进入中高速增长阶段，其中有一部分原因是工业地位的变化，这并不是说工业部门对我国经济的增长不再重要，而是意味着通过工业部门内部结构的优化可以为经济增长带来动力和活力。

淮河生态经济带工业化是区域农业现代化和城镇化的基础，是实现淮河生态经济带现代化的关键。近年来，淮河流域工业发展迅速，形成了较为完备的产业体系，装备制造、有色金属、食品加工等产业集群优势明显，高技术产业和战略性新兴产业发展迅速。毗邻长江三角洲等经济发达地区，在承接产业转移方面也具有较好的基础条件。但应该看到，淮河生态经济带工业化发展方面仍然存在结构不优、高新技术产业规模较小、工业信息化水平较低、工业污染仍然较为严重等问题。推动淮河生态经济带"四化同步"发展，持续推进工业化进程必须贯彻新发展理念，以供给侧结构性改革为主线，不断优化产业结构，提升技术水平，形成更加科学合理的布局和规划，为工业化顺利完成打下坚实的基础。

第一节　淮河生态经济带工业化布局现状

在第一章中，我们已经讲到，淮河流域工业化进程与其他区域，特别是经济发达地区相比仍处在工业化加速发展期。与珠三角、长三角等工业发达地区相比，淮河流域工业化的规模较小，工业化的先进程度较低，工业化的覆盖面也较小。2018 年，淮南、蚌埠、信阳、驻马店、周口等沿淮主要城市第一产业增加值占当地 GDP 的比重均在 10% 以上，其中驻马店和信阳第一产业增加值占比超过17%，而信阳、亳州工业增加值占GDP比重仅为31%。流域内城市经济底子薄、工业基础差、工业化水平偏低的状况仍然较为普遍（表3-1）。

表 3-1　　　　　2018年淮河生态经济带部分城市工业产值和主要工业类别

地区		工业增加值（亿元）	主要工业类别
江苏	淮安市	1238	新一代信息技术、新能源汽车及零部件、盐化凹土新材料、食品
	盐城市	2090	汽车、机械、纺织、化工
	宿迁市	1080	食品饮料、纺织服装、机电装备、家居制造
	徐州市	2329	能源、机械加工制造、食品及农副产品加工、煤盐化工
	连云港市	962	医药、新材料、石化、钢铁
	扬州市	2283	汽车、机械、石化、船舶
	泰州市	2119	医药、化工、造船、机电、轻纺、冶金
山东	枣庄市	1072	采矿、化工
	济宁市	1959	煤炭、农副产品加工、装备制造、化工
	临沂市	1641	食品、农副产品加工
	菏泽市	1379	农副产品加工、化工
安徽	蚌埠市	651	精细化工、玻璃及玻璃深加工、专用机械及汽车零部件
	淮南市	445	煤炭采选、电力、机械装备制造
	阜阳市	639	煤炭采选、农副产品加工、化工、机械冶金、纺织服装
	六安市	424	钢铁、汽车零部件、农产品加工、纺织服装、建材
	亳州市	400	煤炭开采和洗选、农副食品加工、医药制造、电气机械和器材制造
	宿州市	503	煤炭采选、农副食品加工、轻纺
	淮北市	495	煤炭和炼焦、机械制造、食品、纺织服装、建材
	滁州市	810	汽车和装备制造、家电、化工、食品
河南	信阳市	746	非金属矿物制品，农副食品加工，医药制造，纺织服装
	驻马店市	784	煤化工、医药、建材、农副产品加工
	周口市	1062	食品、纺织服装、医药化工、装备制造
	漯河市	734	食品、化学原料及化学制品制造、装备制造
	商丘市	806	食品及农副产品加工、煤盐化工、机械加工制造、纺织服装
	平顶山市	897	煤炭开采和洗选、黑色金属冶炼加工、电力、热力生产和供应、石油、煤炭及其他燃料加工

从地域分布来讲，淮河生态经济带按照工业化规模可以分为三个梯队，即工业增加值超过 2000 亿元的第一梯队有盐城、徐州、扬州、泰州，均位于江苏省，超过 1000 亿元低于 2000 亿元的第二梯队有淮安、宿迁、枣庄、济宁、临沂、菏泽和周口，主要位于江苏和山东，其余地市的工业增加值均低于 1000 亿元，处于第三梯队。安徽和河南大部分地市的工业增加值不足 1000 亿元，相比较当地庞大的人口规模，工业化发展的潜力很大。如果将淮河生态经济带区域工业化发展水平聚类分布表（表 3-2）与第一章中的淮河生态经济带区域发展水平聚类分布表，做一个简单的对比就可以看到，两者可以说是高度一致，即一个地区的综合发展水平与工业化水平是高度正相关的，工业化水平越高的地区，其经济发展水平越高，综合发展水平也越高，这也再次印证了工业化是现代化的基础的判断。

表 3-2   淮河生态经济带区域工业化发展水平聚类分布

区域	第一梯队	第二梯队	第三梯队
地区	扬州、徐州、泰州、盐城	淮安、宿迁、枣庄、济宁、临沂、菏泽、周口	连云港、漯河、淮北、阜阳、滁州、平顶山、亳州、宿州、周口、六安、淮南、驻马店、信阳、商丘
区位	大部分位于下游	大部分位于中游	大部分位于上游

另一方面，淮河生态经济带各地市工业经济规模仍然偏低，规模最大的徐州为 2329 亿元，而 2018 年苏州、无锡两地的工业增加值分别为 7472 亿元和 5009 亿元，差距巨大。同时，淮河生态经济带内部地市间工业化差距同样巨大，徐州的工业增加值是亳州、六安、淮南等地市的 5 倍以上。即使同样位于江苏省，徐州的工业增加值也是连云港的 2 倍以上。可见，淮河生态经济带区域内的工业化呈现着低水平与高差异并存的状态，这增加了淮河生态经济带工业化整体提升的难度。

从工业类别上看，淮河生态经济带仍是以传统工业为主，特别是煤炭开采、农副产品加工、化工等产业更是成了大部分地市的主导产业。（表 3-3）以煤炭开采为例，就有徐州、枣庄、济宁、淮北、淮南、亳州、阜阳、宿州、商丘、平顶山等 10 地市作为主导产业之一。而农副产品加工和食品工业则在淮安、宿迁、徐州、济宁、临沂、菏泽、阜阳、宿州、亳州、六安、淮北、滁州、信阳、驻马店、周口、漯河、商丘等17个地市占据重要位置，特别是在安徽、河南的大部分地市成为主导产业。安徽以古井贡酒、种子酒、口子酒等酒类加工为代表的企业在全国占据一定地位，而河南省漯河双汇、商丘科迪等食品企业全国闻名。这些产业发展与当地丰厚的农业资源禀赋有关，但也在一定程度上反映了其工业化水平仍然不够高。盐城、徐州、连云港、扬州、泰州、枣庄、济宁、菏泽、蚌埠、阜阳、滁州、驻马店、周口、漯河、商丘等15个地市的化工工业在当地工业产业中也占据举足轻重的地位，这与当地煤炭等丰富的矿产资源有关，而连云港、盐城、扬州、泰州等地则依托有利的交通区位优势，为化工产业发展创造了客观条件。徐州、枣庄、济宁、淮北、淮南、亳州、阜阳、宿州、商丘、平顶山等10个地市，煤炭采选是其主要的工业产业，并以煤炭为中心，关联上游机械装备制造、下游煤化工，形成了上下联动一体的发展趋势。淮河生态经济带大部分地市工业化水平仍有待提高，先进制造业、高新技术产业等具有引领作用的工业企业仍然不够多，产业规模不够大，工业化转型升级的任务仍然很重。

表3-3　　　　　　　　　淮河生态经济带主要工业类别分布

工业类别	地区
农副产品及食品加工	淮安、宿迁、徐州、济宁、临沂、菏泽、阜阳、宿州、亳州、六安、淮北、滁州、信阳、驻马店、周口、漯河、商丘
化工	盐城、徐州、连云港、扬州、泰州、枣庄、济宁、菏泽、蚌埠、阜阳、滁州、驻马店、周口、漯河、商丘
机械装备制造	淮安、盐城、宿迁、徐州、扬州、泰州、济宁、蚌埠、淮南、亳州、淮北、阜阳、滁州、周口、漯河、商丘
煤炭	徐州、枣庄、济宁、淮北、淮南、亳州、阜阳、宿州、商丘、平顶山

第二节　淮河生态经济带建设工业化目标

淮河生态经济带工业化发展，必须着眼于全面建成小康社会目标任务和区域经济社会持续健康发展，依托淮河生态经济带工业化布局现状，立足各地产业基础和比较优势，培育发展新动能，引导产业集中布局，深化产业分工合作，提高协同创新能力，因地制宜发展壮大特色优势产业，加快构建现代化的工业产业体系。根据《淮河生态经济带发展规划》对淮河生态经济带的空间布局，淮河生态经济带建设工业化目标应按照东部海江河湖联动区、北部淮海经济区、中西部内陆崛起区等三个区域的划分，分别予以明确，从而更好地实现工业集聚发展和协调合作。

一、东部海江河湖联动区要着力以引领工业化方向为目标

东部海江河湖联动区地处江苏中南部和安徽中东部，紧邻经济发达的长江三角洲地区，较早地承接了发达地区的产业转移，加上自身完善的交通体系，便利的运输条件，人流、物流、资金流等流动方便，使得该地区具备较好的工业基础，基本建立了完善的工业体系，工业实力显著增强，已经进入工业化中期阶段，在淮河生态经济带处于绝对领先位置。在表3-1中，可以看到，区内的淮安、盐城、扬州、泰州的工业增加值均超过1000亿元，徐州、盐城、扬州、泰州更是超过2000亿元，滁州虽然绝对值最低，仅800多亿元，但与淮河生态经济带所属的安徽省内其他地市相比却遥遥领先。因此该区域的工业化目标应是通过进一步整合资源、集聚优势，坚持新型工业化主导方向，创新金融、技术等资源的政策改革力度和深度，大力引进和培育高新技术企业，推动产业结构优化升级，构建更加现代的工业体系。同时抢抓新技术革命的机遇，大力推动物联网、云计算、5G等新型基础设施建设，发展现代生产性和消费性服务业，以加快发展生产型服务业为重点，以提升发展生活性服务业为基础，积极培育服务业重点企业，增强服务业综合配套功能，不断提高服务业在国民经济中的比重，形成工业、服务业互动促进的良性机制，向更加发达的工业化迈进。

专栏20 **金融支持产业转型升级的"泰州模式"**

泰州地处江苏中部，长江北岸，下辖靖江、泰兴、兴化三个县级市，海陵、高港、姜堰三区和国家级医药高新区，总面积5787平方千米。2018年，泰州总人口508万，地区生产总值突破5100亿元，各类工业企业超过两万家，规模以上工业企业超过3000家，千亿级规模的产业有6个。以扬子江药业为代表，生物医药与高性能医疗器械产业

产销规模双双突破1200亿元，约占江苏的20%；以新时代造船为代表，全市造船完工量约占全球的7.5%、全国的18%、全省的55%，已成为全国优势民营造船企业集聚地。

2016年，经国务院同意，人民银行总行等14个部委联合发文，泰州成为全国首个、江苏唯一一个支持产业转型升级的国家级金融改革试验区，打造"泰州样板""泰州品牌"的"泰州金改"为这座城市注入了金融支持产业转型升级的新内涵。近年来，泰州紧扣支持产业转型升级和提高金融服务实体经济效率的改革主线，强化组织、全力推进，大胆探索、先行先试，一批全国首创、江苏领先的改革试点项目相继落地，金融支持产业转型升级取得了初步成效。至2019年，泰州制造业贷款同比增长11.3%，高于全省平均水平8个百分点，增速居于全省前列；战略新兴产业贷款增速较改革前提升7.7个百分点；高新技术产业产值占比超过44%，比改革前提升1.5个百分点；小微企业贷款覆盖面较改革前提升3个百分点，信用贷款同比增长38%，高于上年同期30个百分点。

二、北部淮海经济区要着力以完善工业化体系为目标

以徐州为核心的淮海经济区具有明显的交通基础设施优势，包括铁路、公路、水运、航空在内的综合交通网络比较完备。区域拥有丰富的农业和矿产资源，是华东地区较大的煤电能源、建材和农产品生产基地，煤、石油、天然气储量较大，区域含煤面积达1.2万平方千米，探明储量991亿吨，年开采量达9000万吨。除煤炭外，该地区还拥有丰富的钠岩盐、磷矿、大理石矿等自然资源。优越的区位交通和自然资源禀赋为淮海经济区工业化发展奠定了良好的基础，是我国工业发展起步较早的地区，特别是重化工业产业基础雄厚，初步建立了以能源、化工、医药、机械、建材、纺织、服装、食品为支柱，门类比较齐全、配套协作能力较强的工业体系。工程机械、电子、汽车零部件及农用汽车、煤炭与石油化工等行业在全国具有一定优势。徐工机械、维维股份、洋河股份、山推股份等一批掌握行业核心技术、具有产业链整合能力的龙头骨干企业成长迅速，已成为带动区域内上下游相关企业协

同发展的重要力量。

　　淮河经济区工业化发展要以转变经济增长方式和推动产业结构优化升级为核心，发挥淮海经济区的区位优势，推进传统产业结构调整，加快发展现代服务业，大力发展战略新兴产业，努力构建"以现代服务业和高新技术产业为引擎、以高端制造业和商贸旅游、现代物流为支撑、以生态农业为重要补充"的与淮海城市群功能相适应的现代产业格局。以加快区域经济发展为目标，以制度创新和科技创新为动力，稳定提升具有比较优势的支柱产业，大力培育前景广阔的新兴产业，推动主导产业发展的高端化、多元化、高科技化，构建更加现代的工业体系，不断提高区域工业发展的整体水平和综合竞争能力，实现产业经济的和谐、快速、可持续发展。

专栏21

徐州建设国家老工业城市和资源型城市产业转型示范区

　　依托资源禀赋，国家和江苏省在徐州布局建设了煤炭、化工、建材、机械、冶金等重工业基地，形成了完备的国有工业体系。长期的煤炭开采和重化工业建设，也给徐州带来满目疮痍的沉陷区、"一城煤灰半城土"的环境污染，以及诸多社会民生问题。

　　进入21世纪，徐州和众多老工业基地、资源型城市一样，走到了必须转型发展的历史关口。2008年，江苏省委省政府专题研究并为徐州"量身定制"了全面振兴徐州老工业基地战略。2013年，徐州同时被纳入《国家资源型城市可持续发展规划》和《全国老工业基地调整改造规划》，此后徐州的贾汪、鼓楼、泉山、沛县、铜山等县区分别承担起资源枯竭城市转型、老工业区搬迁、独立工矿区改造、重点采煤沉陷区综合治理等国家专项试点。2016年，江苏省委省政府再次出台新一轮全面振兴徐州老工业基地政策意见，对徐州转型发展提出了新的更高要求。徐州坚定不移践行新发展理念，狠抓产业转型、城市转型、生态转型和社会转型，产业发展实现了由低端到中高端的凤凰涅槃，城市形象实现了向"一城青山半城湖"的华丽转身，人民生活实现了从基本达小康向全面奔小康的幸福迈进，初步走出了一条具有徐州特色和普遍示范意义的老工业基地振兴和资源型城市转型发展之路。

徐州建设国家产业转型升级示范区，在空间布局上提出优化"一核、五沿"的生产力空间布局。"一核"即强化都市核心区辐射带动，"五沿"即做优沿东陇海线产业质态、深化沿徐济通道产业转型、丰富沿徐宿通道产业内涵、加强沿京杭运河产业联动、突出沿黄河故道示范带动。在发展定位上提出打造"三大样板"，即聚焦做大做强实体经济，争做以装备制造、新能源等世界级产业集群为特色的中国制造业高质量发展样板；深入贯彻五大新发展理念，争做体现生态优先、民生优先的中国资源型城市绿色发展样板；创新落实中央区域协调发展战略，争做以中心城市带动资源连片地区协同发展样板。

三、中西部内陆崛起区要着力以提升工业化水平为目标

以蚌埠、信阳、阜阳为核心的中西部内陆崛起区工业基础较为薄弱，是我国重要的商品粮生产基地，尚未形成完整的现代工业体系。从表3-1中可以看到，中西部内陆崛起区区域内，至2018年底除周口市工业增加值超过1000亿元以外，其他地市均不足900亿元，有些地市，如亳州仅为400亿元，工业化规模较小。另一方面，从工业类别上看，中西部内陆崛起区区域内地市主要以农副产品加工、煤炭、化工等依托资源优势为主的产业，工业技术水平较低。因此，中西部内陆崛起区工业化要依托资源优势和产业基础，持续培育骨干企业，加大对中小微企业的扶持力度，不断增加市场主体数量，加快资源向优势产业、企业集中，同时立足于传统产业，重点发展特色产业，以特色产业的发展带动相关产业链的形成，从而努力提升区域整体工业化水平。

第三节　淮河生态经济带工业化布局与规划

工业化发展离不开良好的布局与规划，只有工业产业布局好，才能更好地推进要素资源集聚，实现产业协同发展，只有工业产业规划好，才能更好地发挥自身优势，把握产业发展方向，为区域经济可持续发展奠定基础。淮河生态经济带工业化发展，必须坚持将工业化布局与规划放在突出位置。需

要注意的是，淮河生态经济带内部发展的巨大差异性，导致不同区域在制定工业化布局与规划时必须坚持因地制宜，结合自身工业化目标，制定适合自己的工业化布局和规划。

一、东部海江河湖联动区：构建现代工业体系，完善现代服务业体系

淮河生态经济带东部海江河湖联动区区位条件优越，工业发展较为成熟，具有较为完整的工业体系，要着力在构建现代工业体系上下功夫，实现系统化发展，进一步完善现代服务业体系，为工业化进程持续升级发展提供坚实基础和保障。

（一）推进主导产业发展，引领工业化发展

以资源禀赋为依托，以项目为抓手，以电子信息产业、化工新材料产业为重点，加强自主创新平台建设，加快建设一批重点产业基地，推进主导产业向引领型转变，引领工业化发展。

1.电子信息产业。东部海江河湖联动区要抓住当前信息经济特别是移动互联网发展契机，以新一代移动通信手机、便携式通信产品、汽车电子、半导体等为发展重点，努力突破整机制造、零部件制造、关键技术研发等相关领域，加快推进互联网设备、智能家居、车载终端等开发和应用。淮安要通过引入智能信息终端和核心部件项目，打造智能终端及配套的产业基地和产业集群，重点发展信息终端制造、电子元器件、光电子、应用电子、软件与信息服务五大产业链，促进信息终端制造与电子元器件产业协同发展。盐城要充分利用已形成的汽车产业优势，大力发展汽车周边电子产业发展，建设国家重要的汽车电子产业基地。泰州要重点围绕高端光电和新型平板显示技术，推进重大项目落地，引领带动企业集聚和产业链发展，形成产业规模效应和技术领先优势。滁州要依托安徽康佳、博世西门子、扬子空调、东菱电器、盛诺电子等大型骨干企业，推进智能家电集聚基地建设，提升家用电器和新型电子消费品等产业规模，提升产业效益。

2.化工新材料产业。区域内各地要贯彻新发展理念，重点发展具有节能环保特征的精细化工、新材料、生物化工等产业。淮安市要充分利用淮安岩盐资源优势，以盐、碱为基础，加快发展盐化新材料产业，促进盐化工与石

油化工产业的横向耦合与关联发展，延伸氯碱新材料产业链，大力发展工程塑料及合成树脂、高分子材料、新型催化材料等高端新材料，努力打造中国"新盐都"。泰州市要在自身化工产业雄厚的基础上，重点围绕炼化、氟化工、氯碱等领域，大力发展石油衍生产品、精细化工产品和新型化工复合材料，实施一批重大项目，拉长增粗产品链，积极打造千万吨级原油加工基地。盐城市要积极发展化工新材料、高端石化项目，鼓励发展医药原料药及成品药，加快基因工程药物、抗体药物、生物医药新品研制及产业化。滁州市依托定远盐化工基地、凤阳硅化工产业基地等产业集聚区，以华塑盐化、泉盛化工等企业为重点，打造盐化工、硅化工、精细化工和石油化工等产业链，实现产业规模逐步扩大；依托凤阳丰富的石英砂资源，进一步推进产业集中集聚，培育壮大龙头企业，提升产业层次，提高资源利用效率和水平，发展高端日用玻璃、电子显示玻璃、光伏玻璃、建筑节能玻璃等新产业。

3. 食品产业。东部海江河湖联动区要利用临近长三角等中高端消费市场的区位优势，建设具有自身特色的食品产业。淮安要推动粮油、肉制品、蔬菜、水产品、豆卤制品等传统优势产业改造升级，加快形成食品精深加工产业链，大力发展高附加值、高品质和功能化的方便主食、速冻菜肴、微波套餐等产品，逐步形成结构优化、特色明显、高质高效的特色食品精深加工产业体系。泰州要以脱水蔬菜、啤酒、方便食品、粮油面粉等产业为重点，发展安全、健康、方便的功能食品，加大品牌建设，提升产品附加值。滁州要以经开区绿色食品产业园、苏滁现代产业园为依托，大力发展保健食品、休闲养生食品、功能饮料、肉制品加工等特色产业，提高食品加工能力，实现食品产业规模发展。

（二）推进新兴产业规模发展，提升工业化水平

战略新兴产业是未来新一轮科技革命可能取得突破的重要领域，也是淮河生态经济带实现超车发展的关键产业，因此，必须大力发展战略性新兴产业，以此进一步提升工业化水平。

1. 新能源汽车及零部件产业。区域内各地市要准确把握汽车产业发展趋势，大力发展新能源汽车及零部件相关产业，做强做大规模，为工业化发展提供更广阔的空间。盐城要依托东风悦达起亚这一龙头企业，加强产品和技术研发，打造新能源汽车产业基地。淮安要通过引进和培育相关企业主体，突破新能源汽车整车制造，做大做强汽车零部件产业，重点发展动力电池、电机、汽车电子、先进内燃机、高效变速器等汽车零部件产业链，打造国内外知名的汽车零部件供应平台。滁州要以滁州新能源汽车产业园为依托，以御捷新能源汽车、猎豹新能源汽车等项目为支撑，完善电池、电控、电机、充电站（桩）等配套设施产业建设和发展，构建具有一定规模的新能源汽车产业体系。

2. 生物医药产业。淮安市要发展壮大生物医药产业，完善以企业为主导的新药创制体系，鼓励企业增强新药自主创新能力，支持企业开发生产仿制药，加快推进化学创新药研发和产业化，大力推进现代中药产业发展。泰州要以大健康产业集聚发展试点为依托，将生物医药作为重要突破口，建立健全贯穿上下游的创新产业体系，以研发生产基因工程产品、重组蛋白药物、组织与细胞工程药、新型疫苗与特异性诊断试剂等产品为重点，推进生物医药产业发展。盐城市要抢抓生命科学发展机遇，加快推进创新药物、医疗器械、新型生物医药材料等产业发展，形成以社会养老、休闲养生、国际美容等业态为重点的健康产业高地。

3. 高端装备制造业。东部海江河湖联动区要利用装备制造方面的产业基础和优势，加大技术研发力度和规模，提升装备制造业科技水平。淮安市要以特钢产业为特色，培育发展无缝钢管和大型铸锻件两大特色产业，推进特钢产业与装备制造业融合联动发展，逐步形成特钢原材料—机械零部件—装备整机的产业链体系，着力打造石油装备、智能制造成套装备、农机及工程机械装备、航空航天装备、特种装备等特色产业链和产业集群。盐城市要立足装备制造业现有技术积累和制造能力，重点突破高性能数控金属切削与成型机床、多轴联动加工中心、柔性制造单元等高档数控机床与基础制造装备产业和产业基础，积极推进海洋油气资源勘探钻采平台、海上风电运输及安装成套工程设备、铁路机车及城市轨道交通成套设备等项目建设。滁州市要围绕传统汽车、专用车、现代农业机械和轨道交通等领域，依托安徽猎豹、永强汽车、全柴动力、奥特佳等骨干企业，聚焦科技创新，推进规模集聚，着力打造高端装备制造产业园和产业集群。

（三）推进生产性服务业突破发展，健全工业化发展体系

东部海江河湖联动区要集聚发展生产性服务业，运用融合思维，大力发展生产性服务业，以专业化、网络化和高价值的生产服务为工业化升级发展提供更加有力的支持。

1.大力发展现代物流。物流是经济的血脉，东部海江河湖联动区具备发展现代物流的客观条件和现实需求，要将现代物流作为完善工业化体系的重要内容。淮安要抢抓机场、铁路、公路、航道建设等重点工程实施的机遇，建设盐化新材料、特钢及装备制造、电子信息、食品等专业物流中心，打造区域性物流中心城市。泰州要发挥长江黄金水道优势，依托自身港口、铁路等交通基础设施要素，积极规划建设物流园区，大力支持培育物流企业发展，打造长江中下游现代物流产业基地。滁州要充分发挥交通区位优势，以滁州港省级示范物流园区、苏滁现代物流中心等园区为依托，积极引进和培育现代物流骨干企业，建设覆盖城乡的快递物流服务体系。

2.大力发展电子商务。电子商务是当前重要的商品交易业态，东部海江河湖联动区要以产业转型升级需求为导向，大力发展电商产业，围绕工业设计、金融服务、科技创新等领域，建设电子商务平台，提升制造品质，促进生产型制造向服务型制造转变。淮安要以建设国家电子商务示范城市为契机，推动电子商务与金融、旅游、教育、会展、文化等产业融合发展，建立与淮安工业品相适应的网上批发分销体系，大力推进淮安商品销售转型。滁州要以滁州电子商务产业园、康佳电商产业基地等为依托，建设电商产业平台，大力推进苏宁云商、农村淘宝等项目，提升电子商务经营能力和水平。

3.大力推进金融业发展。金融是工业的血液，东部海江河湖联动区工业化发展离不开金融的重要作用，要构建功能完备、形式多样的金融组织体系，发展形成更加多元活力的金融市场，形成与经济社会发展相适应的融资服务环境。淮安要以打造苏北区域金融中心为目标，建设淮安金融中心，大力发展直接融资，支持企业通过上市直接融资和发行企业债等多种融资方式，增强企业发展基础，提升金融业对实体经济的支持力度。要积极推动扬州市金融集聚区发展，实施对接金融资本行动计划，通过鼓励和支持社会资本投资民营银行、国有企业创建财务公司、政策性资金整合转化为政府股权投资母

基金等形式，为企业发展创造更多源头活水。盐城要加快培育金融业务中心、研发中心、区域性总部等各类金融机构，大力发展会计师事务所、律师事务所、评估机构等金融市场中介服务平台，利用大数据、云计算等技术推进金融服务创新，加快建设长三角北翼金融高地。

4.大力发展科技服务业。随着工业化发展，东部海江河湖联动区对科学技术的需求越发显著，要大力发展科技金融、创业孵化、成果转化、检验检测、评估咨询、技术服务等科技服务业，更好地服务实体产业发展。要建立区域性技术转移联盟，依托区域优势产业和重点企业，拓宽技术转移渠道，探索成立技术产权交易市场和创业资本市场。发挥外包服务的专业优势，推进信息服务、数据处理、科技研发、设计服务、现代物流及金融后台服务等外包业务，以业务流程外包、知识流程外包和信息技术外包为发展重点，让专业人做专业事，更好地提升生产效率和水平。

（四）积极发展消费性服务业，促进区域经济全面发展

东部海江河湖联动区经济社会发展水平较高，要将发展生活性服务业，提供更高质量的生活型服务摆在更加突出位置，推动生活消费方式由生存型、传统型、物质型向发展型、现代型、服务型转变。要运用互联网、大数据、云计算等新技术新手段，推动服务业线上线下融合发展，提升居民和家庭服务、商贸服务、房地产、住宿餐饮、教育培训等生活性服务业的质量和效益。

1.推进旅游业发展。旅游业被称为无烟工业，东部海江河湖联动区拥有丰厚的旅游资源，要加大开发力度，优化旅游服务，延长旅游产业链条，增强产业的承载能力，与田园风光、地方风土人情、农家乐等有机结合起来，打造淮河流域大旅游经济带。扬州要全力打造国际文化旅游名城，以创建"中国国际运河文化旅游目的地"为抓手，提升扬州旅游业国际知名度和影响力，形成文化旅游产业集群。淮安要依托运河、白马湖、高邮湖、留创园等自然人文景观，打造产业集群；依托河下古镇、洪泽湖大堤、漕运总督府、废黄河沿线等历史文化遗迹，大力发展历史文化创意产业。盐城要推动中华麋鹿园、丹顶鹤湿地生态旅游区、大丰港蓝色旅游度假区等，突出生态旅游特色，完善旅游基础设施，打造盐城旅游特色精品线路。滁州要充分挖掘醉翁文化、明文化、孝文化、儒林文化等历史文化资源，依托琅琊山国家森林公园、凤阳山国家地质公园等自然风光，半塔保卫战旧址、藕塘烈士陵园、龙岗抗大八分校等红色资源，擦亮山水亭城、人文古韵、红色历史等旅游品牌。还有淮南的"豆腐文化"、八公山原始森林、蚌埠的双墩遗址和汉墓、龙湖风景区、信阳的避暑胜地"鸡公山"、国家级森林公园"南湾湖"等，均可深度挖掘现有旅游资源的潜力，发展具有淮河文化的旅游业，从而助推新型工业化的步伐。

2.推进商贸流通业发展。东部海江河湖联动区要着力推进质量管理制度、诚信制度、监管制度和监测制度等制度建设，形成以保障服务质量为核心的治理体系，促进商贸流通业发展，形成承接南北、覆盖更广区域的商贸流通产业集聚区。盐城要形成城市综合体、商业街、商品交易市场均衡分布的"一主、两副、七次"商贸流通格局，发挥商贸业区域性辐射功能，完善现代商贸流通体系，推动形成一批综合功能强的市场集群。滁州要以亚太五金城、苏宁广场商业综合体等项目为依托，强化市场流通体系建设，改善流通设施条件，建成一批具有自身特色的在全国和区域具有一定影响力的商贸聚集区和专业市场。淮安要重点推进淮安综合大市场、城南消费品市场集群和城东生产资料市场集群建设，在淮阴城区北部建设汽车汽配、建材家居、小商品交易等消费品市场和钢材、木材等生产资料市场集群，建成辐射苏北地区的综合大市场。

二、北部淮海经济区：壮大传统优势工业，培育新兴特色产业

淮海经济区要发挥承东启西、南引北联的区位优势，积极承接东部发达地区的产业转移，提升整体产业发展水平。同时，通过加强区域内的产业协同发展，促进优势互补，实现合理分工和优化布局，推动产业转型升级，在巩固提升传统产业的基础上，建设全国重要的高端制造业基地和现代服务业中心。

（一）巩固提升传统产业，持续壮大优势工业

1.食品及农副产品加工业。淮海经济区区域内农业基础雄厚，原料供给充分，食品及农副产品加工已经初具规模，并且已经打造了一批食品类知名品牌，如维维豆奶、科迪乳业等。在此基础上，要进一步强化农产品的精细

加工和深加工，不断提升农产品的品质，增加市场竞争力和经济效益。要鼓励区域内农产品及食品加工企业按照市场规律，走联合、联营、联盟的道路，强化技术创新、管理创新和品牌创新，建立食品工程技术开发中心，提升自主开发能力，增强科学技术对食品和农副产品加工支撑和引领作用。

2. 矿产资源加工制造业。作为煤炭富集区，淮海地区长期以来是我国著名的矿产资源和能源基地。要着眼于煤炭资源型城市转型和产业升级，在煤炭开采中大力推广应用脱硫、脱氢、除尘等新工艺和洁净技术；发展煤化工，推动以煤为中心的产业链一体化，延长产业链条，逐步摆脱单纯依靠一次性能源产业形象。在徐州、淮北、永城、宿州、枣庄、济宁等地推动形成煤化工产业集聚，更好地发挥产业规模效益，增加经济效益。对于区域内具有比较优势的其他矿产资源，则要进一步开展深加工和精加工，打通上下游，形成产业链，提高附加值，打造新的经济和产业增长点。

3. 建材工业。作为淮海经济区的重要产业之一，建材产业的突出表现是"大而不强"。要改变这种局面，必须从产业转型升级方面着手，通过推动整合重组，培育一批生产规模大、管理效率高的骨干企业，提升生产集中度；推广先进生产工艺，提高产业科技含量，淘汰落后产能，从而降低能耗，提高劳动生产率，进一步推动建材生产的规模化和过程自动化，做大做强建材工业。要充分发挥后发优势，大力发展新型建材产业，推广绿色建材，发展节能、减排、安全、便利和可循环的建材产品，促进装配式建筑发展，推广装配式建筑个性化定制模式。将绿色建材作为推动本区域建材行业发展的重要增长点。

4. 冶金工业。淮海经济区要充分挖掘钢铁冶炼及铝加工产业的发展潜力，突出发展精深加工产品，加快淘汰落后产能，以龙头企业、重大项目引领结构升级，重点采用国内成熟的生产工艺，实施技术改造，提高技术装备水平。加快推进铝工业提升发展，坚持立足当前与着眼长远相结合，打造以铝加工为主导的集群发展新优势。以骨干电解铝企业为重点，加强与煤炭、电力、氧化铝、铝加工等上下游企业的重组合作，加快铝精深加工项目建设，通过铝电联动和加工增值，加快构建竞争力强、上下游联系紧密的产业链新优势，促进电解铝行业解困和形成竞争力。以壮大铝加工产业集群为重点，大力引进优势铝加工企业，扩大轨道交通、汽车、电子、包装等领域中高端产品规模，提高精深加工水平和市场占有率。大力推动钢铁产品升级，以骨干企业产品升级、淘汰落后钢铁产能为重点，扩大汽车板、家电板等高品质冷轧产品规模，强化与钢铁下游用户合作，加快发展精密铸造、结构钢、齿轮钢等高附加值产品，逐步关停不符合节能减排和安全生产要求的独立炼铁和独立转炉炼钢企业，形成有效满足区域市场需求的产业格局。同时要提升区域内产业集聚度，形成城市间错位发展、特色发展的新格局。

5. 纺织服装业。淮海经济区劳动力丰富，要充分利用本地区资源优势，积极承接发达地区，特别是无锡、常州、镇江等苏南地区纺织产业梯度转移，通过引进、消化、吸收关键技术和先进设备，打造自己的知名服装品牌，从而实现规模扩张和产业延伸。在纺织行业，要加快改变以棉纺初加工为主的行业结构，加大新材料研发力度，补齐印染行业短板，推进毛纺织、家纺高端化，加快产业用纺织品开发及应用，重点加快发展高档精梳、多种纤维混纺、色纺纱和差别化、功能化化纤混纺纱线，及交织、色织织物和功能性整理产品。加强超仿真、功能性、差别化纤维、新型生物质纤维的开发应用。加大印染高效短流程前处理技术、无水少水印染技术及功能性后整理技术的研发与推广力度。大力发展高支毛精纺面料、半精纺面料、高端系列化家纺等高附加值产品。拓展产业用纺织品在汽车船舶、建筑环保、卫生医疗等领域的应用。在服装生产领域，要走高端服装制造和时尚引领之路。以公共服务平台为带动，促进服装产业集聚协作发展；以信息化改造为引领，实现研发设计和品牌营销新变革，重点要壮大提升一批服装产业链龙头企业，凝聚服装设计、面料研发、品牌营销等关联企业，建设特色服装产业集群。积极采用人体数码扫描技术和裁剪缝纫自动组合技术，大力发展工业化量身定制和高端定制。加强营销创新和供应链管理，探索网上销售等电子商务模式，提高市场消费快速应变能力。大力开展企业形象和品牌标识的策划与宣传，夯实自主知名服装品牌基础。

（二）聚焦发展重点，做优做强先进制造业

1. 装备制造业。把大力培育和发展装备制造业作为加快转变经济转型升级的重要抓手，强化淮海经济区装配制造业优势地位，着力推进信息化与工业化深度融合，加快电工电器行业、石化通用机械行业、重型矿山机械行业、铸造行业等优势传统装备制造业转型升级，大力发展高端装备制造业，重点发展智能装备、智能电网和新能源装备、轨道交通和海洋工程装备、节能环保装备、工程机械和农机装备，引导社会各类资源集聚，推动优势和战略产业快速发展。立足淮海城市群内装备制造业现有基础，充分考虑各城市比较优势，促进装备制造业相对集中发展，形成区域发展新格局。

2. 石化产业。依托淮海经济区城市连云港等发展大型石油化工产业，综合利用沿海深水港口，深入对接周边市场需求，提升石化产业技术水平，重点发展高附加值的石化深加工产品。通过发展临港石化产业，为区域成品油及基本有机化工原料，缓解区域内化工产业原料短缺的困扰，带动腹地提升经济综合实力，实现淮海经济区协调发展。

（三）围绕未来发展方向，重点培育战略新兴产业

1. 新能源产业。在巩固区域内传统煤电能源优势的基础上，抢抓新一轮能源技术革命的机遇，加快发展风电、光伏发电、生物质发电等非化石清洁能源，带动风电、光伏、生物质能等新能源装备产业发展。加强风能资源勘测，加快发展集中并网风电，因地制宜发展分散式风电，形成集中与分散式开发并重的格局，带动风电装备制造产业发展。依托连云港的临海优势，积极推进连云港的核电建设，在条件适宜的沿海地区鼓励发展潮汐能。加快太阳能利用技术开发应用，开拓多元化的太阳能光伏光热发电市场，积极利用产业集聚区、工业园区厂房空闲屋顶发展集中连片分布式光伏发电，鼓励发展家庭分布式光伏发电，在符合条件的地方实施光伏扶贫工程，适度建设与农业种植、养殖等结合的光伏电站示范项目。努力提升徐州太阳能光伏产业国际竞争力和影响力，有效整合济宁太阳能光伏发电、光热利用、电动汽车、LED等新能源应用产业，加快形成聚集效应。积极推进纤维乙醇产业化发展，提升纤维乙醇成套装备技术水平，因地制宜建设醇—电联产示范项目。加快生物柴油、生物质压块及生物质气化等技术及装备的研发和推广，加强畜禽养殖场等大中型沼气工程建设和沼气高值化利用，稳步推进城市生活垃圾能源化利用。通过优化提升传统的煤电能源和积极发展以风能、核能、太阳能为主要内容的新能源，将淮海经济区建设成为我国重要的新能源生产基地。

2. 新材料产业。淮海经济区要顺应国内外新材料产业的发展趋势和市场需求，立足现有优势领域，着眼新材料产业发展方向，强化新材料关键技术研发和创新成果产业化。坚持有限突破和重点培育相结合，着力发展微电子与新型显示材料、新能源材料、高性能复合材料、纳米材料与绿色化工材料、新型金属与电子陶瓷材料等五大新材料领域，加大共性关键技术研究与开发力度，引进和培育一批具有一定规模、比较优势突出、掌握核心技术、拥有自主品牌的新材料龙头型企业，实现新材料产业跨越式发展。要打造特色新材料产业聚集区，带动吸引上下游企业向基地集中，加快完善新材料产业协作配套体系。依托徐州、济宁、连云港等城市，重点发展电子材料、新型元器件等产品，积极发展光纤、光缆、智能交换系统、光隔离器等光通信产业；依托宿迁，大力发展绿色建材、功能材料等产业；依托连云港、徐州、济宁等城市现有产业基础，重点开发硅单晶片、碳纤维及高分子材料等产业。

3. 生物技术和新医药产业。淮海经济区生物技术和医药产业具有一定的发展基础，要把区域内生命科学前沿技术、高新技术手段与传统医学优势有机结合起来，加快人才、技术和资金等要素集聚，着力研发适应多发性疾病和新发传染病防治要求的新医药技术及产品，着力突破应用面广、需求量大的基本医疗器械关键核心技术，促进形成以新药研发和先进医疗设备制造为龙头的产业链，重点发展生物技术药和化学新药、高端医疗器械和生物农药等优势特色产业，实现生物技术和新医药产业又好又快发展。依托徐州、连云港等城市，积极研发生物化学、工程菌发酵、蛋白质工程等关键技术，加快心血管新药、器官免疫抑制剂、单细胞蛋白酶、氨基酸类生物制品及系列产品的研发步伐，加强饮片加工、提取物生产和中药产品制造等重点环节，加快形成具有区域特色的生物医药和中医药产业集群。

专栏22 　连云港建设特色医药健康产业体系

　　近年来，连云港生物医药产业快速发展，成为区域创新人才集聚、创新能力强劲、创新成果显著的产业板块，形成了以连云港经济技术开发区为核心的产业发展集聚区，构建了以抗肿瘤药、抗肝炎药、麻醉手术药、新型中成药、新型药用包装材料和医用消毒灭菌设备六大产业为特色的医药健康产业体系，并培育了一批行业龙头企业，奠定了"中国医药创新看江苏，江苏医药创新看连云港"的行业地位。

2020 年全市共有规模以上医药制造业企业 26 家，实现产值 601.49 亿元，同比增长 2.7%，占全市规模以上工业总产值的 21.2%。中国生物制药（正大天晴）、恒瑞医药入围 2019 年全球制药企业排行榜 50 强；翰森制药（豪森）登陆港股，上市首日市值破千亿港元，跃居港股医药龙头。

为更大力度集聚创新资源，培育更高质量、更具竞争力的医药产业生态，连云港正以中华药港为核心，创建江苏医药创新标杆示范区，抢抓全球医药资源，打造国家级重点实验室、国家级工程中心、省产业研究院等一系列创新平台，以创新驱动产业稳增长、快增长。在政企共同发力下，连云港医药产业创新能力不断增强。2020 年恒瑞医药、正大天晴、豪森药业、康缘药业四大药企研发投入合计占销售收入的 15%，位居 2020 年中国创新力医药企业榜单前六强。恒瑞医药入选 2020 年全球医药创新指数和医药发明指数排行榜，是唯一上榜的中国制药企业。

4. 新一代信息技术和软件产业。抢抓信息技术升级换代和产业融合发展机遇，充分挖掘区域信息技术和软件产业发展潜力，进一步整合科教和人才资源，落实相关优惠政策，完善信息技术发展相关的网络等基础设施建设，以园区建设为抓手，重点加强应用软件研究与开发，努力开拓国际国内市场，通过积极引进，吸引一批在国内外有实力的企业到徐州等地落户发展，进一步加快产业集聚，积极培育一批本土企业，做大做强，促进新一代信息技术和软件产业健康快速发展，推进淮海经济区经济转型升级。

5. 节能环保产业。按照发展绿色经济、低碳经济和循环经济等新发展理念要求，加大先进节能环保技术装备及产品开发推广力度，着力突破重点领域关键技术，推动节能环保设备（产品）生产与经营整体水平提高；大力发展节能环保装备，重点发展余热余压利用设备、高效节能锅炉、循环流化床、高效节能变压器、节能电机、生物质发电设备、垃圾分选焚烧发电设备、医疗垃圾无害化处理设备、有机垃圾生物处理设备、"三废"污染防治和综合利用装备、城镇污水污泥处理处置、汽车尾气处理装置等。加快资源循环利用关键共性技术研发和产业化示范，大力推行清洁生产，积极建立以先进技术为支撑的废旧商品回收利用体系，提高资源综合利用水平和再制造产业化水平；大力发展节能环保服务业，推动节能环保产业向服务业态转型升级，建立比较完善的节能环保服务体系。特别是要依托具有明显生产专业化优势的淮北、宿州、连云港等城市，发展废弃资源和废旧材料回收加工业。

三、中西部内陆崛起区：立足传统产业，突出特色产业

中西部内陆崛起区目前工业基础较为薄弱，仍以传统的农副产品加工和矿产资源型工业为主，尚未形成较为完备和先进的工业体系。中西部内陆崛起区要立足自身传统产业的优势，积极承接产业转移，发展现代工业。突出自身特色，以特色产业的大发展引领本地区的工业化，推动资源型城市转型发展，因地制宜发展生态经济，实现经济发展和生态保护良性互动的良好局面。

（一）立足传统产业，壮大工业规模

1. 食品及农副产品加工业。中西部内陆崛起区大部分地区以传统农业为主，农业基础较好，原料供给充分，具备发展食品及农副产品加工的基础和条件，要着力扩大规模，形成产业化发展格局。蚌埠市要以县域为重要载体，推动优势资源就地加工增值，重点发展农副产品精深加工、高品质烟酒等产业，依托安徽中烟蚌埠卷烟厂易地搬迁技术改造、烟草产品制造基地、中纺油脂产业园、冠宜国际箱包制造基地、中华食品产业园等重点项目，加快推动轻工食品产业链条精深化、特色化、品牌化提升改造，大力发展名优特新产品。信阳市要以绿色食品、粮油、畜牧、果蔬、茶叶、油茶、水产、药材等农产品为方向，重点培育引进一批农业产业化龙头企业，不断扩大企业的数量和规模，促进市级重点龙头企业向省级重点龙头企业、国家级重点龙头企业升级，扶持各类龙头企业拉长产业链条，提高增值加工水平，培育名牌产品，增强带动能力。周口市要以五得利、雪荣、鲁王等重点企业为依托，进一步做大面粉加工行业的产能，扩大糖果、巧克力、蛋糕、豆干类等休闲

食品生产规模，发展茶饮料、果蔬汁饮料、葡萄糖饮料、含乳饮料和植物蛋白饮料等产品。西华逍遥、京遥等重点企业是周口独有的胡辣汤料及衍生产品特色产业，已形成具有相当规模的食品加工产业集群……阜阳市要突出绿色、安全、质量、标准，充分发挥农业资源和市场优势，加快推进农产品就地加工转化，做大做强酿酒、粮油、蔬菜、水产品、肉制品等加工业，以金种子生态产业园、颍东区清真食品产业园、阜阳福润生猪屠宰及肉制品深加工项目等为依托，引导农产品加工业向规模化、品牌化、高附加值方向发展。漯河要以打造最具竞争力的中国食品名城为目标，依托双汇国际食品产业园、中国食品百强工业园、中国食品和包装机械产业园、临颍休闲食品产业园等食品产业园区，坚持做大规模、扩大集群与拉长链条、完善配套并重，积极开发有机食品、绿色食品、功能食品，大力发展与食品产业相关的保健品、化妆品、生物医药等高附加值产品，加快发展食品辅料、食品添加剂等高效益关联配套项目，促进食品产业拓展链条、提升层次，推动食品产业智能化、绿色化、高端化、品牌化发展，巩固扩大在河南省的领先地位，增强在全国乃至国际上的影响力。亳州市要依托悠久的白酒文化和产业基础，发挥农产品资源优势，努力创造良好的产业发展环境，做大做强酿酒及饮料加工业，巩固古井集团和徽酒集团的龙头带动作用，引导具有发展潜力的中小白酒企业规范、健康成长，鼓励支持有条件的企业技术改造升级和兼并联合，基本建成全国具有较大影响力和知名度的白酒历史文化中心、白酒产业集聚中心、知名品牌运作中心和酿酒科技创新中心。

2. 纺织服装产业。中部崛起区城镇化水平较低，农业人口数量庞大，发展纺织服装等劳动密集型产业可以大量吸收农村人口，推进城镇化发展。中部崛起区要利用自身优势，积极承接纺织服装产业转移，重点发展服装鞋帽、产业用纺织品及家用纺织品。阜阳市要以中纺城、京九丝绸、天威设备等项目为依托，加快调整纺织服装、丝绸、塑料制品、日化等细分产业结构，积极发展特色轻工业，推动棉纺业"精细化"、服装鞋帽业"品牌化"、产业用纺织品业"特色化"、家用纺织品业"配套化"，打造一批主业突出的特色产业集群。驻马店市要推进纺织服装行业更新换代，大力发展高附加值产品，提升产品层次，加快皮革皮具产业清洁生产工艺的技术改造，加强污染防治力度，推进皮革精深加工，完善产业链条，扩大品牌宣传，丰富企业营销渠道和商业模式，重点发展市场消费大的箱包、皮鞋、服装等产品。平顶山市要以承接服装、家用和产业用纺织品集群化转移、发展高品质纱线等高附加值产品为重点，引进高效低耗环保的印染新工艺和设备，提高后整理水平，发展完善纺纱、织布、印染、针织、面料、服装和家用纺织品相对完整的产业链。

3. 矿产资源开采业。中西部崛起区所处区域矿产资源丰富，是我国重要的矿产资源产区，并以此为基础形成了一系列相关产业。区域内地市要着眼长远，推动资源型城市转型和产业升级，大力推广应用新工艺和洁净技术，提升产业规模和推进绿色发展。平顶山市要坚持传统能源新型化的发展思路，推行煤炭清洁高效利用，促进煤炭、电力行业集约发展，着力提高煤炭企业机械化、信息化水平，积极应用成套综采综掘装备，有序推进矿井规模化建设，推进煤电、煤焦联营，提高煤炭洗选行业集中度，科学布局大容量、高参数燃煤发电机组和热电联产机组，构建煤电一体的产业链条，提高煤炭就地加工转化程度，巩固全国重要的能源基地地位。淮南市要抓住产业结构调整机遇，统筹煤电基地建设和企业转型升级，推进煤炭产业向下游增值产业和相关产业延伸，发展循环经济，提高资源利用效率，加强生态环境保护和节能减排，培育新的经济增长点；要不断优化煤炭产品结构，通过提高电厂煤泥直接掺烧比例和实施煤泥干燥转化处理技术，提升煤泥综合利用效益，提高集约化开发程度；通过精细勘探，开展"三下"开采技术研究，加大原煤层开采技术研究和攻关，进一步提高矿区资源回收率。六安市要以首矿大昌钢铁冶炼及配套深加工为龙头，以开发矿业、金日盛矿业、金安矿业、张庄矿业、刘塘坊矿业等矿产基地为依托，发展优质铁精粉生产，着力延伸产业链条，重点支持发展粉末冶金、精密铸造，大力发展电子功能材料、3D 打印材料、PC 构件等新材料产业，积极发展优特钢生产；推进金寨钼矿采选项目前期工作，加快周油坊铁矿云母深加工及应用项目建设，形成全国重要的优质铁精粉、铁基新材料、钼基新材料及其精密铸件生产基地。

4. 精细化工产业。中西部崛起区依托区域丰富的矿产资源，具有一定的产业基础，要积极推进资源整合，培育龙头企业，推进应用绿色工艺、技术和装备，加速实现生产技术升级、化工产品升值。平顶山市要发挥煤盐资源综合优势，以一体化、园区化、集群化为发展方向，积极引进关键核心技术，推进与国内外化工龙头企业战略合作，促进煤化工、盐化工和尼龙化工融合发展，建设国内一流、具有国际竞争力的现代煤盐联合化工基地。应用煤气化新技术，优化焦化生产工艺技术，加大煤焦油、焦炉煤气等焦化副产品综合利用和精深加工。推行盐碱联合，规模化发展工业用盐、离子膜烧碱、聚氯乙烯树脂、纯碱等产品，积极发展下游耗氯产品、树脂型材等产品。突破尼龙化工技术瓶颈，提升己二胺、己二酸、己内酰胺等化工中间体生产规模，积极发展工业丝、尼龙切片、工程塑料等高端化、差别化化工新材料产品，巩固提升我国最大、国际一流的尼龙化工产业基地规模和技术优势。淮南市要以安徽（淮南）现代煤化工产业园为依托，建设安徽淮南新型煤化工基地，坚持自主开发与引进技术相结合，发展煤经甲醇制烯烃（芳烃）、煤制乙二醇及其衍生物产业链，支持碱水剂、锚固剂等高分子合成材料企业做大产品规模，大力发展高性能复合聚酯纤维材料、新型防水密封材料、新型保温隔热材料、高档建筑涂料等。周口市要继续巩固化学原料药的规模和技术优势，强化对新型制剂技术的引进吸收，推进在化学药物制剂领域的技术升级，重点发展有技术领先优势的软胶囊、口服液等剂型产品；运用生物科技，重点发展 L- 乳酸、D- 乳酸、高精纯乳酸等附加值高的高新技术产品，发展高氮复合肥、生物肥、有机化学原料制造等系列高端产品。

5. 冶金建材产业。冶金建材产业是中西部崛起区区域内的传统优势产业，在区域产业格局中占据重要位置。淮河生态经济带中西部崛起区要积极推动新型建材产业升级，重点发展安全耐久、节能环保、轻质高效、防火隔热、施工便利的绿色建材和新型建材等，提升产品档次，推进水泥等生产企业重组，加快淘汰落后产能。驻马店市要以现代家居和绿色建材产业为重点，大力发展家具、门业、地板砖、厨卫等需求空间大的产业，配套发展建筑部件标准化生产、新型石材、绿色板材、建材添加剂等产业，打造区域性现代家居和绿色建材产业基地。平顶山市要加快骨干企业技术创新和装备升级，提高宽厚板材、不锈钢板品种和质量，提高产业集中度，延伸产业链条，加大钢材就地加工转化力度，发展高级别高强度钢材、精密不锈钢板、彩色不锈钢板、高档镜面不锈钢板等高端产品，建设全国重要的特种钢材生产科研基地和长江以北最大的不锈钢特色产业基地；坚持节能利废，推动水泥行业整合重组，发挥新型干法水泥规模优势，加快发展水泥制品和建筑部品，强化建筑和工业废弃物综合利用，积极发展新型墙体材料、装配式绿色建材、新型建筑陶瓷、中高端耐火材料、高档石材、防火保温和装饰装修材料，建设河南省重要的新型建材产业基地。阜阳市要以安徽九环世信相变调温功能建材产业化等项目为依托，重点发展环保型涂料、高性能防火保温材料、新型墙体材料、装饰材料、卫生陶瓷等高附加值产品，加快产业结构调整升级，推动产业向智能化、生态化方向发展。

（二）突出特色，实现重点突破

淮河生态经济带中西部崛起区实现工业化要在传统产业的基础上，结合自身资源要素禀赋，把培育壮大战略性新兴产业作为调结构、转方式、促升级的重要突破口，有重点地向高新技术产业进军，提升产业层次，推进产业升级。

1.电子信息产业。电子信息产业属于典型的技术和资金密集型产业，产业规模大，带动力强，中西部崛起区要把握电子信息产业发展规律，有序推动本地区信息技术和产业制造发展。蚌埠市要把握省扶持建设战略性新兴产业集聚发展基地重大机遇，加快建设千亿级硅基新材料产业基地，深入推进国家新型显示产业集聚发展试点，完善新型显示产业体系；壮大特色电子产业集群，建设怀远县、高新区专用电子器件产业基地，抢抓国家支持发展集成电路、智能仪器仪表等产业的重要机遇，深化与领军企业战略合作，加快延伸链条、扩大规模，推动集成电路产业发展壮大。平顶山市要发挥中兴科技产业园引领带动作用，积极承接产业转移，对接郑州航空港，发展智能手机、智能终端、高端光电显示、超薄 OGS、触控集成芯片、半导体材料等产业，并与国内外智能终端设计、研发、制造、应用服务、系统集成等企业集聚，建设成专业配套、特色突出的河南省重要电子信息产业基地。六安市要依托博微长安、胜利电子、中创信测、阳光照明、中兴科技、渠道网络、世林集团等龙头企业，大力发展电子设备、信息设备、智能终端、新型显示、智能家电、节能光源、集成电路、光伏电子、电子元器件、应用电子产品等产业，积极开拓以新一代信息技术为支撑的大数据、云计算、物联网、移动互联网相关产品和服务。加快推进舒城电子科技产业园、六安电子信息与软件科技园、中兴金寨战略性新兴产业园等重大项目建设，促进产业集聚发展。

2. 高端装备制造产业。中西部崛起区要对接市场需求，引进和培育一批装配制造龙头企业，提升装备制造水平，实现装备制造业转型发展。蚌埠市要抢抓国家大力发展智能制造装备重要机遇，支持开发高档数控机床、工业机器人等智能装备，积极突破数控系统、伺服系统、减速器等主要功能部件研发与生产，建设高新区、蚌山区市级智能装备制造产业基地，加快发展新型电力装备、大气污染和水污染治理设备等专用装备，稳步增强油缸、模具、滤清器等优势产业核心竞争力，持续提升关键零部件配套能力。周口市要重点培育缸体缸盖、锅炉制造、农机装备等特色产业，突破关键核心技术，研发有市场竞争力的标志性产品；以泰汽缸盖、力神机械、天誉动力等企业为重点，积极开发和引进齿轮、油箱、变速箱、柴油发动机、发电机组、汽油机缸盖缸体等项目，突破大马力拖拉机核心技术，提升产业配套能力；以中太锅炉、太锅锅炉等企业为重点，大力发展大型煤气化炉、循环流化床锅炉、垃圾焚烧炉、余热锅炉等节能、环保、特种、高端锅炉产品，增加产品科技含量和附加值；依托周口泰瑞格数控机床、河南红鑫精密滚动体等企业，积极引进配套企业，发展大型、精密、高速、专用数控机床、智能化数控机床设备；积极发展新能源汽车、工业机器人、水陆运输装备等高端装备。淮南市要依托煤矿装备制造业基础，充分发挥企业主体作用，利用科研院所资源优势，推进产学研用结合，提升技术创新能力，推动工业化与信息化深度融合，打造装备制造强市；延伸天然气、新能源汽车产业链，积极开发电动汽车和电动代步车、冷藏保温车、化工液体和低温液体特种运输车及罐车等；改造提升现有煤机装备制造企业，提高产品质量、档次，向智能化、高端化发展；引导有条件的装备制造企业向汽车零部件配套、轨道交通、施工机械（盾构）及工程机械、智能农机、节能环保设备、安防设备、医疗器械等方向转型发展；重点发展井下机器人、矿用监控系统、煤矿瓦斯智能抽采系统、煤矿安全控制数字化防爆电气、井下制冷系统、井下避险系统等产品。

3. 生物医药产业。随着经济社会发展，生物医药产业对科技的要求越来越高，对产业的带动能力越来越强，中西部崛起区工业化发展要发挥市场优势，大力发展生物医药产业。亳州市要以打造"现代中华药都"为目标，推进现代中药产业集聚发展基地建设，加快形成药材种植、饮片加工、中药提取、成药制造、物流贸易、保健医疗、科教研发等完整的产业体系。平顶山市要积极引进国内外高端医疗器械生产企业，推动医疗器械、医用耗材、医疗保健、微创介入、电子医疗影像等产品高端智能化发展；加大生物制药、医药中间体、中医药配方等研发力度，推动培南类抗生素、中药降压饮品、中药口服液等新特药产业化，建设中原地区最大的医用制品研发生产基地。蚌埠市要重点发展生物材料、生物医药、生物能源，进一步提升生物产业综合竞争力，引导支持 PBS 全生物降解新材料开发应用，积极建设生物基材料研发制造基地；大力发展盐酸安妥沙星、生物素等各类新药、特色原料药和高端医疗器械；加快推动非粮原料与纤维素转化关键技术研发与产业化，培育提升柠檬酸、乳酸、燃料乙醇等生物制造产品，建设淮上区、固镇县生物制造产业基地。

4. 新材料及新能源产业。中西部崛起区要把握科技发展规律，突出自身特色，发展新材料和新能源产业。周口市要发挥资源和原材料优势，以高性能化、轻量化、绿色化为主攻方向，突破关键技术，重点发展生物基材料、碳纤维复合材料，推动新型功能材料、新型合金材料等新材料行业发展，提升新材料产业发展水平。平顶山市要扶持发展新能源和可再生能源产业，鼓励清洁能源的开发利用，大力发展风能、太阳能、生物质能等可再生能源，支持分布式光伏示范区、光伏电站建设，实现风电、光电规模化发展，显著提升可再生能源比重；加强产业关键技术研发应用，提高对位芳纶纤维、安全气囊丝、改性工程塑料、超纯金属、碳化硅微粉、复合医用等材料品级，增加材料品种，加大特种石墨、高性能碳化硅陶瓷、镁基石墨烯锂电池等特种功能材料应用推广，做大做强新材料产业。阜阳市要依托颍东煤基新材料产业园、阜合现代产业园区，重点发展煤基化工新材料、光电新材料、磁性材料等，延伸产业链条，强化产业配套，加快推进煤基化工新材料和光电新材料产业集聚发展。蚌埠市要重点发展铜铟镓硒太阳能光伏及辅材、功能性高分子材料、特种无机非金属材料和先进复合材料等，构建具有核心竞争力的太阳能光伏产业链；加快新材料制备关键技术应用及产业化，积极推进前沿技术研究及工程化，推动高强度碳纤维、石墨烯等高端材料产业化，高度关注和推动超导材料、纳米材料等战略前沿材料发展。

第四节　淮河生态经济带工业绿色转型

习近平同志指出，当前经济发展要秉持创新、协调、绿色、开放、共享的新发展理念，将绿色发展上升到关系发展全局的重要方面。在工业领域，按照绿色发展要求所形成的绿色生产方式，具有科技含量高、资源消耗低、环境污染少的产业特点，有利于绿色产业发展，形成经济社会发展新的增长点。只有坚持绿色发展，才能更好地实现可持续发展。工业绿色转型发展是深入推进供给侧结构性改革的要求，既提高了企业能源利用效率，通过节能增效实现降低生产成本，又通过增加绿色产品和服务有效供给、促进节能环保绿色产业发展，补齐工业绿色发展短板，成为稳定工业增长的重要方式。企业在实现绿色发展过程中必须尽量减少有害原料使用，减少生产材料和能源浪费，提升资源和能源利用效率，减少排放，实现废弃物无害化处理。同时要通过构建绿色产业体系，建设绿色工厂，实现绿色制造，形成经济、生态、社会多种效益有机统一的良好发展局面。

淮河生态经济带工业化要落实绿色发展理念，加快推进工业转型升级，将强化工业节能、加快清洁生产、加强资源综合利用、发展节能环保产业、构建绿色制造体系作为工业绿色转型的重点，促进产业结构多元化发展，建设更能实现可持续发展的现代工业体系。

一、加快推进工业节能

淮河生态经济带工业门类齐全，工业企业众多。但应该看到，传统产业中矿产开采、化学化工、建材、钢铁、有色金属冶炼等高耗能产业占比较大，特别是徐州、济宁、枣庄、淮北、淮南、平顶山等地，这些产业更是当地的主导产业之一。工业的发展给当地的生态环境带来了巨大的压力，因此，推进工业节能刻不容缓。

（一）要加快重点领域节能技术改造

一是要运用先进适用的节能低碳技术、工艺和装备，对传统产业进行升级改造，提升能源利用效率，推进能源高效低碳化利用，加快推动产业向中高端迈进。

二是通过流程工业节能改造、原料技术路线优化和流程再造等手段，在重点行业推进节能减排、绿色改造。其中，钢铁行业要以经济炼焦配煤、烧结矿显热回收利用、长寿高炉和新一代控轧控冷等技术为推广重点，实现副产煤气高值利用，提升能源利用率；有色金属冶炼行业要在有色行业实施铅富氧闪速熔炼、粗铜连续吹炼等技术改造；石化产业企业要大力推广系统节能技术和加氢吸附脱硫等燃料清洁技术，大幅度减少污染物排放；化工行业企业要通过采用硝酸综合处理、大型粉煤加压气化等技术改进，提升原材料利用效率；建材企业要通过大力推广高固气比熟料煅烧、大推力多通道燃烧、无球化粉磨、玻璃窑炉富氧燃烧及余热发电等技术，提升燃烧效率，节约能源消耗。

三是要提升终端用能产品能效水平。淮河生态经济带各地市要紧盯工业高质量发展要求，大力推广应用高效节能产品和装备，推动化工冶炼等重点用能企业更新改造高耗能设备，在终端提升设备能效水平。积极推广永磁同步伺服电机、高压变频调速、永磁涡流柔性传动、冷却塔用混流式水轮机等技术，提升电机系统能效水平；通过大力推广非晶合金变压器、系统无功补偿、有载调容调压及参数优化等技术改造配电系统，优化系统能效；在炉窑系统通过实施循环水系统防垢提效、蓄热式燃烧、富氧助燃等技术改造，提升炉窑系统用能效率。

四是要加强余热余压高效回收利用。余能回收利用是提升节能效果的重要手段。淮河生态经济带要在重点行业大力推行能量梯级优质利用，实现余能高效回收，从而更大限度减少能源消耗。在钢铁冶金行业，要鼓励企业通过超临界混合工质高参数一体化循环发电。在冶金行业，企业要推广余热余压能量回收同轴机组应用。在热电厂（站），要推进烟气系统余热深度回收利用技术的运用改造。在采矿业，要通过推广循环水及矿井水余热利用、矿热炉高温烟气净化回收利用、螺杆膨胀动力驱动、空压机余热回收等技术，实现余能回收再用。通过科研开发攻关，探索生产过程中释放出的副产热能、压差能及回收可燃气体的创新运用。加强对蒸汽余热梯度利用、非稳态余热回收等余能回收利用技术的研发应用力度，推广普及运用中低品位余热余压发电、制冷、供热，实现能源循环利用。

（二）要加强节能信息化能力建设

淮河生态经济带工业实现绿色发展，要着力推进重点企业的节能信息化建设。在大型钢铁、化工、建材、有色、轻工等高耗能企业，积极建设能源管理中心，采用信息化技术和集中管理模式，对企业在生产、输配等过程中的能源消耗实现扁平化集中化的动态监控和实时管理。推进节能信息化改造，利用信息化技术推动企业主要用能工序装备升级，与企业生产自动化系统开展交互对接，应用云计算、大数据等两化融合技术，实现能量流智能控制与过程优化，降低能源介质和物料消耗。建设绿色数据中心，在生产制造、电信等重点应用领域选择一批代表性强、工作基础好、管理水平高的数据中心，开展绿色数据中心建设工作，推动数据中心走低碳循环绿色发展之路。

（三）要强化工业企业节能管理工作

淮河生态经济带各地区政府要加强对重点用能企业的节能管理，鼓励企业参与节能低碳行动，积极参加"资源节约型、环境友好型"企业创建。一是要健全完善企业能源管理体系，在企业能源管理岗位备案、能源审计和能源利用状况报告等方面建立制度。二是强化专业技术人员培训，提升企业能源计量和统计工作。三是要强化节能执法检查力度，建立完善的节能监察组织体系，提升节能监察机构能力，按照相关法律法规和政策要求，加快淘汰高耗能落后机电设备和技术。四是要充分发挥市场化作用，在区域内搭建工业节能技术信息服务平台，推动建立淮河生态经济带节能技术与装备产业联盟，推动节能技术产业化示范建设，推广运用节能环保新技术、新产品和新装备，推动高效成熟的节能环保装备产品推广应用。

（四）要推进工业能源消费结构优化

淮河生态经济带各地区要积极落实能源消费总量和强度"双控"，优化整合引导重化工业资源，保持工业用能增速在合理水平。一是要大力推进传统产业向高端发展，高标准高起点发展绿色低碳新兴产业。按照供给侧结构性改革的要求，有力化解高耗能产业的过剩产能，大力淘汰落后产能，严格评估审查工业项目节能状况，执行更加严厉的固定资产投资项目节能评估审查制度，控制高耗能行业准入。二是要以更大力度推广使用新能源，加快炉窑煤改气改电，减少工业用能消耗。在水泥、化工、钢铁等行业，利用原料替代和工艺革新等方式，控制温室气体排放。三是大力推动工业园区利用光伏、光能发电等，推广建设智能微电网和分布式能源，提升可再生能源在工业生产中的利用率。

二、大力推进清洁生产

淮河生态经济带工业化过程中，实现绿色发展，必须要发展循环经济，注重生产环节的清洁技术利用，较少污染物产生和排放，以缓和经济增长与生态环境保护之间的矛盾，保持长期可持续发展。

一是要加快工业清洁生产技术改造。淮河生态经济带各地市要积极开展大气、水污染防治行动，对流域内的造纸、氮肥生产、煤焦化、纺织印染、有色金属冶炼、农副食品生产、皮革加工、农药、原料药制造、电镀等重点水污染企业开展全面摸排，开展清洁生产水平提升工程；对流域内的钢铁冶炼、石油化工、建材生产、有色冶炼等重点大气污染行业企业开展一企一策，扎实提升清洁生产水平，推动生产过程清洁化，降低工业废水、废气排放总量及化学需氧量、氨氮、氮氧化物、二氧化硫、烟粉尘排放量。

二是要推进高风险污染物削减。首先要推进工业生产中挥发性有机物削减。对于涂料生产、木制家具生产、人造板制造、印刷业、汽车生产涂装、橡胶制品、电子产品生产、皮鞋生产等重点行业企业，鼓励采用替代或减量化的新技术，减少挥发性有机污染物产生，从而降低末端治理成本，减少无组织排放。其次要推进重金属污染物削减。在干电池生产、荧光灯、电石法聚氯乙烯、体温计和血压计等重点行业鼓励企业采用低汞或无汞化技术，大力推广铅资源高效利用和生产过程污染控制技术，从而减少铅酸蓄电池、铅冶炼再生铅等行业企业的污染物排放。再次要推进有毒有害物质替代。在化学工程、金属冶炼、印染纺织、电镀、皮革制造、农药生产、建材生产、电子产品制造等重点行业企业中，积极推广替代品，减少有毒有害物质使用，在印染纺织行业推广使用绿色环保制剂和染料，在农药行业推进高毒农药产品替代，在电镀行业推广低氰或无氰电镀、重金属在线回收等技术。

三是鼓励企业技术创新。积极运用市场化方式运作，引导和鼓励企业对清洁生产技术和产品的投资开发力度，实现产学研深度融合，提升清洁生产技术水平。重点加强对化学需氧量、氨氮、氮氧化物、二氧化硫、重金属污染削减等新技术的研发力度，强化对节能节水、有毒有害原料替代技术的研发，加大对废弃资源再利用等生态低碳重大关键和共性技术的科技攻关。淮河流域内各地市要开阔眼界，加强国内外合作，加大对国际国内先进清洁生产技术的引进、消化、吸收和再创新，积极开发推广节能、节水、综合利用率高的清洁生产先进技术和产品。

四是大力发展循环经济。增加矿业科技投入，按照资源深加工的路线，促使上游产业的产品变成下游产业的资源，提高资源利用率和综合利用率，延缓矿产资源的枯竭，使矿业能更长期地稳定支持城市的发展。对于煤炭型企业，可构建煤炭→电力→建材生产体系，或构建煤炭→炼焦→焦油加工→碳素生产体系，或构建煤炭→气化→尿素、甲醇→精细化工生产体系，资源深加工不仅增加了产值，还减少了"三废"对淮河流域的环境污染。

三、大力推进资源综合利用

资源综合利用是实现绿色生产的重要途径，淮河生态经济带区域要加强对资源的综合化利用，提升资源整体利用率，较少资源能源浪费，提高综合效益。

一是要强化工业固废资源化利用。要以固体废弃物资源规模化、高价值化利用为主要目标，提升固废综合利用水平。要依托区域内钢铁骨干企业，加强技术攻关，提升有色金属等共伴生矿产资源和尾矿资源综合利用水平。依托徐州、济宁、枣庄、淮南、淮北、平顶山等煤炭基地资源优势，鼓励先进生产工艺推广，加强对煤层气、煤泥、煤矸石等资源的综合利用。

二是要升级再生资源产业。以废钢铁、废塑料、废旧轮胎、废有色金属、废弃电子产品等废旧品为重点，培育和引进具有较强市场竞争力和技术水平的骨干企业，整合资源，推进实施资源再生利用。建立健全再生资源回收、加工、利用的循环体系，大力推进再生资源产业发展。

三是要大力推进再制造产业发展。对于高附加值、高技术含量和高可靠性要求的盾构机、重型机械、专用设备等大型成套设备，要注重对其开展产品剩余寿命评估、深度拆解、零部件绿色清洗等技术工艺，提升设备零部件的使用寿命。要建立再制造旧件溯源及产品追踪信息系统，提升在线监测能力，从而增强机电产品及通用型复印机、打印机等电子信息产品的智能化再制造水平。要对老旧、性能不足、故障多、技术落后的机电设备开展个性化设计和升级改造，提升石油化工、冶金等工业领域的装备节能和环保水平，提升运行寿命。

四、发展壮大节能环保产业

淮河生态经济带各地区要实现绿色发展，必须将节能环保产业作为重要支撑，以市场化手段，发展壮大相关企业，为高质量发展提供支持。

一是推进节能技术与装备产业化。淮河生态经济带要重点依托徐州、淮安、盐城、济宁、蚌埠、周口、平顶山等装备制造产业基地，围绕余热余压利用、高效节能变压器、工业锅炉、电机系统、智能电网等重点领域，培育壮大节能装配制造龙头企业。大力推进企业与高校、科研院所在节能技术和装备方面的产学研合作，开展技术攻关，提升产业规模化应用水平。

二是推进环保技术与装备产业化。淮河生态经济带要以徐州、淮安、盐城、枣庄、蚌埠、淮北、商丘等环保产业为依托，围绕城镇污水污泥处理处置、生活垃圾无害化处理、"三废"污染防治技术和装备，以及新型绿色环保材料和产品生产等领域，引进和培育具有一定技术水平和实力的骨干企业，推动与科研单位的产学研科技攻关，形成具有自主核心技术的环保技术与装备产业。强化环保关联产品研发，形成产业链发展，建设环保技术装备生产和污染治理企业集群，形成具有相当规模的环保产业基地。

三是培育节能环保服务业。淮河生态经济带要着力在培育节能环保服务业上下功夫，依托徐州、淮安、蚌埠、平顶山等地已有的产业基础，大力发展合同能源管理，鼓励企业开展能源诊断服务，培育示范效应明显、国内影响力大、具有较强竞争力的大型节能服务企业。

五、着力创建绿色制造体系

淮河生态经济带工业化实现绿色转型，必须着力构造绿色制造体系，从设计到制造实现全产业链的绿色化，从而系统实现工业绿色发展。

一是要设计开发绿色产品。淮河生态经济带要积极引导和鼓励创新能力强的骨干企业，按照生态设计和制造的相关国家标准，开发具有无害化、高可靠性、环保、节能、长寿命和易回收等具有绿色特性的产品，进而推动产业化发展。

二是要创建绿色工厂。淮河生态经济带区域内各地要以金属冶炼、医药制造、化学化工、汽车制造、机械生产、建材生产、轻工纺织、电子信息等行业为重点，通过采用绿色建筑技术建设改造厂房，预留可再生能源应用场所和设计负荷，推广绿色设计和绿色采购，合理布局厂区内能量流、物质流路径，开发生产绿色产品。采用先进的清洁生产工艺技术和高效治理装备，加快淘汰落后机械设备，建立健全资源回收循环利用机制，优化用能结构，建设绿色工厂，实现用地集约化、生产洁净化、废物资源化、能源低碳化。

三是要建设绿色工业园区。淮河生态经济带要注重绿色产业平台建设，选择基础较好的国家级和省级产业园区，贯彻资源节约和环境友好理念。在政府层面加强土地节约集约化利用，推动基础设施的共建共享；在园区层级加强水资源循环使用和余热余压废热等资源的再利用；通过建设园区智能微电网，促进园区内企业废物资源交换利用，补全完善园区内产业的绿色链条；加快园区信息、技术服务平台建设，为园区绿色发展助力。

四是要打造绿色供应链。淮河生态经济带要重点围绕汽车、机械、电子电器、成套装备等行业企业，落实资源节约和环境友好理念，在生产资料采购、产品生产、商品销售、废物回收等方面建设完整体系，实现上下游产业链内的企业的协同效应，提高资源利用率，实现资源利用高效化、绿色化，从产业链层面减少对环境的破坏。

　　淄博市是一座依托资源开发而兴起的老工业城市，拥有齐鲁石化、山东铝业、淄博矿业等一批大中型企业，工业固定资产拥有量占山东省的1/4，工业产出量长期居全省第二位。在转型方面，淄博市通过加快新旧动能转换，持续推动产业向高端化、智能化、服务化、绿色化方向迈进，为资源型城市转型升级做出了积极探索。

　　1. 着力培育转型升级新动能。实施制造业对标学习德国、创新型高成长企业对标学习以色列等专项行动，并出台专门的扶持奖励政策，引导企业以品牌建设推动实现价值链升级，全市已拥有中国驰名商标83件，国际自主品牌企业22家，均居山东省前列。此外，注重发挥龙头带动作用，重点扶持壮大"双50强"企业，形成了一批对延伸拓展产业链具有显著拉动作用的领军企业。

　　2. 以科技创新强化转型发展新引擎。借助中国（淄博）国际新材料技术论坛，每年邀请多名两院院士，以及上百家高等院校、科研院所的专家，与企业进行深入对接，共同建设了一大批研发平台，突破了大批关键技术瓶颈，并通过建设孵化器，有效地实现了科研成果的转化。同时，通过与中科院、工程院等科研院所和国家外专局建立了战略合作关系，对高层次人才在淄博市创（领）办企业的，市财政给予高额项目启动资金，对国际国内一流或顶尖人才团队给予最高资助，快速催生了一大批产业项目。

　　3. 以生态环保构建绿色发展新格局。深入推进能源结构调整，对所有燃煤行业、燃煤设施以及煤炭生产、储存、运输、消费等各个环节进行综合治理，并对落后产能进行淘汰，分行业、分企业制定整治标准和具体方案，累计完成7035项环境治理工程。

　　4. 着力探索改革发展新路径。淄博市以深化"放管服"改革为总抓手，通过开展并联审批、容缺受理、远程视频联审、建设项目"一费制"等一系列审批机制创新，并先后出台了涵盖创业创新、项目建设、骨干企业培育、园区建设等转型升级关键领域较为完整的政策体系，设立了多项奖补资金和专项资金，支持企业转型发展。

六、增加环保经费投入

在工业化发展的进程中，不仅经济发展与环境保护在某些方面存在一定的悖论，而且在资金和资源的使用上也存在一些不可避免的矛盾。不管是推进工业节能、清洁生产、资源的综合利用，还是发展环保绿色产业，都需要以大量的资金作为支撑，因此，淮河流域各城市还要通过争取国家建设资金、调动民间资金、争取信贷资金、吸引外来资金等多渠道筹措专项资金，保障环保经费的正常投入。

第五节　淮河生态经济带提升工业信息化水平

随着经济社会的发展，新一轮信息技术革命正在不断重塑工业价值创造体系。以集成电路、移动互联网、大数据、人工智能等为代表的新技术推动着物理世界与信息世界深度融合，带动了制造业研发设计、生产制造、管理运营、销售物流等价值链环节向信息空间集中映射，制造业装备、产品、工艺、服务呈现网络化、智能化、虚拟化的发展趋势。

淮河生态经济带工业化发展必须跟上新技术革命的步伐，充分利用信息技术，推动信息化与工业化高度融合，增强经济增长的带动作用。在此期间，要强化政府投资导向引领作用，以更加先进的理念、更大投资力度、更优的措施保障，统筹推进各项重大工程建设，加快推进工业信息化水平的发展。首先，更新理念，增强前瞻性。当今经济社会发展竞争日趋激烈，新一轮科技革命与产业变革不断向纵深推进，要突破经济社会发展瓶颈，就要不断强化对最新科技发展趋势的研究，准确把握国家产业政策、投资导向和经济发展大趋势，深入研究投资机会和技术、资源等支撑条件，不断加大项目招商力度。其次，要统筹协调，提高有效性。各级政府要积极协调组织，发挥政府投资导向的作用，注重投资产业链，带动形成产业发展闭环，推动产业集群发展，围绕重点产业、骨干企业的优势产品，合理布局与之相配套的项目，大力开发下游产品，拉长产业链，提高产业聚集度，增强项目辐射带动能力，提升投资效益。第三，在具体的应用过程中，一是将信息资源与材料、能源等工业资源相融合，进而实现材料、能源等不可再生资源的节约使用；二是将虚拟经济与工业实体经济融合，从而孕育新一代经济的产生，极大促进信息经济、知识经济的形成与发展；三是将信息技术与工业技术、IT 设备与工业装备的融合，产生新的科技成果，形成新的生产力。

一、大力推进产品装备智能化

产品装备智能化是信息技术融入工业制造的前提和结果，淮河生态经济带工业化跨越式发展必须大力推进产品装备智能化，加大人工智能产业的研发投入，围绕语义识别、机器视觉、无人驾驶、智能机器人等领域，培育和引进一批在国内有影响力的企业，抢占未来产业发展制高点，提升产业层级和产品附加值。

一是推进产品嵌入智能技术。积极推进数字控制技术、智能技术与产品的深度融合，提升产品的数字化、智能化水平。要重点围绕电子信息产品及元器件、工程机械、机床、纺织机械、大型成套设备等，加大科技攻关力度，提升智能技术水平，实现产品数字化、智能化，在产品协同性能方面全面提升。

二是推进成套设备的智能化。淮河生态经济带工业信息化水平的提高，要重点在提升成套设备的智能化水平上下功夫。要在高档数控机床和工业机器人、智能检测与装配装备、智能物流与仓储系统装备等关键智能制造装备上取得突破，推进设备在产业上的应用，提升其在工业生产中的指挥决策、网络交互和自动执行能力。要以石化智能成套设备、有色冶金智能成套设备、自动化物流成套设备、智能化加工和成形成套设备、智能化纺织设备、智能化食品生产线、建材成套设备、智能化印刷装备等重点产业基础设备为开发重点，努力提升成套设备的智能化水平，为智能化制造打下坚实基础。

三是大力培育新型智能产品。淮河生态经济带各地区要转变发展思路，开拓前瞻性思维，在医疗健康、新能源汽车及车载应用、消费电子等产业领域大力开发新产品，推动集成开发平台和解决方案的研发和产业化，引进和创新更适合自身发展的商业模式，建设集成理念创意、产品设计、工程制造、产品应用和售后服务为一体的具有全产业链条的智能产品生态，推进产业体系化规模化发展。

二、大力推进智能制造

智能制造不仅是未来产业发展的方向，也是提升生产效率和效益的重要途径，淮河生态经济带各地区要加快布局新一代人工智能、智能制造服务新兴业态，提升现有装备的智能化水平、培育智能制造新模式和建设智能制造产业生态。

一是提升企业装备智能化水平。政府部门要采取支持企业积极运用智能控制系统、工业应用软件、能源管控软件、故障诊断软件、传感和通信系统协议等软件系统及通信技术对现有装备进行适应性改造，鼓励企业开展核心装备、关键工序数字化改造，以及关键岗位机器人替代，加强底层设施改造与上层系统应用的匹配性调整。对船舶制造、汽车生产、机械制造等具有离散属性的行业要进一步加大对制造单元、加工中心、生产线和车间的智能化改造，提升生产制造过程中的设备互联、数据收集和智能管控水平，加强成本控制，提升生产效率。对于有色金属冶炼、石油化工等具有流程属性的行业要通过提升生产过程中的工艺控制、状态监测、故障诊断、质量控制和节能减排等流程的智能化水平，部署先进的过程控制和制造执行系统，优化升级生产过程，以智能化的装备确保实现生产的高效集约和绿色低碳。

二是培育和推广智能制造新模式。淮河生态经济带各地区要鼓励企业主导或者参与制订智能制造国际标准和国家标准，积极搭建平台，为企业与国际智能制造领先企业、专业服务机构对接创造条件，进一步增进在智能制造技术领域的合作。要鼓励推广示范智能车间建设，对企业装备智能化水平、生产过程调度、装备互联互通、产品信息追溯、物流配送、环境和能源消耗实时监控、设计生产协同联动等方面进行车间智能化改造，实现全业务链条的综合集成应用。加快智能工厂示范工程建设，推动新一代信息技术在企业技术研发、产品设计、生产制造、日常管理、运营服务等方面的深度融合应用，引领和培育建设相当数量的智能工厂，提升区域制造业智能化水平。

三是建立健全智能制造产业生态。地方政府要鼓励和引导企业加强对智能技术、软件架构和系统平台、大型装备系统仿真软件、智能测试控制装置和零部件等软件和系统的研发，培育具有提供智能制造整体解决方案的市场主体。鼓励企业上下游包括但不限于产业园区、信息技术提供商、原材料提供商、电信基础设施提供商等开展深度合作，积极运用工业互联网技术，为智能生产线、车间和工厂提供高质量的系统集成和创新验证技术。加强对工业大数据的开发和利用，形成能够支持制造业智能化转型的客观依据，构建符合智能制造客观规律和基础的产业生态。

三、大力建设购销经营平台

随着电子商务的普及，电子商务成为工业产品的重要经销渠道，与工业生产的相互融合作用逐步增强，成为推动工业化的另一个重要力量。淮河生态经济带工业化发展要转变经营方式，建设符合自身发展的购销经营平台。

一是要推进企业电商的普及应用。淮河流域各地市政府要鼓励支持企业自建电商平台或利用第三方平台，通过线上开展购销和供应链等创新应用，鼓励企业以销定产、个性化定制等方式销售产品。支持大中型骨干企业通过建立"互联网+"供应链管理系统，实现与上下游企业的无缝对接，创建更加高效的管理模式。积极培育和推广跨境电商、网络直播电商等新兴电商模式，推动电子商务由产品销售端向产品研发和生产制造端延伸，实现终端消费者和生产厂家面对面对接，以及产品个性化生产和销售。

二是要发展重点电商服务平台。淮河生态经济带各地区要着力培养和引导现有电商平台从单一的购销平台向集网上交易、物流配送、供应链管理、信用支付于一体的行业电子商务平台转型，提高企业整体供应链协同能力和商务协同水平。以钢铁及有色金属冶炼、医药化工、工程机械制造、纺织服装、造纸等重点细分行业为重点，积极发展垂直电商平台。大力推动区域内具有优势的产业建立大宗商品电子交易B2B平台，鼓励企业或企业联合体建设再制造或再生资源等行业专业交易平台，从而带动相关产业发展。

三是要完善电子商务综合服务。电子商务生存发展有其自身的客观规律，要创造适宜的营商环境。淮河生态经济带各地区要加快电子商务支撑体系的建设，健全大宗商品在线交易的支付、物流等产业相关的政策环境和可靠基础设施。大力发展物流网络平台，通过整合货源，对运输能力和货源进行配对，减少中间环节，构建集网络交易、加工制造、物流配送、数据分析等为一体的第三方电子商务综合服务平台，促进工业电子商务平台、金融、物流等业务主体创新协同，融合互动发展。

四是要深化重点行业电子商务应用。淮河生态经济带各地区政府要鼓励支持石油化工、有色冶金、汽车机械制造、电子产品等重点行业建设原材料在线采购、运营销售和售后服务平台，形成高效、低成本的采购模式和精准对接消费者需求的新生产模式。支持重点行业建设专业的工业电子商务服务平台，以此提高电子商务服务的效率和精准度。

四、大力推进制造服务网络化

当前工业化发展不仅仅涉及产品制造，围绕产品生产已经形成了具有强大支撑作用的服务产业。淮河生态经济带要着力推进制造服务网络化，更加高效地推进工业化发展。

一是要强化工业信息基础设施建设。淮河生态经济带各地区要注重对工业基础设施的建设，构建更加现代化的信息基础设施。要根据各省部署和区域自身发展需要，合理规划和布局区域工业信息基础设施建设，完善以工业宽带、工业云、工业智能终端为主要内容的工业信息基础设施，建设形成低时延、高可靠、广覆盖的工业互联网。信息技术提供商要加大对工业企业的支持力度，大力推进重点工业企业及生产性服务企业高带宽专线服务，提升大中型企业高速宽带接入能力。推进宽带网络进企业、入车间、联设备，为工业互联提供硬件基础。

二是要大力实施企业云平台建设。淮河流域内各地要抢抓机遇，大力支持企业"上云"，建设工业大数据中心，借助云服务和大数据，提升企业生产管理水平。通过支持重点行业、重点地区集聚资源建设云服务平台，鼓励重点企业优质信息资源上平台，引导和支持中小企业用平台。通过提供政策资金支持等措施，强化工业云平台对中小微企业的服务能力建设，面向中小企业提供专业的研发设计、优化控制、设备管理、质量监控与挖掘分析等软件应用服务。

三是要促进产品网络化服务。政府部门要出台激励政策，支持电子商务、数字内容、应用服务等业务资源整合，推动智慧家电、智慧穿戴等智能产品的开发和应用，形成在线化、个性化、便捷化的网络服务新业态。要深化物联网、大数据、云计算等新技术在产品监测、追溯及全生命周期管理等领域的应用，以大型装备、汽车业、工程机械等重点行业为重点，推进产品的高端智能化，形成在线维护、远程诊断等新业态。对于食品加工、药品生产销售、危险品生产和监管、特种设备生产和维护，要建立基于产品全生命周期管理的质量监控、流程监测、服务溯源等监管服务新模式。

四是要开展工业大数据分析和应用。以工程装备制造等行业为重点，探索建设产品全生命周期的数据管理平台，增加大数据在产品质量、预测性维护等领域的应用，提升产业链价值创造能力。以石油化工、有色金属冶炼等行业为重点，探索建立供应链金融服务平台，强化基于大数据的供应链信息共享和协作，创新金融产品和服务，提升风险管理能力和水平。以能源、钢铁等高耗能行业为重点，开展基于大数据的能耗管理，探索集节能诊断及预测、能源需求智能响应为一体的合同能源管理服务模式，强化能源需求侧管理，科学分析、精准调控能耗水平。开展基于大数据的用户需求预判、产品定制、广告精准投放等新技术，在汽车、电子产品等行业开展精准营销和个性化服务，提升企业服务水平。

第四章　淮河生态经济带农业现代化布局和规划

习近平总书记指出："全面建设社会主义现代化国家，实现中华民族伟大复兴，最艰巨最繁重的任务依然在农村，最广泛最深厚的基础依然在农村。"在当前大力推进乡村振兴的大背景下，实现农业现代化是乡村振兴的重要内容和必要路径，是农村现代化的发展方向。农业现代化是以现代自然科学、社会科学为基础，用现代科学技术和现代工业技术来武装农业，用现代经营管理方法来管理农业，实现农业生产专业化、商品化、社会化，大幅度提高土地生产率，劳动生产率和农产品商品率，实现优质、高产、高效和生态上良性循环的现代农业。

农业是淮河生态经济带的重要基础性和具有相对优势的产业。特别是河南、安徽、山东三省，农业一直是区域经济发展的重要产业，在整个经济发展中占有不可或缺的地位。淮河生态经济带现代化进程，最大的难点是农村的现代化，农村现代化的基础是实现农业现代化。因此，推进淮河生态经济带发展，必须要与推进乡村振兴这一重点课题相结合，全面加快淮河生态经济带农业现代化进程。

第一节　淮河生态经济带农业现代化特征

随着国内外发展形势的不断变化，当前的乡村发展处于大变革、大转型的关键时期。特别是随着工业化、城镇化的进一步推进，农业现代化既具有发展的机遇与空间大大拓展、发展动力更加多元化的有利外部条件，也面临农业资源环境约束加大、农村产业结构失衡等一系列问题和困难，给实现农村现代化发展带来挑战。淮河生态经济带农业发展同样如此，但其也具有自身的一些特点，需要我们在推进农业现代化过程中给予深刻把握。

一、淮河生态经济带农业现代化是具有资源约束性特征的现代化

淮河生态经济带在发展农业生产上具有气候、土地等方面的优势，但应该看到，随着社会的发展，自然资源禀赋的重要地位也在发生着变化。淮河生态经济带在实现农业现代化的过程中，同样面临着土地资源、水资源和人力资源等各方面资源要素的约束。

（一）在土地资源方面

随着城镇化的发展，城市建成区面积在不断扩大，对耕地的占用逐渐增多，使得能够应用于农业生产的土地随之减少。加之淮河流域总体人口较多，人均耕地面积较少，不利于农业的规模化生产。例如，商丘市人均耕地仅 1.3 亩，农户拥有土地规模小，农地流转速度缓慢等一系列因素制约着农业规模化和现代化的进程。

出于防洪需要，淮河流域建设了 28 处行蓄（滞）洪区，总面积约 5000 平方千米，耕地超过 420 万亩。由于行蓄（滞）洪区内土地易受淹，农业收成没有保证，承载人口能力小，人均耕地不足 2 亩，对农业发展限制很大。在流域范围内，仅安徽境内就有 21 处行蓄（滞）洪区，包括行蓄（滞）洪区在内的湖洼地总面积约 6300 平方千米，覆盖人口超过 500 万，除淮南、蚌埠两个省辖市外，还有 12 座县城及大批集镇，约 300 万人常受洪涝灾害（其中属于行蓄洪区的人口 170 多万），农业生产经常受到影响，不利于农业的可持续发展。（表 4-1）

表 4-1　　　　　　　　　　淮河生态经济带行蓄洪区

序号	省份	行蓄洪区名称	总面积（千米²）	耕地面积（万亩）	位置
1	河南	老王坡滞洪区	123.7	16.4	小洪河，驻马店西平县
2		杨庄滞洪区	76	9.15	小洪河，驻马店西平县
3		泥河洼滞洪区	103	12.6	沙河，漯河市舞阳县
4		蛟停湖滞洪区	43.2	5.48	沙河，驻马店平舆县、新蔡县
5	安徽	濛洼蓄洪区	180.4	18	干流，阜阳市阜南县、颍上县
6		城西湖蓄洪区	517	37	干流，六安市霍邱县

续表

序号	省份	行蓄洪区名称	总面积（千米²）	耕地面积（万亩）	位置
7	安徽	城东湖蓄洪区	380	24.9	干流，六安市辖区，霍邱县
8		老汪湖滞洪区	65	7.8	奎河，宿州市
9		潘村洼行洪区	164.9	17.1	干流，滁州明光市
10		花园湖行洪区	218.3	15.6	小溪河、板桥河，滁州市凤阳、明光、五河三县
11		荆山湖行洪区	72.1	8.6	干流，蚌埠怀远县
12		汤渔湖行洪区	72.7	7.5	干流，淮南潘集、蚌埠怀远
13		董峰湖行洪区	40	4.5	干流，淮南凤台县
14		寿西湖行洪区	161.5	16	干流，淮南寿县
15		姜唐湖行蓄洪区	121.2	5	干流，六安霍邱县
16		邱家湖行洪区	25.1	3	干流，阜阳颍上县
17		瓦埠湖蓄洪区	776	60.2	干流，淮南寿县、合肥长丰县、谢家集
18		香浮段行洪区	43.5	5.8	干流，滁州五河县
19		临北段行洪区	28.4	3	干流，滁州五河县
20		方邱湖行洪区	77.2	8.4	干流，蚌埠市郊、滁州凤阳
21		上六坊堤行洪区	28	3.3	干流，淮南
22		下六坊堤行洪区			
23		石姚段行洪区	21.3	2.1	干流，淮南
24		洛河洼行洪区	20.2	1.9	干流，淮南
25		南润段行洪区	10.7	1.3	干流，阜阳颍上县
26	江苏	黄墩湖滞洪区	357	31.3	泗河，徐州邳州、睢宁，宿迁宿豫区、宿城区
27		鲍集圩行洪区	153.4	15.42	干流，淮安盱眙县
28		洪泽湖周边滞洪圩区	1515	121.2	洪泽湖，淮安淮阴区、盱眙县、洪泽区、宿迁市宿城区、泗洪县、泗阳县

（二）在水资源方面

淮河流域水资源分布不均，人均水资源量不足，比如商丘市人均水资源量不足全国平均水平的1/8。淮河流域具有良好的工业化发展基础，流域内有众多的资源型城市，资源型产业的发展对水资源的需求量很大，客观上挤占了农业用水。此外，淮河流域还是我国经常受到洪涝干旱灾害侵袭的地区，对农业的发展带来不利影响。例如，阜阳市56%的耕地不能旱涝保收，稳产、高产保障能力较弱。与此同时，化肥、农药不合理使用，农业面源污染严重等问题，也导致农业可利用资源的减少，进一步加大了资源约束的强度。

（三）在人力资源方面

淮河流域是我国主要的劳动力输出地区之一，农村地区"空心化"较为严重，造成农业发展缺少必要的劳动力。同时，相对于互联网等新兴产业，农业资源转化率不够高，回报周期长，不利于吸引优秀人才返乡投身农业生产，使得从事农业生产的劳动力整体素质不高，创新能力不强。

二、淮河生态经济带农业现代化是政策约束性的现代化

农业是国民经济发展的基础，在其他产业发展中具有不可替代的作用。保证农业基础性地位，特别是牢牢把握粮食安全主动权已经成为当前治国理政的头等大事，关系国家安全。保证粮食安全，农业现代化是必经之路。在推进农业现代化过程中，要始终将粮食生产放在首位，这是必须要遵守的政策要求。

《淮河生态经济带发展规划》指出，淮河流域平原面积广阔，生态系统较为稳定，是我国重要的商品粮基地和棉花、油料、水果、蔬菜等重要产区，湖泊众多，水系发达，水产养殖业和畜牧业潜力巨大。《规划》对淮河生态经济带的战略定位之一便是建设特色产业创新发展带，巩固提升全国重要粮食生产基地的地位。由此可见，淮河生态经济带在推进农业现代化的进程中，要根据国家的要求，站在保障国家粮食安全的高度去谋划和实施。

从淮河生态经济带自身发展来看，根据 2018 年的统计数据，淮河流域覆盖地区全流域粮食播种面积占全国粮食播种面积的近 1/6，产量超过全国总产量的 1/6，提供的商品粮约占全国的 1/4。（表 4-2）淮河流域覆盖地域广阔，人口超过 1.6 亿人，其中近一半为农村人口，无论从总量还是从种类上，均对粮食生产有着大量需求。没有稳定的粮食生产，便没有当地稳定的发展基础和环境。因此，各地均把粮食生产放在突出位置，作为当地现代化发展的基础。由此可见，推进淮河生态经济带农业现代化过程中，保障粮食生产一直是当地政府客观的现实政策选择。

表 4-2　　　　　　　淮河生态经济带主要地区粮食生产表（2018 年）

地区		总人口（万人）	城镇化率（%）	农业人口（万人）	粮食播种面积（千公顷）	粮食产量（万吨）
江苏省	淮安市	492.5	62.40	185.18	681.06	482.26
	盐城市	720	64.00	259.2	983.15	704.31
	宿迁市	492.59	60.00	197.04	598.76	401.02
	徐州市	880.2	65.10	307.19	765.66	484.48
	连云港市	452	62.60	169.05	505.77	364.03
	扬州市	453.1	67.10	149.07	396.09	287.36
	泰州市	463.57	66.00	157.61	385.99	287.11
山东省	枣庄市	392.73	58.88	161.49	280.78	171.2
	济宁市	834.59	58.85	343.43	723.94	470.48
	临沂市	1062.4	51.54	514.84	996.94	650.33
	菏泽市	876.5	50.25	436.06	1191.45	746.17
安徽省	蚌埠市	383.94	57.22	164.25	515.68	277.06
	淮南市	389.66	64.11	139.85	531.19	320.22
	阜阳市	1070.83	43.29	607.27	973.2	513.42
	六安市	588.57	46.08	317.36	610.32	347.85
	亳州市	656.83	41.01	387.46	875.48	487.84
	宿州市	656.56	42.74	375.95	942.14	430
	淮北市	217.86	65.11	76.01	275.67	144.18
	滁州市	453.75	53.42	211.36	833.54	460
河南省	信阳市	885	47.60	463.74	838.51	568.3
	驻马店市	920	43.10	523.48	1297.13	788.85
	周口市	1162	42.80	664.66	1388	901.9
	漯河市	284	52.50	134.9	270.67	181.5
	商丘市	926	43.30	525.04	1099.88	723.85
	平顶山市	553	54.00	254.38	449.44	227.4
总数		16268.18		7725.87	18360.44	11430.12
全国					117037	65789.2
在全国占比					15.68%	17.37%

三、淮河生态经济带农业现代化是不断深化改革的现代化

改革开放以来，农业农村能够取得突飞猛进的发展，关键在于不断深化

改革。淮河生态经济带农业现代化的实现，需要运用改革手段去解决制约农业发展的深层次矛盾和问题，破解阻碍农业发展的体制机制障碍。

淮河生态经济带各地市要持续深化农村改革，将农村土地制度、农业经营制度等纳入改革范畴统筹推进，构建运营高效、机制灵活的农业发展制度环境，着力破解制约农村农业发展的制度障碍，为经济发展创造更加适宜的制度环境。在农村土地制度改革方面，要以巩固和完善农村基本经营制度为目标，进一步完善承包地"三权分置"制度，在保持土地承包关系稳定的基础上，积极探索"三权分置"有效形式，深化经营权确权登记颁证成果应用。在农村集体产权制度改革方面，要在保障农民财产权益的前提下，进一步发展壮大集体经济，以农村集体资源性资产、经营性资产和非经营性资产产权制度为改革重点，探索建立有效的集体所有制实现形式；推动"三变"（资源变资产、资金变股金、农民变股东）改革，赋予农民更多对集体资产的权能，从而提高农民财产性收入。在农业经营制度改革方面，要积极培育新型农业经营主体，通过建立健全农业社会化服务体系，实现小农户与现代农业发展的有效衔接；支持通过以土地流转、托管、入股等形式实现土地的集中规模经营，形成以合作社、龙头企业等为重要主体的新型农业经营方式；建立和完善支持新型农业经营主体的服务支撑体系，强化对新主体在涉农项目上的政策、资金等方面的支持力度。

只有通过不断改革，淮河生态经济带农业现代化的外延才能不断拓展，内涵才能不断深化，从而实现与农村建设的相互发展，与二、三产业的协同发展，持续提升农业现代化水平。

四、淮河生态经济带农业现代化是依靠科技创新的现代化

随着工业化、城镇化的发展，我国农业的发展也取得了快速进步，但农业的劳动生产率仅仅只有第二产业的 1/8、第三产业的 1/4 左右。当今新科技革命和产业革命方兴未艾，新市场主体、新科学技术、新技术产品、新产业形态不断出现，给农业发展带了难得的发展机遇，也为农业现代化发展提供了强劲的动力。

专栏24 2022年中央一号文件部署的农业现代化工作

2022年1月，《中共中央 国务院关于做好2022年全面推进乡村振兴重点工作的意见》（中央一号文件）关于强化农业现代化基础支撑进行了部署，主要包括：

1. 落实"长牙齿"的耕地保护硬措施。实行耕地保护党政同责，严守18亿亩耕地红线。分类明确耕地用途，稳妥有序开展农村乱占耕地建房专项整治试点。

2. 全面完成高标准农田建设阶段性任务。多渠道增加投入，2022年建设高标准农田1亿亩，累计建成高效节水灌溉面积4亿亩，实施黑土地保护性耕作8000万亩。

3. 大力推进种源等农业关键核心技术攻关。推进种业领域国家重大创新平台建设，贯彻落实种子法，实行实质性派生品种制度，强化种业知识产权保护，依法严厉打击套牌侵权等违法犯罪行为。

4. 提升农机装备研发应用水平。实施农机购置与应用补贴政策，优化补贴兑付方式，开展农机研发制造推广应用一体化试点。

5. 加快发展设施农业。因地制宜发展塑料大棚、日光温室、连栋温室等设施，鼓励发展工厂化集约养殖、立体生态养殖等新型养殖设施。

6. 有效防范应对农业重大灾害。强化农业农村、水利、气象灾害监测预警体系建设，加强外来入侵物种防控管理。

纵观东西方各国经济和产业经济发展的历史，各个产业类型的形成、发展与壮大，科技在其中均发挥着至关重要的作用，产业的升级改造也主要依赖于相关产业技术的进步与升级。当今世界的农业强国，无一例外都是利用科技创新推动农业转变发展方式，促进农村产业融合发展，实现产业转型升级。例如，荷兰的园艺产业与花卉、蔬菜品种，以色列的设施农业与农业设施，美国的种源产业与现代生物技术等，都是科技与产业发展相互影响和促进的结果。与淮河生态经济带区域在自然生态条件、农作物品种、地理条件十分相似的日本，是亚洲第一个实现农业现代化的国家，同样依靠的是科技创新。日本准确把握机遇，充分利用生物技术兴起和发展的契机，通过生物技术改良农作物品种，农作物单产和品质均大幅度提高，水稻、葡萄、草莓、梨等主要粮食和水果的育种、栽培技术处于世界先进水平。

（一）大力发展种源农业

相较于发达地区，淮河生态经济带自身农业基础较为薄弱，必须依靠先进的科学技术，提高农业科技化应用的水平，实现农业现代化跨越式发展。前面已经讲到，淮河流域是我国粮食主产区，关系国家粮食安全。农业科技创新工作要围绕建设优质粮油生产基地的科技新需求，明确重点任务，加大科技攻关和创新力度，进一步夯实种源创新基础，大力发展种源农业，加强优质粮油安全生产技术创新。

（二）大力发展设施农业

淮河生态经济带农业现代化要通过科技支撑大力发展设施农业。设施农业是高效农业发展的主战场，但是当前设施农业发展面临的核心技术和关键问题十分突出，对农业科技创新提出了十分迫切的要求。发展设施农业，必须加强对适宜淮河流域不同生态区域和特殊气候条件的设施专用型高效园艺作物新品种的自主创新，大幅降低作物品种对外依存度；加强对生产过程智能化、新型系列温室类别和温室新材料的科研攻关，提升设施农业在生产过程中的增温、补光、避雨能力；加强适用淮河流域各地的养殖业节能设施装备的研究，降低养殖成本，降低土地对设施规模养殖业的限制，推动畜牧业转型升级发展；加强对设施农业环境控制技术的科学研究，提升对设施农产品生产的环境影响能力，为提高产量和品质创造良好环境；加大对小型农业机械的开发力度，研发适用日光温室、拱棚等不同类型的农用机械，提高实施农业机械化水平，提升劳动生产率。

（三）完善农产品加工流通体系

淮河生态经济带农业现代化要通过科技创新建立更加高效的农产品加工流通体系。与国内外发达地区相比，淮河流域农产品加工业还有很大差距，一方面农产品加工研究领域起步较晚，技术创新能力不强，另一方面科技储备、特别是基础性的技术储备还十分薄弱。淮河流域要加强优质米、优质面粉、优质食用油开发，满足人民不断增长的消费需求；通过加强农产品采后储藏、保鲜、运输、加工等技术研究，保障蔬菜、果品等鲜活农产品质量，促进农产品市场流通；依托淮河流域丰富的地方特色农产品资源，加大科技开发力度，打造具有自身特色的休闲农产品品牌。通过加强农产品深加工和综合利用关键技术攻关，拓展加工产业链，开发农产品药用、保健等功能用途，提升农产品资源综合利用水平和能力。积极开展对植物源安全高效型食品添加剂的开发利用，提升农产品加工食品添加剂的安全水平，建立完善的全流程生产质量监控体系，保障农产品质量安全。通过科技创新推动遥感监测和防灾减灾应用，减少自然灾害对农业生产的破坏，提高抗风险能力；推进信息技术在农业生产中的应用，大力发展精准农业和农产品电商，提升农业生产与市场的融合水平，提高农产品生产经营效益。

> **专栏25　以色列依靠科技创新实现农业现代化**
>
> 以色列位于地缘环境恶劣的中东地区，全国近60%的土地是沙漠，农业发展面临的形势是干旱、缺水、缺地，但依靠对农业科技的投入，走农业发展资源高效、生产集约的道路，自从1948年以色列成立以来，农业产量几乎是每10年翻一番，用了3个10年基本实现了农业现代化，以5%的农业人口养活了全国人民，并且向世界60多个国家出口农产品、农资装备和农业生产技术。
>
> 科技创新是以色列农业可持续发展的灵魂，科技进步对农业增长的贡献达到96%以上。拥有世界领先的生物综合防治技术、滴灌技术、高产种养技术、精准农业信息化技术、多倍体繁育技术和光热网膜技术，提升优质食品生产能力，同时保护土壤、增加土壤肥力，并尽量减小环境污染及不可更新的自然资源的消耗，实现农业稳产高产。目前，一个以色列农民的产出已经可以满足超过400人的需求。

五、淮河生态经济带农业现代化是农业绿色发展的现代化

绿色发展观是习近平生态文明思想的重要组成部分。农业绿色发展是绿色发展的重要组成部分，是绿色发展理论在农业农村领域的延伸和应用，可以说是整个绿色发展的基础。走好农业绿色发展之路，才能实现具有中国特色的农业现代化。

从农业绿色发展的具体实践来看，实现农业的绿色发展要求以绿色发展

理念引领农业，围绕提供优质农产品和农业生态产品，充分利用资源节约型、环境友好型和生态保育型等形式的技术及装备，实现农业生产、生活、生态相互协调的产业发展体系。2018年，中共中央、国务院印发的《乡村振兴战略规划（2018—2022年）》，对推进农业绿色发展作了具体部署，要求到2022年全面推进农业绿色发展，到2035年农村生态环境根本好转，到2050年乡村生态全面振兴，实现农业强、农村美、农民富。

（一）我国农业绿色发展的主要特点

一是更加注重资源高效利用，改变长期以来农业高投入、高消耗、过度开发、资源透支的状况。要树牢循环节约的发展理念，在农业生产空间方面实现集约利用，守牢耕地保护红线，不突破资源利用上限；通过农业产业结构调整，推广资源节约技术，实现能源、水、土地、农药、化肥、种子和劳动力的节约消耗，实现农业高效发展；通过产业革新和科技创新，提升促进劳动生产率提升，实现农业增效增收。

二是更加注重农业环境保护。农业环境保护问题目前是较为突出的问题，必须高度重视，否则将影响农业的可持续发展。要以治理农业环境突出问题为重点，通过绿色生产技术应用，逐步减少农田农药化肥使用，大力提升有机肥使用比重，建立并完善废旧地膜回收处理相关制度，杜绝"白色污染"；通过开展农村人居环境整治行动，着力解决一直困扰农村的污水、垃圾和厕所等环境问题，实现生产生活空间清洁循环，建设宜居生活环境，留住农业绿色的底色。

三是更加注重农业生态修复。推进农业绿色发展，要严守生态保护红线，通过采用以保护优先、自然恢复为主的手段，统筹推进山水林田湖草的生命共同体保护和修复，构建田、塘、埂、丘、园、林、路等农业生态要素，建设符合生态农业发展的基础设施网络，建立能够实现种养结合、生态循环、环境优美的田园生态系统；建立和完善生态补偿机制，制定耕地、草原、森林、湿地、水生生物等要素的生态补偿政策，形成可持续的绿色发展模式，建设美丽乡村。

四是更加注重农业产品质量。当前优质的、具有品牌效应的农产品还不多，这与快速升级的城乡居民消费结构是不相适应的。因此，在推进农业绿色发展中，要通过技术创新和建立高效的质量监督体系，以保证优质、安全、特色农产品的供给；要持续改善农业农村生态环境，升级乡村品质功能，发展具有多种功能的农业产业业态，不断满足人民群众对绿色优质产品和绿色生态产品的需求。

《淮河生态经济带发展规划》明确指出，国家对淮河生态经济带的战略定位之一是建设流域生态文明建设示范带，强调要把生态保护和环境治理放在首要位置，这就要求淮河生态经济带农业现代化必须遵循绿色发展的理念。淮河生态经济带农业现代化进程，要紧跟国家农业现代化的发展趋势，决不能走高消耗、高污染的老路，要坚持新发展理念，走创新、协调、绿色、开放、共享的新路，在实现现代化过程中与其他区域协同发展。

（二）淮河生态经济带农业绿色发展的重点

一是要落实农业绿色发展区划。淮河生态经济带是我国农产品的主产区之一，要实现粮食的稳产增产，各地市必须认真落实主体功能区制度，通过开展农业绿色发展区划，优化农业生产力布局，划定粮食生产功能区、重要农产品生产保护区，认定特色农产品优势区，实现"功能区""保护区""优势区"与主体功能区区划的衔接合一，建设具有淮河流域特色的农业绿色发展区划，实现农业生产与资源环境承载力相适应，与乡村"三生"空间相协调。

二是要做大做强农业绿色产业。淮河生态经济带发展绿色农业，要建立完善的绿色技术支撑体系和产业基础。要通过引进、消化、吸收先进技术，培育本地优势企业等手段，大力推进以高效低毒低残留农药生产、畜禽养殖废弃物污染治理、废弃农膜回收利用等为重要内容的清洁生产产业发展；要出台相应规范，给予政策和资金支持，鼓励发展绿色畜牧业、绿色渔业、农作物病虫害绿色防控等生态环境产业；要发挥淮河流域自身资源优势，发展以生物质能利用装备制造、多能互补工程建设和运营为重要方向的清洁能源产业；要高度重视对农业非物质文化遗产的保护运营和生态功能区建设维护和运营，大力发展生态保护产业；要结合淮河流域自身需求，发展以增殖放流与海洋牧场建设运营、地下水超采区治理与修复、农村土地综合整治等为主的生态修复产业；同时要大力发展公园绿地养护和运营、生态环境监测、绿色产业项目技术咨询服务等绿色服务产业。

156

三是要养护修复田园生态系统。淮河生态经济带在农业绿色发展中，必须以整治农业资源环境突出问题为重要抓手，养护和修复田园生态系统。要推动用地与养地相结合，通过利用绿色生产技术，对存在土壤污染严重、功能退化、水资源匮乏等农田采用综合治理，降低耕地利用强度，提高农田质量；要遵循生态系统整体性、生物多样性规律，通过建设植物篱笆、生态廊道、防护林网等生态基础设施，恢复田间生物群落和生态链，建设稳定健康的农业生态系统。

四是培育农村绿色生活方式。淮河生态经济带农业绿色发展离不开农村生活方式的绿色化，两者相辅相成。要在农村大力倡导绿色生活理念，强化生态文明宣传教育，将生态文明的理念和思想作为对农民教育和培训的重要内容，增强全民节约意识、环保意识和生态意识；要培育绿色消费观，注重培养安全、健康、环保的新理念，拒绝食用珍稀野生动物，减少一次性餐具的使用，鼓励餐厨废弃物家庭、社区再利用，引导青壮年群体从自身做起，践行绿色生活方式，减少对能源和资源的消耗。

五是要构建绿色发展体制机制。淮河生态经济带农业的绿色发展需要相应的体制机制作为基础和保障。要按照全国绿色农业统计指标体系要求，积极开展农业自然资源统计，摸清底数，做到心中有数；要建立与淮河生态经济带自身发展相适应的农业生态补偿制度，借鉴国内外的先进经验做法，实施绿色生态导向的农业补偿制度；要根据国家相关规定，结合淮河流域实际和本地特色，制定绿色农业产业指导目录，大力推进农业循环经济发展，在重点领域、行业和环节出台相应支持政策，指导各方面支持农业绿色发展。

六、淮河生态经济带农业现代化是具有后发追赶型特征的现代化

在前几章中，我们已经较为详细地论述了淮河生态经济带工业化和城镇化的发展状况，淮河流域无论是工业化水平，还是城镇化发展水平与长三角、珠三角等经济发达地区都存在较大的差距，特别是河南、安徽两省的淮河区域，工业发展更为落后，城镇化水平更低，整体现代化水平不高。而农业现代化进程与工业化、城镇化发展紧密相关。因此，淮河生态经济带农业现代

化具有后发追赶的特征,既追赶本地区工业化、城镇化发展的步伐,又追赶先进地区农业现代化的步伐。

同时,我们也要看到,后发追赶型农业也有自身的优势,能够学习先进地区的成功经验,避免走有可能导致失败的弯路。只要淮河流域各地区能够结合自身特征,找到适合本地区的农业现代化发展道路,并且坚定不移地走下去,就会加快现代化的进程。

专栏26 **浙江安吉县坚持"两山"理念,推动农业绿色高质量发展**

近年来,安吉县始终坚持把农业绿色发展作为践行"两山"理念的重要抓手,扎实推进乡村振兴、引领和推动农业农村高质量发展。

一方面,安吉将抓好农业面源污染治理作为重点,进一步夯实绿色发展的基础。通过建立农资信息化系统,化肥农药实行实名制购买,并实现定额制施用。在农村大力推进秸秆"五化"利用(肥料化、饲料化、基料化、原料化、燃料化),实现秸秆的有效绿色处理。通过开展稻渔综合种养,实施渔业养殖尾水治理,清洁农村水资源。通过开展生猪养殖污染专项整治,提升全县畜禽养殖规模化,大幅减少养殖业对环境的污染。

另一方面,安吉以抓好农业标准化建设为重点,形成了具有全方位优势的绿色生产方式。通过实施农业标准化"入企进社进场"工程,重点发展茶叶、果蔬、粮食等主导产业,实现农业标准化体系建设。积极借助外力,组织专家编写植保无人机防治茶叶技术、生猪生态循环农牧机结合养殖操作、单季稻育插秧等具体农业操作技术规程,提升农业生产标准化操作水平。建设完成了农产品质量安全监管与追溯管理体系,实现安吉农产品质量可控。

最后,安吉将打造农业绿色品牌作为重点,增强绿色产业的创效能力。通过不断深化"生产、加工、销售"为一体的全产业链布局,大力推动农产品公用品牌建设,改变单纯依靠卖原料发展的粗放经营模式,实现从经营产品到经营品牌的转变。目前,安吉区域公用品牌安吉白茶价值达41.64亿元,位列全国产业品牌前十强。

四、要加快现代种业工程建设

四、要加快现代种业工程建设

种业是农业的"芯片"，是保障粮食安全、食品安全、生态安全的根本。淮河生态经济带农业现代化发展离不开种业现代化。要以小麦、水稻、玉米、花生、大豆等作物品种为重点，建立以企业为主体的育种创新体系，推进种业人才、资源和技术向企业流动，支持企业与大学、科研机构联合开发，引进培育壮大一批繁育一体化种子企业，创造更多具有自主知识产权的优良品种，力争培育推广高产、优质、多抗、适应机械化生产的突破性新品种。

专栏30 国务院关于加快推进现代农作物种业发展的意见

2011年，国务院发布《关于加快推进现代农作物种业发展的意见》。意见提出要坚持自主创新、坚持企业主体地位、坚持产学研相结合、坚持扶优扶强的原则，到2020年，形成科研分工合理、产学研相结合、资源集中、运行高效的育种新机制，培育一批具有重大应用前景和自主知识产权的突破性优良品种，建设一批标准化、规模化、集约化、机械化的优势种子生产基地，打造一批育种能力强、生产加工技术先进、市场营销网络健全、技术服务到位的"育繁推一体化"现代农作物种业集团，健全职责明确、手段先进、监管有力的种子管理体系，显著提高优良品种自主研发能力和覆盖率，确保粮食等主要农产品有效供给。

五、要加快实现农业机械化

国务院《关于加快推进农业机械化和农机装备产业转型升级的指导意见》指出，农业机械化是转变农业发展方式、提高农村生产力的重要基础，没有农业机械化，就没有农业农村现代化。淮河生态经济带各地区要围绕推进"全程、全面、高质、高效"农业机械化，实现农作物品种、栽培技术和机械装备的集成配套，推进小麦、水稻生产全程机械化，重点解决稻谷、玉米、油菜标准化种植和生产关键环节机械化。促进农机农艺融合，提高农机装备智能决策和精准作业能力，推进粮食机械化干燥，示范推广棉花机采、花生机播机收等关键环节技术，推动粮棉油等主要农作物生产全程机械化。加快推功能区和大豆、棉花、油菜籽、糖料蔗、天然橡胶生产保护区，落实到田头地块。力争用3年时间完成10.58亿亩"两区"地块的划定任务，做到全部建档立卡、上图入库，实现信息化和精准化管理；力争用5年时间基本完成"两区"建设任务，形成布局合理、数量充足、设施完善、产能提升、管护到位、生产现代化的"两区"，国家粮食安全的基础更加稳固，重要农产品自给水平保持稳定，农业产业安全显著增强。其中，淮河流域所在的黄淮海地区是国家划定的小麦生产功能区和玉米生产功能区，也是国家划定的大豆生产保护区。

专栏29 **国务院关于切实加强高标准农田建设提升国家粮食安全保障能力的意见**

2019年，国务院出台《关于切实加强高标准农田建设提升国家粮食安全保障能力的意见》，意见提出，到2020年，全国建成8亿亩集中连片、旱涝保收、节水高效、稳产高产、生态友好的高标准农田；到2022年，建成10亿亩高标准农田，以此稳定保障1万亿斤以上粮食产能；到2035年，通过持续改造提升，全国高标准农田保有量进一步提高，不断夯实国家粮食安全保障基础。

三、要加强农田水利建设和管护

农田水利建设是农业发展的重要基础，要持续加强农田水利建设，提升农田水利设施管护水平。淮河生态经济带要完成现有大中型灌区续建配套与节水改造任务，推进河南省大别山引淮供水灌溉工程、出山店灌区等工程建设工作。一是要大力实施农田水利工程，因地制宜兴建、提升中小型农田水利设施，打通农田水利"最后一千米"，加快建设现代农田灌排体系。二是要严格控制高耗水作物的种植面积，优化农业种植结构。三是要推广覆盖保墒、保护性耕作等农艺节水技术，促进节水灌溉技术与农艺、农机、生物、管理等措施的集成与融合。

　　　　苏南张家港的农业现代化

张家港市通过大力发展特色农业，做响农业品牌，走出了一条农业高质量发展、助力乡村振兴的成功之路。张家港市小麦种植面积16.5万亩，水稻种植面积24万亩，适度规模经营比例达92%，全市1800多个种粮大户经营的22万亩优质食味水稻，良种覆盖率99%以上，亩产达600千克，良种良法配套，农机农业结合，规模效应明显，全年稻麦二熟亩均效益在500～600元。

张家港市积极创建畜禽规模养殖场、苏州市美丽生态牧场，全面推进养殖池塘标准化改造。全市畜禽生态健康养殖比重为100%，全年生猪出栏3.6万头，家禽上市60万只，奶牛存栏3 284头。水产池塘养殖1.2万亩，总产量1.1万吨，渔业产值3.28亿元。

张家港市积极推进主要农作物生产全程机械化，使全程机械化成为农业稳产能、降成本、转方式、补短板的重要抓手。经过数年努力，张家港市农业机械化水平稳步提升，据统计，截至2017年，该市粮食生产中耕整地、种植、植保、收获、烘干、秸秆处理六大主要环节机械化水平已分别达到100%、95.3%、96.2%、99.2%、91.2%、99.5%。张家港在2017年成功跻身全国基本实现主要农作物生产全程机械化示范县。

第二节　夯实淮河生态经济带农业发展基础

淮河生态经济带要实现农业现代化，还要进一步夯实农业发展基础，深入实施藏粮于地、藏粮于技战略，严守耕地红线，提高粮食安全保障能力。在粮食生产核心区，着力完善农田灌排体系，加大中低产田和低丘岗地改造力度，加快高标准农田建设步伐，打造一批粮食生产能力超5亿公斤的粮食生产大县，因地制宜建设区域性粮食良种繁育基地。全面落实永久基本农田特殊保护制度，着力加强粮食生产功能区和重要农产品生产保护区建设，确保稻谷、小麦等重要粮食作物种植面积基本稳定。加快实施大中型灌区续建配套和现代化改造，发展规模化高效节水灌溉。

一、要严格划定粮食功能区和重要农产品生产保护区

粮食生产是农业的第一责任，也是农业现代化的基础和根本目标，淮河生态经济带农业现代化发展要将保障粮食生产放在突出位置。一是要落实永久基本农田保护目标任务，全面完成永久基本农田划定工作，加强特殊保护。二是要突出主产区产能优势，在永久基本农田划定的基础上，有限建设粮食生产功能区和重要农产品生产保护区，提升粮食供给保障能力；对于小麦、稻谷等粮食作物，要优先将水土资源匹配较好、相对集中连片土地划定为粮食生产功能区，对于大豆等重要农产品，要划定生产保护区，明确保有规模，加大建设力度，实行重点保护。

二、要大力推进高标准农田建设

国务院《关于切实加强高标准农田建设提升国家粮食安全保障能力的意见》明确指出，建设高标准农田，是巩固和提高粮食生产能力、保障国家粮食安全的关键举措。淮河生态经济带要大力推进高标准农田建设，提高粮食生产能力。近年来，河南省通过实行高标准粮田"百千万"建设工程，取得了较好效果。淮河生态经济带各地区要坚决贯彻国家的战略部署，以县级政府为主体，统筹整合农田基础设施建设、农村土地整治、农业综合开发、国家千亿斤增粮规划田间工程、农田水利建设资金项目等各类农业基建项目资金，足额配套地方财政资金，统筹推进农业机械化、农业科技创新和农业技术服务体系建设，集中连片、整村整乡推进高标准农田建设，积极推进晒场、烘干、机具库棚、有机肥积造等配套设施纳入高标准农田建设。

> **专栏 28** **国务院关于建立粮食生产功能区和重要农产品生产保护区的指导意见**
>
> 2017 年，国务院出台《关于建立粮食生产功能区和重要农产品生产保护区的指导意见》，意见要求按照"确保谷物基本自给、口粮绝对安全"的要求和重要农产品自给保障水平，综合考虑消费需求、生产现状、水土资源条件等因素，科学合理划定水稻、小麦、玉米生产

广林牧渔生产、病虫害防治、节水灌溉和农产品初加工机械化，推进秸秆饲草收集、加工贮存和挤奶、饲养、畜禽水产绿色养殖机械化。积极发展农机作业、维修、培训、租赁等社会化服务，支持发展农机合作社等服务组织。

专栏 31 **国务院关于加快推进农业机械化和农机装备产业转型升级的指导意见**

2018 年，国务院发布《关于加快推进农业机械化和农机装备产业转型升级的指导意见》，意见提出到 2025 年，全国农机装备品类基本齐全，重点农机产品和关键零部件实现协同发展，产品质量可靠性达到国际先进水平，产品和技术供给基本满足需要，农机装备产业迈入高质量发展阶段。全国农作物耕种收综合机械化率达到 75%，粮棉油糖主产县（市、区）基本实现农业机械化，丘陵山区县（市、区）农作物耕种收综合机械化率达到 55%。薄弱环节机械化全面突破，其中马铃薯种植、收获机械化率均达到 45%，棉花收获机械化率达到 60%，花生种植、收获机械化率分别达到 65% 和 55%，油菜种植、收获机械化率分别达到 50% 和 65%，甘蔗收获机械化率达到 30%，设施农业、畜牧养殖、水产养殖和农产品初加工机械化率总体达到 50% 左右。

六、要集中治理农业环境突出问题

当前，农业环境问题突出，已经成为危及农业发展基础的重要因素。淮河生态经济带各地区要加强农业面源污染治理工作，实施源头控制、过程拦截、末端治理与循环利用相结合的综合防治方法。一是要深入实施净土行动，开展土壤污染状况详查，建立土壤环境监测体系，加强未污染耕地保护。二是要加强水源科学配置，开展再生水利用，解决地下水超采与地表水过度开发问题。三是要加强渔业养殖污染治理，探索实施渔业养殖总量控制制度，全面清理开放性湖泊、饮用水源地网围网箱养殖。四是要推广生态养殖模式，加强养殖尾水排放监管，池塘和工厂化养殖实行达标排放。五是要提升近岸海域水产养殖监管能力，创新监管手段，优化海水养殖布局，保护近海养殖生产能力。

第三节　淮河生态经济带现代农业布局

淮河生态经济带覆盖地域广阔，各地均有自身特色，在对淮河流域现代农业布局过程中，要充分考虑地域间的差异性，结合《淮河生态经济带发展规划》对区域发展的定位，依托"三区"（东部海江河湖联动区、北部淮海经济区、中西部内陆崛起区）的空间布局，合理规划现代农业发展布局，构建具有淮河生态经济带发展特点的农业发展格局，为区域现代化进程打下坚实基础。

一、东部海江河湖联动区：完善农业产业体系，加快农业现代化进程

淮河生态经济带东部海江河湖联动区邻近长三角和苏南等经济发达地区，具有发展现代农业的优势区位条件，自身农业产业发展基础较为雄厚，农业基础设施完善，高标准农田和农田水利设施建设水平较高，已基本实现农业机械化，具有相对水平较高的农业产业企业，下一步要在构建现代农业体系上发力，大力培育优质特色产业，提高农业创新能力和竞争力，提升劳动生产率，推进产业融合发展，培育农业发展新动能，加速实现农业现代化。

（一）发展"精特优"高效种植养殖业

东部海江河湖联动区要将农产品做精做优，精准对接消费市场，不断增加农产品的附加值。淮安要依托"淮安大米"中国驰名商标优势，打造绿色、生态、优质、高效的稻米产业，通过优化品种、打造品牌、培育龙头企业等措施，推进优质稻米产业发展。要加强畜禽规模化养殖，大力推广生态养殖，做大做强"淮安黑猪""洪泽湖鹅"等畜禽品牌养殖规模，打造地方特色畜禽品牌，构建淮安肉制品产业群。

盐城要进一步优化粮食生产布局，加强产销衔接，建设全国百亿斤（1斤=0.5公斤）优质粳稻产能基地，保证粮食产能稳定在70亿公斤。大力发展优质粮食油料油、规模化养殖畜禽、高品质蔬菜、特色渔业养殖、生态瓜果等优势特色产业。

泰州要着力优化农业区域产业产品结构，科学布局畜牧业，保护渔业资源，形成以南部沿江农业片区、高沙土农业片区、北部里下河农业片区，以及城北现代农业走廊为主的"三片区一走廊"农业发展空间格局。

扬州要扎实推进永久性菜篮子基地和蔬菜、茶叶、花卉、果品等园艺标准园建设，大力支持畜牧规模养殖场和养殖小区建设，积极创建国家标准化示范养殖场。

滁州要深入推进农业结构调整，逐步构建粮经饲统筹、农林牧渔结合、种养加一体的新型种养结构，推进优势、特色农产品生产向优势区域集中。优化农产品品质结构，积极发展无公害农产品、绿色和有机食品，积极创建国家级稻渔综合种养示范区，大力推广"稻虾（渔）共作"；发挥滁菊特色农产品优势，推进菊产品精深加工，加快发展滁菊（茶）产业，提升产业化水平；扩大芡实产业规模，积极推进行业标准建设，打造具有全国影响力的芡实交易中心；扩大艾草、葛根、杜仲、百蕊草等中药材生产规模，打造具有滁州特色的康养农产品品牌，支持优质稻米、凤阳黑豆、"定远黑猪""天长三黄鸡""皖东牛"等特色农产品加快发展，让小品种发挥更大作用。

（二）培育壮大绿色水产业

东部海江河湖联动区河湖密布、水系发达，具有发展水产养殖等产业的优势资源条件，要构建特色鲜明、效益突出、绿色生态的现代水产生产体系，不断优化绿色水产业布局。

淮安要进一步做大以虾蟹为主导的特种绿色水产，积极推动虾、蟹生态养殖，将盱眙、金湖、洪泽等地区打造成为虾蟹特色产区，形成沿洪泽湖、高宝湖、白马湖等地区为主的虾蟹特色产业带。要发挥淮扬菜美食文化的优势，借助科研院所的力量，加大黄鳝、黄颡鱼、青虾等特色小品种在小龙虾、河蟹养殖水域的混套养的推广力度。

扬州要实施水产生态健康养殖工程，大力发展河蟹、中华鳖、罗氏沼虾、淡水龙虾等具有扬州特色的水产品。盐城要利用自身沿海区位条件，积极发展近海养殖业，提升海洋产值。

专栏 32　　　特色农业发展之路——盱眙小龙虾

　　淮安市盱眙县位于淮河下游，具有丰富的水域资源和良好的自然环境，非常适合小龙虾生存。盱眙龙虾坚持走创新、集约、特色发展之路，经过 20 多年的探索，已经从最初的"捕捞＋餐饮"模式，成为集科学研究、水产养殖、产品加工、冷链运输、餐饮、节庆活动、旅游观光等为一体的完整产业链。

　　盱眙将新技术、新业态和新模式引入龙虾产业，探索形成"龙虾＋"特色发展路径，实现"龙虾＋综合种养""龙虾＋电商""龙虾＋旅游"等多业态融合发展。盱眙加大研发投入，建立了虾苗繁育中心和工厂化育苗基地，研发出了适于本地"虾稻共生"模式的水稻新品种，鼓励规模化养殖，转变农民发展观念，提升稻田综合效益，实现盱眙龙虾产业发展的同时，提升农民收入水平。

（三）发展壮大生态休闲农业

　　东部海江河湖联动区农村环境优美，城市发展水平较高，发展生态休闲农业不仅可以进一步激发农村发展活力，还可以提升人们的生活品质。淮安要围绕不同的休闲主题，对生态休闲农业进行差异化布局，重点发展都市农业、乡村旅游、农耕文化、健康养生等具有自身特色的乡村农业业态。要完善基础设施，建设集吃、住、游、玩为一体的休闲农业园区或升级版农家乐，大力发展"过夜经济"，打造环洪泽湖、环白马湖、沿淮线等休闲农业集聚区，形成一批乡村旅游精品线路。

　　盐城要大力推进农业与休闲旅游、教育科普、文化传播等产业融合发展，培育一批具有生态休闲、都市科普、特色农庄等特点的新型农业业态；支持发展创意农业，加快发展农田艺术景观、农业节庆活动、个性化定制等新形式，积极建设国家休闲农业与乡村旅游示范县；要发掘滩涂湿地、黄海海滨国家级森林公园、"风光渔"互补基地等特色旅游资源，加快建设江苏沿海旅游度假区。

　　扬州要以农业众筹、个性化定制农业等为发展重点，积极开展休闲农业与乡村旅游示范创建，大力发展特色旅游村镇和景点。泰州要拓展农业多重功能，积极发展乡村旅游、休闲健康等新型业态，推进农家乐专业村、魅力乡村建设。

滁州要挖掘乡村生态涵养、文化教育价值，培育休闲观光、社会服务等新业态。

洪泽区围绕"都市农业、乡村旅游、健康养生、农事体验、生态文明"主题，通过差异化布局，鼓励和培育集"吃住行游购娱"一体化的休闲农业园区和新型经营主体，大力发展休闲农业，着力推动乡村振兴。一方面产业规模持续扩大。洪泽龙禹生态园、高良涧街道马羊山生态园、朱坝街道景鸿生态园获得"全国休闲农业与乡村旅游三星级企业"称号；新滩村被认定为全国休闲渔业"最美渔村"；洪泽湖渔家风情园获得"全国休闲渔业示范基地"认定；老子山镇龟山村、西顺河镇张福河村、蒋坝镇头河村获得省级休闲农业精品村称号，年吸引游客超过200万人。另一方面，发展模式不断丰富，区内各地根据自然特色、生态环境和消费习惯，努力丰富休闲农业内容，发展新型主体类型，积极发展新的乡村旅游业态。比如，高良涧街道劳模农庄、生态农博园等大力发展观光采摘；朱坝锅贴城、蒋坝大杨庄、黄集羊肉城、西顺河镇张福河等大力发展农（渔）家乐，提升游客的综合体验；以蒋坝镇快活岭、醉美3千米、西顺河万荷园等为代表的自然生态为主题的康养模式，西顺河镇街西回民村寨街、岔河镇王骆殿岛的农耕文化体验，大力发展民俗旅游。全区休闲农业从生产要素组合、产业结构高级化和产业组织多样化方面赋能现代农业，极大地丰富了现代农业的内涵。同时，依托洪泽湖国际大闸蟹节、蒋坝螺蛳节、岔河插秧节等活动，大力推动湖滨生态旅游新城建设，推进全区乡村振兴，实现高质量发展。

二、北部淮海经济区：优化农业产业结构，提升农业综合生产能力

淮河生态经济带北部淮海经济区农业发展同样特点鲜明。近年来，该区域农业发展迅速，"以粮为主"的单一结构模式已经发生改变，基本形成了

生产、流通与加工并重的多元化农业产业结构。但应该看到，该区域农业资源转化率不够高，精深加工不够强，产业链条的延伸不够长，农产品附加值较低，农产品品牌效益不够等问题较为普遍，这些均限制了农业现代化的发展。北部淮海经济区要在优化农业产业结构上下功夫，延长农业产业链条，打造特色农业品牌，实现农业可持续发展。

（一）提高粮食综合生产能力

淮海经济区是国家重要的粮食主产区，有多个粮食主产县，要坚持稳定总产、提高单产、优化品质的总体原则，进一步增强粮食生产能力，为农业产业发展提供坚强保障。

徐州要持续开展粮食增产行动计划，大力开展中低产农田改造，增加高标准农田面积，积极创建百亿斤粮食产量大市，建设成为区域优质粮食、林果产业、设施农业、健康畜禽、农业产业化中心。淮北要开展土壤有机质提升行动和粮食绿色增产模式攻关活动，大力推进中低产田改造，提升农业机械化水平，推进良种良法配套和农机农艺融合。

宿州全面完成永久基本农田划定，持续开展小麦高产攻关、玉米振兴计划核心示范区建设，探索建立粮食生产功能区和重要农产品生产保护区；大力实施良种研发繁育、粮食标准化规模化种植、粮食加工流通和粮食产业社会化服务四大工程。

菏泽要依托自身土地优势，重点发展小麦、玉米和水稻等大宗优质粮食作物，将大豆、高粱等优质杂粮作为突出发展品种，积极创建"吨粮市"；要积极发展精致农业，提高农业产出标准，深化产业融合，拉长产业链条，提高农产品质量，实现高效种植、规模养殖。

枣庄要以"国家农村改革试验区"和"国家现代农业示范区"建设为依托，重点发展特色优质粮油、特色蔬菜、特色畜禽、特色果品、特色水产等五大农业产业带，培育提升特色产业，增强粮食综合生产能力。

临沂要以粮食油料、瓜果蔬菜、中药药材、牲畜家禽等各类优质农产品基地建设为重点，培育壮大具有加工、科技、市场等要素类型优势的龙头骨干企业，提升农业产业规模化水平。

济宁要以建设优势特色农业产业带为重点，对"城郊、平原、山区、湖区"

等四大农业圈层完善布局，大力发展粮棉油、蔬菜水果、渔业养殖、畜牧业等产业，进一步完善农业产业结构。

（二）大力发展标准化规模养殖

淮海经济区有发展标准化规模养殖的土地和气候条件，具有广阔的市场前景。宿迁要充分利用骆马湖水系的自然资源优势，大力发展水产养殖产业，建设具有相当规模的水产品供应基地。

济宁要以环南四湖生态渔业示范区建设为抓手，提升渔业增加值在第一产业中的比重；建设良种繁育示范区和畜牧养殖标准化基地，扩大养殖规模。

枣庄要以滕州生猪和肉羊肉鸡、薛城生猪、山亭肉羊和肉鸡、台儿庄奶牛和肉牛、市中蛋鸡和肉鸭、峄城蜂业等优势产业为发展重点，提升畜牧业技术水平，强化产品质量安全监管，加快推进优势畜禽品种饲养基地建设，提升畜禽产业生产能力和水平。

临沂要支持蒙阴毛兔、莒南生猪等特色产业基地建设，提升规模化养殖能力，打造临沂养殖品牌。

菏泽要将鲁西黄牛、青山羊、小尾寒羊等品种作为重点，大力发展特色畜牧养殖业；以黄河鲤鱼、黄河甲鱼、白对虾等特色水产品为重点，提升水产养殖技术水平，扩大水产养殖规模。

淮北要实施畜禽良种工程，提升畜禽良种化和养殖设施化水平，大力发展生猪、家禽养殖。

徐州、淮北、宿州、永城等地要充分利用矿产开采后塌陷形成的水面资源，大力发展水产养殖产业，着力发展城郊休闲渔业产业和精养渔业产业，提升水产产品附加值。

宿州要大力推进标准化规模养殖场建设，推进标准化健康养殖示范县、示范场建设，提升规模化养殖水平。

商丘要深入实施生猪、肉牛、家禽、肉羊四大产业优势集聚区建设，支持睢县、夏邑县、睢阳区万头生猪养殖示范基地，以及商丘贵友生猪产业化集群建设。在肉牛生产基地方面，要重点支持睢县河集、夏邑县、睢阳区、民权县肉牛养殖基地建设；在家禽饲养方面，要重点支持虞城县鑫鑫养殖、夏邑县千万只家禽养殖、睢县丰态农业标准化肉鸭等项目建设。同时要完善畜牧养殖服务、产品安全监测、无害化处理等配套设施建设，形成完善的畜牧养殖体系。

（三）加快发展高效特色农业

高效农业是现代农业的发展方向，淮海经济区要结合自身特点，大力发展高效农业，提升农业生产能力，增加农业产值。比如：宿迁要依托区域特色农业，促进集聚发展，引进和培育农产品加工企业，大力推广"公司＋农场""公司＋合作社"等经营合作模式，以畜产品、水产品的精深加工为重点，提升农业主产区"原"字号农产品的附加值，打造优质、高效、生态、安全的农产品供应基地。

济宁要加大集约化栽培的经济林高效示范园区建设力度，连片集群发展苗木产业和花卉种植基地，建设成为北方最大的名优观赏苗木生产基地和江北最大的水生花卉基地；大力开展蔬菜标准园创建，改建一批设施齐全、产量较大的蔬菜基地。

菏泽要以国家牡丹种质资源菏泽库、中国科学院菏泽牡丹院士工作站等科研单位为依托，创新运用现代育种技术，培育繁殖一批具有油用、观赏、药用等高附加值的牡丹优良品种，大力推进牡丹基地建设；发展设施蔬菜、绿色蔬菜、反季节蔬菜，提升特色蔬菜种植业规模；以优质矮化苹果、早熟桃、大樱桃等果类品种为重点，发展特色水果种植。

枣庄要大力发展育苗产业，大力推进新品种繁育和工厂化育苗，培育扶持种苗企业做大做强，建设改造育苗能力达500万株以上的蔬菜集约化育苗场；要以马铃薯、芸豆、辣椒、食用菌等为重点，建设高效特色蔬菜基地；要以张范、周营、坛山等近郊镇街为核心产地，建设具有较强城镇瓜菜保障能力的生产基地。

淮北要在城市近郊采用温室、大棚等手段，大力发展设施农业，积极开展国家和省级蔬菜标准园创建，打造成规模的设施蔬菜标准化生产基地；东部沿山地区积极打造"段园葡萄""榴园石榴"等水果品牌，大力发展特色水果种植；支持林木花卉业发展壮大，建设城郊苗木花卉和林木良种基地。

宿州要以砀山和萧县酥梨、黄桃、葡萄、苹果等水果种植为重点，高标准建设现代水果示范园，建设具有全国影响力的水果主产区；要以萧县东南部和埇桥区、灵璧县北部石质荒山为重点，大力推进荒山荒坡绿化，积极推进平原造林。

商丘要以示范区张阁镇5000亩精品蔬菜种植基地、睢阳区民丰合作社、商丘阿里郎合作社、夏邑县食用菌标准化示范园区、柘城县蔬菜生产基地等重点项目为依托，大力推进果蔬产业化集群发展；以夏邑县太平镇万亩彩叶苗木基地、民权县伯党乡园林花卉苗木培育基地、虞城县城关镇园林绿化苗木和鲜花培育基地等为依托，通过集群辐射带动发展，推动苗木花卉产业发展。

专栏34   **菏泽：一朵牡丹花催开大产业**

　　菏泽种植牡丹有1500多年的历史，目前有1200多个品种，种植面积48万亩，是世界上最大的牡丹种植基地。通过加大对牡丹的科研力度，已开发出牡丹籽油、牡丹茶、牡丹日化品、牡丹化妆品、牡丹保健品等系列产品240多个，并逐步向医药、旅游、文化创意等多个领域延伸，形成了从种植到高端产品，从一产到三产的牡丹经济产业链。

（四）大力发展休闲农业

休闲农业附加值高，对就业具有较好的带动作用，淮海经济区具有丰富的历史文化资源，为休闲农业发展提供了广阔空间。

徐州要充分挖掘自身悠久的历史积淀，大力推进休闲农业与现代农业相结合，推动美丽乡村与文化创意产业融合发展，发展特色旅游观光农业和都市型休闲观光农业，打造一批特色鲜明的休闲观光农业基地。

连云港、宿迁要发挥自身近海优势，在沿海滩涂发展集养殖、科普、休闲为一体的休闲农业项目，实现农村特色化发展。

枣庄要以滕州市、市中区等区（市）为重点，大力发展城郊型生态观光农业，形成具有规模化、特色化经营与旅游业融合发展的农业基地。济宁市要以名优观赏苗木生产基地和水生花卉基地为依托，大力发展观光农业，推动农村旅游休闲产业发展。

临沂要以金正大现代农业科技示范园、罗庄江北第一牡丹园、马泉创意农业休闲园、立晨生态农业科技示范园、莒南龙湾现代农业生态示范园、蒙阴现代农业产业园等农业项目为依托，大力发展集生态种植、旅游观光、亲子活动、教育科普为一体的休闲农业产业。

菏泽要发挥牡丹种植产业优势，建成一批具有特色的集生态、观光于一体的高效农业生产基地、专业镇、示范村。

淮北要加快推进东外环休闲农业长廊建设，以榴园省级现代农业示范区项目、高岳省级现代农业示范区项目、凤凰山省级现代农业示范区项目为依托，打造都市休闲农业产业圈。

宿州要以埇桥区西二铺都市绿谷农业观光园、付湖夏刘寨现代农业示范园、砀山县现代农业生态园区、萧县葡萄文化产业园、泗县大路口山芋产业园、灵璧县现代农业博览园等重点项目为依托，引进新经营业态和商业模式，大力发展休闲农业和乡村旅游业。

商丘要围绕城乡居民休闲、娱乐、健身等方面的新需求，积极发展花卉、采摘等生态农业、休闲农业、观光农业、体验农业，建设沿明清黄河故道观光农业产业带，推进都市生态农业示范园建设，丰富群众精神文化生活。

> **专栏 35** **虞城县田庙乡大力发展明清黄河故道观光农业**
>
> 田庙乡地处豫东平原，大部为故道高滩地。近年来，田庙乡紧紧抓住黄河故道的独特自然资源，大力发展生态农业，以"河南懂菜农业科技有限公司"为依托，全力打造"生态休闲观光农业"，取得良好效果。先后获得"国家优质梨生产基地""河南省无公害农产品生产基地""河南林业精品示范乡""河南省造林绿化十佳乡""河南省生态乡镇""国家生态旅游示范乡"，世界第一株"中华红叶杨诞生地"等荣誉称号。由万亩杂果园、万亩生态林、"懂菜生态休闲观光农业示范园"、千亩河南科迪现代牧场、千亩水面的石庄水库构成的果、林、牧、农、水"五点一线"生态文化休闲观光旅游区，是闻名遐迩的"天然氧吧"、四季沁人的美好去处，素有"北菏泽牡丹园、南田庙百花园"之美誉。

田庙乡在大力发展"生态休闲观光农业"的同时，还高度重视故道沿岸优厚的历史文化资源的挖掘，让"文化"为"观光农业"注入灵魂，用文化的"软实力"为"观光农业"的发展插上"硬翅膀"。观光旅游区内的刘杨庄村、后刘村分别被评为"中国乡村旅游模范村""河南省乡村旅游特色村"；香玫园农庄被评为"中国乡村旅游创客基地""中国乡村旅游金牌农家乐"；香玫园产品获得河南旅游产品博览会"老家礼物"称号、"中原文化产业"创意奖。

三、中西部内陆崛起区：夯实农业发展基础，推进农业转型升级

　　淮河生态经济带中西部内陆崛起区是传统的农业区，也是我国重要的农产品主产区，农业一直是该地区的主导产业。但应该看到，中西部内陆崛起区农业产业化水平仍偏低，龙头企业带动作用和效益有待加强，农产品缺乏品牌效益，品牌不够响亮，涉农的行业协会和中介组织规模较小，难以在行业组织、管理、技术交流和产品推广等方面发挥重要作用。随着经济社会的发展，农产品价格提升空间较为有限，农民持续增收难度逐渐加大，实现农业现代化仍然还有很长的路要走。因此，中西部内陆崛起区要进一步打牢农业发展基础，提升农业物质技术装备水平，提高农业适度规模经营水平，提升农业产业化发展水平和农业综合生产能力，进而增强农业竞争力和农业可持续发展能力。

（一）大力优化粮食种植结构

　　淮河生态经济带中西部内陆崛起区要以提高农业供给体系质量和效率为目标，按照稳定粮食生产、优化经济作物种植、扩大饲养作物生产的要求，着力推动种养结构调整。

　　蚌埠要持续推进中低产田改造及高标准农田建设，提高粮食产能，持续开展粮食绿色增产模式攻关和粮食高产创建，深入推进粮食生产能力提升工程，优化农业生产结构，实施设施蔬菜提升工程，推动稻田综合种养。

　　亳州要坚持统筹规划、区域分片治理的原则，推进高标准农田建设，不

断加大农村土地综合整治力度，以涡阳国家级现代农业示范区和若干个省级现代农业示范区建设为抓手，提升示范区农业水平，打造具有亳州特色的现代农业发展先行区。

阜阳要在稳定粮食产能的基础上，优化调整粮食内部结构，稳定小麦、水稻生产，适度调减玉米种植面积，扩大大豆、杂粮等作物生产，以强筋小麦为重点，大力推动专用品牌粮食生产，提升蔬菜等经济作物种植面积占比，进一步优化经济作物品种结构，扩大饲料作物种植规模。

淮南要以耕地质量提升工程、新增高标准农田工程、粮食高产创建工程、粮食科技转化能力建设工程、农业生态环境保护工程和农业机械化推进工程等重点工程为依托，着力稳定粮食生产，高标准建设寿县正阳、丰庄、涧沟、双桥等优质粮食作物示范区。

六安要围绕农业部水稻小麦万亩高产示范片创建、国家和省级现代农业示范区建设、省级美丽乡村示范村建设，依托农民专业合作社、家庭农场、种粮大户等经营主体，重点推进省级粮食绿色增产模式攻关示范片建设，调整优化农业品种结构，大力推进实施专业化统防统治和病虫害绿色防控、规模化高效节水灌溉、粮食生产全程机械化推进和绿色增产关键技术创新行动。

信阳要充分利用自身良好的地理生态环境优势，以优质水稻、弱筋小麦和"双低"油菜为重点，大力推进优质粮油生产；积极引进推广水稻、小麦优良品种，提升优质化率，大力推广水稻生产绿色防控技术，推行稻田综合种养模式，着力扩大绿色稻米生产基地；积极引进、试验、示范和推广"双低"油菜新品种和新技术，扩大油菜种植面积；以优质油脂企业为依托，建立优质花生生产基地，促进油料作物产业化发展。

平顶山要以郏县、叶县为重点，大力推进高标准良田建设，着力开展绿色增产、高产创建行动，全力推进从种到收全程机械化，积极引进、推广优质良种，提升粮食单产，扩大均衡增产覆盖面积。

周口要积极利用千亿斤粮食项目、农业综合开发项目、土地治理项目等项目形成的高标准农田，推动覆盖商水、西华两地的百万亩现代农业示范园区建设，以扶沟、沈丘、淮阳、郸城、太康、项城等地为重点，分别开发建设20万亩级别的现代农业示范园区项目，通过示范园区建设，优化农业种植结构，提升农业综合产值。

驻马店要大力推进良田改造，提升粮食单产，打造具有影响力的优质小麦、玉米和水稻生产基地；进一步优化种植结构，以粮食作物、调味品、果蔬、中药材等为重点，大力发展产业种植基地，推进农业高效发展。

（二）大力推进特色农林产品发展

淮河生态经济带中西部内陆崛起区不仅具有各具特色的水资源、土壤等自然生态环境条件，而且还有众多生产历史悠久、传统生产工艺留存较好的农林产品，因此，要大力发展特色农林产品，提升农林产品附加值，提高农民收入。

蚌埠要以建设沿淮生态农业产业带为重点，大力发展特色苗木花卉；发挥中纺粮油、天麒面业等重点企业的引领带动作用，大力发展玉米、面粉、花生等特色产品；以米老头、香飘飘等企业为重点，大力推动原材料糯米的生产种植；大力推广优质石榴种植，为发展石榴酒、石榴精油、石榴多酚等石榴产品打下重要基础。

淮南要以新一轮"菜篮子"建设为契机，优化特色农产品产业布局，大力发展特色优势农产品，全力建设糯稻、粳稻、高蛋白大豆、食用菌、苗木花卉等优势农产品基地。

六安要积极建设霍山石斛、瓜蒌等中药材基地，以及板栗、葛根、竹笋、脆桃等绿色农产品食品基地；依托六安瓜片、霍山黄芽等著名茶叶品牌，加大科技创新力度，提升茶叶品质，增加茶叶产量。

亳州要致力打响"世界中医药之都"品牌，着力推进亳州中药材特色农产品的发展，推进以中药材为代表的特色农产品标准化生产加工基地建设，做大做强亳菊、亳芍、涡阳大豆、义门苔干等农业品牌。

阜阳要以食用菌、中药材、苗木花卉为发展重点，提升农产品附加值，积极推进特色中药材产业集聚区和现代花卉产业园区建设；以薄壳山核桃等为特色重点，发展特色经济果林基地。

信阳要大力推进优质茶叶生产，提升信阳毛尖产业品牌的知名度和美誉度，积极推进无公害、绿色、有机茶叶基地建设，大力推广质优量高的无性系茶树良种，提高产业品质，不断提升茶叶单产和经济效益。

平顶山要充分利用西部、北部、南部区域浅山丘陵的地理优势，大力发展林果、花卉、苗木等特色农林产业。

驻马店要以优质花生和芝麻等油料作物为发展重点，通过不断提升种植技术，培育品质优良、产量可观的油料作物，进一步巩固国内最大芝麻油生产地地位；以"王守义"十三香品牌为依托，带动地区调味品原材料的种植与加工。

周口要发挥已有产业优势，进一步优化农业产品生产布局，在扶沟、太康等县，大力发展棉花种植；在项城、商水等县市，建设优质芝麻种植基地；在淮阳、扶沟、西华等县市，重点发展油用大果花生。大力推广和发展以项城白芝麻、淮阳黄花菜、沈丘山药、商水美人指葡萄等为代表的地方农产品，打造周口特色品牌。

专栏 36　　　　　　**淮河流域茶叶产业发展**

大别山区具有种植茶叶的自然条件和悠久的种茶历史，经过时间的洗礼，出产以信阳毛尖、六安瓜片、霍山黄芽等为代表的茶叶品类。近年来，淮河流域的信阳、六安等地市聚焦茶叶的产业发展，打造茶叶品牌，取得了较好效果。

信阳毛尖：又称豫毛峰，入选中国十大名茶，主要产地在信阳市浉河区、平桥区、罗山县等地。该茶具有"细、圆、光、直、多白毫、香高、味浓、汤色绿"的特点，被誉为"绿茶之王"。目前，信阳市的茶园总面积超过 210 万亩，年产量超过 6 万吨，拥有茶叶生产厂家1000 余家，年产值达 105 亿元，面积、产量、产值均占河南省的 90%以上，成为信阳的重要经济支柱产业之一。

六安瓜片：主产于六安市大别山地区，明代时称为"六安瓜片"，清朝时为朝廷贡茶，该茶是世界唯一的无芽无梗的茶叶，由单片生叶制成，具有翠绿有光、香气清高、滋味鲜醇的特点，是中国十大名茶之一。目前，六安瓜片种植面积达 60 万亩以上，年产茶叶量超 2.5 万吨，年综合产值达 61 亿元。"六安瓜片"入选国家著名商标，"徽六""皖云""黄之江"等品牌入选省著名商标。

霍山黄芽：主产于大化坪镇金鸡山、太阳乡金竹坪、上土市九宫山等地，茶外形条直微展，匀齐成朵、形似雀舌、嫩绿披毫，具有香气清香持久，滋味鲜醇浓厚回甘，汤色黄绿清澈明亮，叶底嫩黄明亮的特点，是中国名茶之一，自唐至清历代均被列为贡品。截至2019年，霍山县有茶园总面积17万亩，均取得无公害认证，茶叶年产量达8200吨以上，综合产值约18亿元，拥有各类茶叶加工企业200多家，其中省级产业化龙头企业3家、市级产业化龙头企业20余家。

（三）积极推进畜牧业转型发展

淮河生态经济带中西部内陆崛起区具有传统的畜牧养殖区，拥有众多优良畜牧品种，要着力推动标准化、科学化养殖，实现畜牧业可持续发展。蚌埠要以沿淮产业发展带、生态高效农业示范区、种养加一体示范区建设为重点，依托重点企业和新型合作社，开展规模化肉牛、肉羊、家禽养殖，大幅提升产量和效益；以怀远生猪产业发展带和固镇、五河生猪产业发展带为布局重点，培育和支持大中型养殖企业发展，提升生猪健康养殖技术水平，实现生猪养殖生产规模化、产业化。

淮南要持续实施养殖畜牧业升级计划，以迎河省级现代农业示范区、钱庙乡现代农业科技融合园、淮南麻黄鸡种苗养殖基地等重点项目为示范引领，大力兴建和完善生猪、奶牛、家禽规模化养殖场，推进畜牧产业发展。

六安要以霍寿黑猪、叶集山羊、大别山黄牛、皖西白鹅、麻黄鸡等具有地方特色的肉禽品种为重点，大力推进良种繁育和规模化、标准化养殖基地建设，建设具有皖西特色的禽肉食品养殖加工产业链。

亳州要进一步优化畜牧业产业布局，依托涡阳国家现代农业示范区建设，大力发展健康养殖产业，支持蒙城国家级现代农业示范基地和利辛生态休闲农业生产示范基地建设，推动优质畜禽养殖业发展。

阜阳要积极运用科技创新，对阜阳白山羊、皖北黑猪等地方特产畜禽品种加大保种改良力度，提升产品品质；大力推动太和县全国畜牧业绿色发展示范县创建，在临泉县大力发展规模化养殖，建设"中原牧场"，在阜南县以番鸭养殖为重点，形成区域重要的畜禽养殖基地。

信阳要充分利用丰富的水稻、小麦、花生、红薯等农作物秸秆资源，依托淮河滩区和信南浅山丘陵区优势自然地理条件，积极推广秸秆饲料化技术，大力推进"粮改饲"项目建设，示范发展优质牧草种植；有效保护豫南黑猪、信阳水牛等地方特色品种，加快推进产业化步伐；以息县、淮滨为重点，布局基础母牛养殖项目，提升基础母牛种群数量，建设一批肉牛、奶牛养殖基地，扩大生产规模；以华英鸭业等龙头企业为依托，大力推进鸭苗育种、肉鸭养殖等业态发展，进一步打造信阳鸭品牌。

驻马店要以夏南牛等牛肉加工和风干兔鱼鸡鸭、鸡汁豆干等具有地方特色的食品生产为依托，大力发展肉牛、肉兔、肉鸡、肉鸭等优质畜禽养殖，建设区域重要的畜禽养殖、加工基地；大力开发确山黑猪、正阳三黄鸡、西平长毛兔、泌阳驴等畜禽品种，建立具有品牌特色的养殖基地。

漯河要依托双汇、南街村等食品加工企业，着力发展生猪和鸡鸭养殖，打造一批与企业深度对接的生产基地。

平顶山要以肉牛、肉羊、生猪、肉驴等畜牧品种为重点，通过引进和培育良种，不断优化养殖结构，建立标准化养殖基地，推进农畜产品深加工，提升畜牧业产品质量和效益。

周口要发挥自身粮食生产核心区的优势，从良种繁育、质量监管、饲料供应、精深加工等方面，加大生猪、肉牛、肉羊、肉鸡等畜禽饲养基地的建设力度，通过标准化、规模化养殖，实现畜牧业发展升级换代。

表4-3　　　　　　　　　　　　淮河生态经济带部分城市畜牧养殖业主要品种

地区		品种
江苏省	淮安市	盱眙龙虾、洪泽湖大闸蟹、淮安黑猪、河蟹
	盐城市	大纵湖大闸蟹、大丰宝龙龙虾、生猪、肉鸡
	宿迁市	龙虾、肉牛、生猪
	徐州市	丰县奶牛、沛县肉鸭、铜山肉鸡
	连云港市	海鱼、龙虾、肉牛、生猪
	扬州市	生猪、奶牛、蛋鸡
	泰州市	生猪、鳜鱼、中华绒螯蟹

地区		品种
山东省	枣庄市	滕州肉鸡、山亭肉羊、薛城生猪、市中蛋鸡、台儿庄奶牛、峄城蜜蜂
	济宁市	鲁西黄牛、小尾寒羊、微山湖鸭、肉鸡、生猪
	临沂市	蒙阴长毛兔、沂蒙山羊、生猪
	菏泽市	鲁西黄牛、小尾寒羊、青山羊、黄河鲤鱼、黄河甲鱼、南美白对虾
安徽省	蚌埠市	肉牛、生猪、肉羊、肉鸡、甲鱼、中华鳖、泥鳅、乌鳢
	淮南市	焦岗湖大闸蟹、寿丰甲鱼、波尔山羊、生猪
	阜阳市	阜阳白山羊、皖北黑猪、番鸭、淮河橄榄蛏蚌
	六安市	霍寿黑猪、皖西白鹅、叶集山羊、大别山黄牛、麻黄鸡、水库有机鱼、鳗鱼、甲鱼、黄鳝
	亳州市	生猪、肉牛、肉羊、小龙虾
	宿州市	肉鸡、肉鸭、肉牛、肉羊
	淮北市	肉牛、肉羊、肉鸡、肉鸭
	滁州市	定远良种猪、肉牛、淡水鱼
河南省	信阳市	南湾鱼、淮河鱼、泼河鱼、石山口鱼、光山青虾、光州黄鳖、豫南黑猪、淮南麻鸭、信阳水牛
	驻马店市	夏南牛、确山黑猪、泌阳驴、正阳三黄鸡、西平长毛兔
	周口市	生猪、肉鸡、奶牛、肉牛、肉羊
	漯河市	生猪、肉牛、肉鸡
	商丘市	肉牛、生猪、鸭、肉鸡
	平顶山市	生猪、奶牛、肉牛、肉羊、家禽、肉驴

（四）大力发展健康渔业

淮河生态经济带中西部内陆崛起区多为平原和底地丘陵，河流湖泊数量较多，具有发展渔业养殖的自然条件，同时区域内人口规模庞大，有巨大的渔业消费市场，生态渔业具有广阔的发展前景。

蚌埠要落实好淮河干流禁渔期制度，以淮河鲤、大银鱼、长春鳊等生物资源为重点，加强水产资源保护；在怀远、五河、淮上等区县，以河蟹、中华鳖、泥鳅、淮河鲤等名优品种为重点，建立特色养殖产业群；以沱湖、香涧湖、四方湖、龙子湖等河湖为重点，实施水域生态修复，大力推进鱼虾自然增殖，打造高品质湖蟹、胖头鱼、湖虾等水产品牌，提升渔业效益；充分利用区域河湖水稻种植区面积广大的优势，大力推动水稻与小龙虾、泥鳅、鳖等水产的综合种养，提高单位面积产值。

淮南要依托凤台经济开发区采煤塌陷区综合治理农业示范园，探索塌陷区水产养殖的技术和产业路径。

六安要充分运用自身水库、河塘较多的优势，以水库有机鱼、鳗鱼、黄鳝等特色鱼种为重点，推广运用库塘循环水养殖技术，做大产业规模；要精准对接鱼糜制品精深加工、胶原蛋白、骨钙制剂等产业企业，建设原料鱼现代化养殖基地，提升渔业产业化水平。

阜阳要以淮河阜阳段橄榄蛏蚌国家级水产种质资源保护区建设为契机，加强淮河橄榄蛏蚌资源的开发保护；深入实施稻渔综合种养"双千"工程，大力推动生态健康水产养殖发展，实现"一水两用，一田双收"。

信阳要发挥自身传统鱼类资源丰富的优势，大力发展特色水产业，打造"南湾鱼""淮河鱼""石山口鱼""泼河鱼""光山青虾""光州黄鳝"等信阳特色水产品牌；积极推广健康养殖技术，建设示范养殖基地，扩大黄颡鱼、鳜鱼、鲈鱼等名优水产的养殖规模，提高养殖效益。

驻马店要依托宿鸭湖、薄山、板桥、宋家场等大中型水库，鼓励支持渔业发展，建设水产养殖基地。

平顶山要充分利用沙河、汝河等河流，以及白龟湖等大中型水库的水利条件，大力发展规模化水产养殖。

周口要依托淮河各支流，大力发展池塘渔业生态养殖，通过采用先进养殖技术，实现规模化标准化养殖，提高水产品产量。

（五）积极发展休闲农业

淮河生态经济带中西部内陆崛起区与其他两地区相比，虽然经济发展上有差距，但依然具备发展休闲农业的良好条件。同时，随着经济社会发展，具有观光旅游、亲子体验、科普教育等功能为一体的休闲农业产业具有广阔的发展前景，中西部内陆崛起区各地市要发挥后发优势，充分借鉴先进经验，挖掘农村自然、人文资源，发展具有地方特色的休闲农业。

蚌埠要持续推进"智慧休闲观光农业城市"建设，打造"一心一带一廊三联动"的休闲观光农业发展格局，即皖北精品特色旅游集散中心（一心），淮河风情旅游观光带（一带），蚌固（蚌埠—固镇）传统文化旅游走廊（一廊），淮河禹乡朝圣旅游区（怀远）、水韵生态旅游区（五河）、垓下风云旅游区（固镇）等项目联动发展（三联动）；要转变思想观念，将具有巨大潜力的休闲渔业作为发展重点，创新活动形式，推进渔业与文化旅游紧密结合，培育新型产业业态，以天河湖、张公湖等湖泊为重点，打造成市民休闲观光基地，建设四方湖自然风景区，发展沱湖渔乡风情旅游。

淮南要依托梁家湖生态农业观光园、绿馨园生态农业观光园、毛集实验区绿洲花木生态科技园、蓝海生态农业科技观光园等重点农业产业化项目，大力发展近郊观光农业。六安要依托大别山的地理优势，大力发展农家避暑旅游；依托六安瓜片茶叶品牌，打造茶文化体验基地，依托红色革命根据地和山川水域风光，大力发展全域旅游。亳州要发挥中药材种植特色，大力发展以体验、科普为主的农村休闲旅游。

阜阳要以泉河生态经济示范区、阜颍河生态农业示范带建设为契机，大力发展以湿地生态游、印象水乡游、都市休闲游为主题的休闲观光农业路线；支持以农民合作社为主要载体的田园综合体，大力发展循环农业、创意农业和农事体验，让农民增收受益。

信阳要发挥自身独特的豫南文化特色，打造精品农业休闲观光品牌，建设一批各具特色的旅游乡镇和村庄，大力发展茶乡旅游、农事景观旅游、乡村山水游等旅游业态；以建设全国休闲渔业示范基地为契机，利用本地丰富的水库、渔场资源，大力发展休闲渔业。

驻马店要以建设全国休闲农业与乡村旅游示范点为引领，围绕宿鸭湖、老乐山、云梦湖等休闲旅游观光农业园重点项目建设，大力发展休闲庄园和农家乐，积极建设不同类型的都市生态农业园区，带动都市休闲生态农业发展。

平顶山要结合舞钢山区、鲁山浅山丘陵，以及沙河、汝河、白龟湖等河湖沿岸地区，规划建设观光、休闲、科普等一体化发展的都市休闲观光农业产业园区；创新培育和发展农村精品旅游线路和观光农业品牌，开发乡土文化，设计农事景观，建设具有特色的旅游村镇，有效提高农业的综合效益。

周口要以中心城市、县城为中心，建设半小时都市生态农业圈，重点发展休闲观光农业和乡村旅游业，建设30个以上的都市生态农业示范区；以淮阳县为例，可以依托特色旅游村，建设淮阳万亩荷花园，不断完善农家乐宾馆、休闲文化景区等基础设施，促进农村休闲游的发展。

第四节　淮河生态经济带农业现代化关键举措

淮河生态经济带各地区的农业现代化的产业布局已经确定，如何实施好这些产业规划，让它们从纸面落实到实际工作中，是实现淮河生态经济带农业现代化的关键。总体来讲，淮河生态经济带农业化的主要举措，要从建立和完善农业发展的经营体系、市场体系、科技支撑体系、质量监管体系、金融支持体系等各方面的体系化建设上下功夫，实现区域农业现代化与工业化、城镇化同步发展，推动农业农村现代化，从而实现乡村振兴。

一、提升农业基础能力，构建完备的农产品生产体系

（一）深入推进高标准农田建设

淮河流域各地要持续推进农业综合开发、土地整理和复垦开发工作，以粮食生产功能区和重要农产品生产保护区为重点，加快推进高标准农田建设，修订编制建设规划，不断优化投资标准，完善建设、验收、监督检查机制，确保高标准农田建一块成一块。支持产粮大县开展高标准农田建设新增耕地指标跨省域调剂使用，调剂收益按规定用于建设高标准农田。制定高标准粮田管理办法，对已建成的高标准粮田加强道路、水电、林网、气象观测等公共基础设施维护和管理，确保长久发挥效益。

（二）强化农田水利建设和管护

淮河流域要统筹谋划，启动和开工一批重大水利工程和配套设施建设，推进大中型灌区续建配套与节水改造，提高流域防汛抗旱能力。加大农田水利建设投入力度，根据《中共中央国务院关于加快水利改革发展的决定》的相关规定，落实从土地出让收益中提取10%用于农田水利建设（农田水利建设资金）的要求。推进农田水利设施产权制度改革，创新运行管护机制，通过进一步落实管护主体、责任和经费，提升小型水利工程运营能力。鼓励各地采用以奖代补、先建后补等方式，推进农田水利基本建设投入多元化。

（三）大力发展现代种业和农业机械化

淮河生态经济带各地区要支持和鼓励以企业为主体，重点实施水稻、小麦、玉米、大豆和畜禽良种联合攻关，大力推动育种创新，加快选育和推广一批具有自主知识产权的新品种，实现高产、优质、多抗，使其更加适应机械化的生产。加快推进大田作物全程机械化生产，完善农业机械设备与农作物品种、种植技术等方面的适配，提升机械化工作精准度和效率；以重要农时活动为重点，大力推进机械化作业，优先发展能够提供农机作业、维修、培训、租赁等功能的社会化服务，建立和发展农机合作社等服务组织。

二、推进现代农业产业集群化发展，构建新型农业经营体系

（一）加快现代农业产业化集群建设

淮河生态经济带农业现代化发展离不开产业规模的扩大，集群式发展是实现产业规模效应的重要途径。在产业化集群建设中，一是要大力培育和支持农业龙头企业发展，发挥其辐射带动作用，形成产业链配套、上下游协同的集群式发展的经营模式，龙头企业、中小企业、合作社、家庭农场、种养大户等不同类型的经济主体联动发展。二是要发挥区域粮食资源优势，重点发展粮食深加工产业集群，利用地区畜牧业、渔业养殖、花卉果木等资源优势，重点推进建设特色高效的现代畜牧产业化集群及高标准蔬菜、优质油料、观赏花木等产业化集群。譬如，可以依托双汇、科迪、金锣、雨润等农产品骨干企业，大力发展畜牧养殖、包装配套等相关产业，实现规模化集群式发展；依托小龙虾产业，盱眙等地培育和发展小龙虾龙头企业，推动建立小龙虾养殖、加工，乃至龙虾文化等产业链，形成具有相当规模的龙虾产业集群。

（二）大力推动多种形式规模经营

淮河生态经济带各地区要解放思想，按照国家的部署和要求，积极探索并开展多种形式的规模经营。一是在保护农民合法权益、尊重农民意愿的前提下，鼓励农民向非农产业转移，支持通过土地经营权流转、托管、入股等形式发展适度规模经营，鼓励农户以土地经营权入股合作社、龙头企业，支持合作社和社会化服务组织托管农民土地，形成土地入股、土地托管等多种规模经营模式，鼓励和引导土地经营权有序流转，促进人才、技术、资本等

资源要素更多地向农业配置。二是要加快完善农村经营方式变革的保障制度，鼓励建立健全土地经营权流转市场，健全农村土地流转纠纷仲裁中心，形成完善的服务和管理网络。三是通过建立和完善工商企业流转农业用地风险保障金制度，严禁农用地非农化。

（三）积极发展新型农业经营主体

作为农村家庭联产承包责任制改革的开拓地（滁州市凤阳县小岗村），淮河流域具有敢为人先的优秀品格和传统，各地要鼓励农民发挥首创精神，在家庭承包经营的基础上，推进家庭经营、集体经营、合作经营、企业经营等方式发展，形成多种经营方式协同推进的良好局面。一是鼓励专业大户、家庭农场、农民合作社和农业企业等新型经营主体开展多种形式的合作与联合，支持发展以龙头企业为核心，建立集家庭农场、专业大户和农民合作社为一体的新型农业经营组织联盟，推动集群发展。二是鼓励各地政府尤其是县级政府牵头成立融资性担保公司，推动金融机构对新型经营主体授信，解决发展中的资金瓶颈问题。三是加大教育培训力度，形成数量庞大的新型职业农民，为大中专院校毕业生到农村就业提供政策优惠，吸引更多人才投身现代农业建设。

（四）大力推动农业社会化服务发展

当前淮河生态经济带各地区农业生产社会化服务的有效供给能力仍然较低，不能完全满足各农业生产主体对农业生产社会化服务的需求，因此，要积极创造条件，通过财政扶持、税费优惠、金融支持等手段，鼓励农业生产社会化服务主体的发展壮大，推进服务专业化、规模化。一是要创新服务模式，推行合作式、订单式、托管式服务，构建公益性服务与经营性服务相结合、专项服务与综合服务相协调的新型农业社会化服务体系。二是要进一步加大基层农技推广机构建设力度，通过增加配备专业技术人员，提升农技推广服务能力，鼓励通过政府购买服务方式，鼓励公益性农业生产服务发展。

三、加快农业资源要素流动，构建现代农业市场体系

（一）推进要素市场和商品市场协同发展

淮河生态经济带农业现代化发展要充分发挥市场的作用，依靠市场调配

要素资源，实现要素分配最大化，最终实现价值最大化。要通过市场协调农资、劳动力、资本、信息等各种生产要素的配置，依托现代物流业，实现农产品生产与销售等各环节的联通与协同。要依托大中小不同规模和多元化流通企业，以农产品流通市场建设为重点，建设统一开放、竞争有序、安全高效、城乡一体的现代农业市场体系，推动农业现代化发展。

（二）健全完善流通骨干网络

淮河生态经济带各地区要根据地理条件和交通条件，大力发展农产品批发业务，建立与农产品生产相适应的市场流通网络。支持区域内优势产品产区产地批发市场建设，强化市场流通体系与储运加工布局的有机衔接，创建和培育一批在全国或者区域内具有一定影响力的重点特色农产品批发市场，带动区域内农产品集散中心、信息交流中心和仓储物流配送中心等配套建设，形成辐射全国、连接城乡的农产品物流架构。

（三）推进发展农产品现代物流业

淮河生态经济带各地区要出台政策，以产地保鲜库、冷库建设、冷链运输车辆配备、终端冷链设施完善等为重点，支持冷链物流布局及其基础设施规划建设，为大规模、长距离、反季节农产品的流通创造条件。一是要鼓励第三方物流发展，支持冷链物流等专业化农产品物流骨干企业发展壮大，提升冷链运输农产品的能力。二是要支持规模大、实力强、品牌好的农业产业化龙头骨干企业建立农业电子商务中心和本土化的农业电商综合平台，通过"农超对接""农社对接"等形式，推动订单农业的发展。三是要积极运用互联网思维，发展"互联网＋农业"，利用电子商务平台，推动农业标准化生产，实现农产品快速物流配送。四是运用连云港、盐城等地优良的港口设施条件，大力发展农产品出口，提升农产品附加值，比如临沂蔬菜、徐州水果等已经成为出口日韩等国的拳头产品。淮河流域各地要抢抓机遇，鼓励有条件的农业企业积极融入"一带一路"，拓展国外农业市场，形成与国内优势特色互补、互利共赢的农业合作新模式，为推动国内农业产业调整做贡献。

（四）完善农产品市场信息服务

淮河生态经济带各地区要不断加强农业信息化的建设力度，利用电信网、广播电视网、互联网，采集和分析农产品产前、产中、产后信息数据，对采集的信息及时进行跟踪分析和研判，及时、客观、公正地向社会发布农产品市场行情，正确引导农产品生产、流通和消费。同时，加强对专业大户、农民专业合作社、家庭农场、龙头企业等市场主体的教育培训，提升他们获取信息和分析数据的能力，从而更好地指导生产。

（五）强化农产品市场调控和监管

淮河生态经济带各地区要不断完善相关规章制度和部门队伍设置，加强体制机制建设，形成分工合理、协作紧密、调控有力、监管到位、服务规范的农资和农产品市场调控监管体系。一是要进一步完善农产品储备调控制度，认真执行国家小麦、稻谷等粮食作物最低收购价政策，鼓励符合条件的国有粮食企业和多元市场主体参与政策性粮食收储。二是要落实粮棉油等重要农产品储备制度，积极发展多元化市场购销主体，引导国有企业做好市场化购销，保持主要农产品价格稳定，防止价格大起大落。三是要规范农资和农产品市场收费行为，坚决取缔不合理收费，打击各类违规收费问题，全面清理妨碍公平竞争、设置行政壁垒、排斥外地农产品和服务进入本地市场的规定，加强农资和农产品准入管理、标识管理和溯源管理，为农产品市场创造更加公平高效的发展环境。四是大力推进农资和农产品流通经营主体诚信建设，持续深入开展农产品市场领域"扫黑除恶"专项斗争，严厉打击各类制假售假、欺行霸市行为，加强农资综合执法，严厉查处各类不法行为，为农资市场健康发展创造良好条件。

四、大力发展"互联网＋现代农业"，实现信息化与农业现代化融合发展

在当前信息技术高速发展的大背景下，"互联网＋农业"是现代农业的重要标志，对于加快转变农业发展方式、实现农业现代化具有重要的牵引和驱动作用。在新的形势下，推动信息化与农业现代化融合发展，要深入推进互联网技术在农业领域的广泛应用，通过建设完善大数据基础设施，大规模收集农业农村大数据，推动大数据发展与科技创新有机结合，开发与本地农业发展相适应的数据应用程序，使得农产品生产、流通、推广、管理等各方面和各环节实现数据共享。加快淮河流域智慧农业、大数据农业发展步伐，

推进现代农业在信息化发展过程中实现提质增效，为经济带"四化同步"发展提供有力支持和保障。

（一）全面推进农业信息化应用

淮河生态经济带各地区要以"互联网＋农业"为契机，建设智慧三农综合服务平台，建立集农业电子指挥中心、数据中心、交易中心、监控中心和培训中心为一体的信息化应用体系。充分利用全国农业系统公益服务统一专用号码12316，推进农业管理和"政务服务、农务服务、商务服务、社会化服务"信息化融合。通过加挂牌子、坐席进驻等方式有效整合各方面专家资源，建设统一的12316专家坐席，延伸12316服务体系，既做到服务农业生产，又能够丰富农业农村的各类综合服务。围绕农业生产各项重点工作，建立大数据库，为开发各种农业服务应用提供基础；利用移动互联网技术开发整合农产品生产、销售、监管等相关系统，建立农产品质量监管平台。

（二）大力推进信息进村入户

农业的主体是农民，农业信息化的主体也应该是农民，要把农村作为重点，让信息进得了村、入得了户是农业信息化建设的必经和关键环节。淮河生态经济带各地区要加快建设服务"三农"的乡村信息基础设施和公共服务平台，在村一级建设基层信息服务站点，开展"公益服务、便民服务、电子商务、培训服务"等服务，满足群众生产生活各类信息化需求，提高农民群众对信息的获取能力，鼓励群众参与基层社会治理，实现自我发展，增强脱贫致富的能力。基层信息服务站点要不断完善场所、人员、网络设备、网络运营能力和运营规章制度等软硬件条件的配置，具备自我持续发展的能力，使基层信息服务站点成为了解基层群众需求和为基层提供信息服务的交汇点。

（三）大力建设农业网站平台

淮河生态经济带各地区要加大资源投入，加大对本地农业信息资源的开发利用力度，提升农业信息数据和应用质量。依托市、县级农业网站，建立符合本地发展现状和需求的农业数字中心，集成农业信息资源，提供全面、准确、有效的农业信息服务。开发市、县农业网站功能，打造集技术咨询、信息传递、产品营销为一体的重要平台，成为农机人员推广创新农技的重要平台，成为各新型农业经营主体方便快捷获取农业专家指导的重要渠道。与此同时，要加强农业网站平台的安全防护工作，保障上网信息的合规合法，保证网站安全稳定运营。

（四）大力推进农业管理信息化

农业管理关系农村发展，涉及农业生产等方方面面。实现农业管理信息化不仅包括农业自然灾害和重大动植物疫情预警、防控，农产品安全和质量管理、农业投入品与市场流通管理、农业资源环境管理、农业工作部署、农业统计等农业生产管理过程的信息化，还包括农村经营管理、农民生活消费的信息化。淮河生态经济带各地区要围绕建立农业公共管理和公共服务信息系统，将重大动植物预警指挥信息系统、农业防灾减灾管理和服务系统作为重点建设模块，不断提升对农业自然灾害和重大动植物病虫灾害的预警、研判、应对能力和水平。此外，还要建设完善的农产品智联管理体系，提升运用信息化手段监管农产品质量的水平和能力。根据国家相关要求，开展区域农业地理信息系统建设，建立集成土地资源、农田类型、土壤肥力、气象环境、农民承包地管理情况等详细信息的地理信息数据库，加强对数据的应用，提升对区域农业发展情况的整体规划能力。同时，要加强组织协调，促进淮河生态经济带区域内各农业管理信息系统的对接，使得数据资源共享、共用，实现农业资源的优化配置，进而推动经济带农业信息化的同步发展。

（五）大力发展农业电子商务

淮河生态经济带各地区要充分利用当前互联网高速发展的机遇，激发农民主体地位和创造性思维，创新农产品营销模式，促进农民通过农产品市场营销获得更大的收益。一是大力发展"互联网＋农业"，以互联网思维改造农业的生产、销售、质量监管、品牌创造等全流程活动，推动传统农业发展模式转型升级。二是积极推动农产品网上产销对接，减少中间环节，降低流通成本；充分利用淘宝、拼多多等电商平台，鼓励支持农户广泛收集各类农产品买卖信息，及时发布农产品预售供应和产销信息，提升产品销量，增加农民收入。三是创新农产品网上促销模式，鼓励引导新型农业经营主体对接各类涉农电子商务平台，在京东、淘宝网等平台开设各地特色农产品销售专区或者地方特色馆，实现电子商务平台与线下农产品产地市场的无缝对接，形成线上线下协同互动的生产销售发展模式，进一步扩大淮河流域各地特色农产品在网上的知名度和美誉度。四是要抱团取暖，通过采取区域联合方式，建设区域特色涉农电子商务平台；通过发展一批与农业产业化集群相配套的农产品批发市场和电子商务实体，支持"名特优"、"一村一品"和乡村旅游资源入驻电商平台；通过采用建立网络店铺、网络直播、电子邮箱营销、搜索引擎关键字营销等各种营销途径和形式，不断拓展网络营销渠道，扩大区域农产品和农业资源的传播和销售范围。五是加大对专业大户、农民专业合作社、家庭农场、龙头企业等的电子商务应用知识和教育培训力度，增强互联网思维，提升运营电子商务的能力，让电子商务成为农产品营销的重要渠道。

五、大力发展生态农业，打造具有淮河生态经济带特色的农产品品牌

淮河生态经济带农业现代化发展要将生态放在首位，充分发掘和利用自身优势资源，大力发展生态农业，打造一批质量有保证、产业有规模、生态友好的农产品品牌，进而带动经济带整体农业发展提档升级。

（一）以规划引领生态农业发展

淮河生态经济带各地区要坚持生态与经济协调发展原则，以高产、优质、高效、生态、安全为发展目标，结合自身实际，制定切实可行的生态农业发展规划。在规划中，要明确生态循环农业适宜发展区域范围，确定生态循环农业发展的重点产业，制定生态循环农业发展步骤，明晰生态循环农业发展规模，在顶层做好生态循环农业发展的设计，为长远发展打下坚实基础。淮河生态经济带要打好生态循环农业牌，积极创建国家生态农业示范园区，申请建设省级生态农业示范区，以示范区为依托，发展高品位、高收益的特色农业，引领经济带生态农业发展。

（二）大力推进农业生产标准化

农业标准化生产是实现生态农业发展的保证，淮河生态经济带各地区要以植保、土肥、良种、加工等环节为重点，强化对关键技术的科技攻关力度，建立能够与国内外先进标准相适应，并且具有凸显本地特色的绿色农业标准

化体系。各地要深入实施"菜篮子"工程,严格落实"从田间到地头到餐桌"的全过程质量控制监管标准,对农产品的产地环境、生产过程、投入品使用、质量检测等各环节强化监管,保证质量可靠;要在农产品生产过程中大力推广使用生物农药、高效低毒低残留农药和有机肥料等生产要素,推动农用薄膜和农药包装回收再利用,提升无公害产品在整个农产品生产中的比重。

(三)大力推进农产品基地规模化生产

淮河生态经济带各地区要按照自身制定的生态农业发展规划,对标规划设定的目标要求,遵循有保有压的原则,扩大优质水稻、小麦等粮食作物的种植面积,适当压缩籽粒玉米、地产大豆等品种的种植面积;以小麦、玉米、花生、蔬菜、瓜果、肉蛋奶、水产、花卉苗木等为主导产业,进一步优化调整种植结构;通过建设一批绿色生态农业生产基地,实现区域生态农业高标准、高起点、规模化、标准化的发展。要依托双汇、南街村、科迪、华英等农业产业化龙头企业,深化"公司+基地+农户"生产经营模式,创造更多更深入的协同合作形式,推进区域绿色生态农业沿着产业化发展方向不断前进。

(四)大力发展都市生态农业

随着城镇化的不断发展,淮河生态经济带城市聚集效应越发明显,随着徐州、淮安、泰州、扬州、周口、信阳、济宁、临沂等重点城市居民消费能力的不断增强,他们对农产品品质的要求越来越高,形成了数量可观的生态农产品消费市场,为都市生态农业发展创造了条件。因此,要大力推进都市生态农业基地建设,按照基地园区化、园区景点化的思路,打造集农业生产、生活、生态等多种功能为一体的农业产业园区;要以城乡居民生活需求为重点,大力发展蔬菜、果品、渔业等绿色农业、高效农业,提升居民生活质量;要积极对接城乡群众的新需求,大力发展花卉欣赏、果木采摘、农业科普等农业产业形态,推动休闲农业、观光农业、体验农业发展,助力城乡精神文明发展;要结合城市特色,积极建设湖泊水系、生态湿地、森林公园等系统化的生态园区,提升城乡人居环境质量,不断满足城乡居民对生态宜居的需求。

（五）全力打造生态农业品牌

淮河生态经济带各地区要把培育和打造生态农业品牌作为重要任务，大力推进农产品"三品一标"（无公害农产品、绿色食品、有机农产品和农产品地理标志）认证等基础性工作，按照农产品品牌数量扩张与质量提升同步的原则，推进区域公共品牌和产品品牌建设。比如，对于信阳毛尖、六安瓜片等茶叶区域公共品牌，要在生产区域内推动"三品一标"认证，保证公共品牌质量，严格控制产品品牌无序扩张，培育壮大若干个在全国具有相当影响力的产品品牌。一是要发挥企业主体责任，政府要加大宣传引导力度，在全社会形成培育品牌、发展品牌、宣传品牌、保护品牌的良好机制和氛围。二是要严厉打击弄虚作假、以次充好等危害区域公共品牌的行为，让违法者得到应有的惩处。三是要积极利用电视、网络等传媒渠道，大力推广农产品品牌，不断提升淮河流域产品品牌的知名度，有效提升市场竞争能力。

六、提升全流程质量控制能力，强化农产品安全监管体系

农产品质量涉及群众的切身利益，关系群众的生命安全，是农业发展的基本要求。淮河生态经济带各地区必须高度重视农产品质量安全问题，把产品安全作为农业发展的"生命线"，建立完善的农产品安全监管体系，为农业健康发展提供坚强保障。

（一）强化产地环境质量安全监测

淮河生态经济带各地区要提升源头控制能力，严格落实农药、兽药、饲料添加剂等农业投入品管理制度，落实农药经营许可和限用农药定点经营制度，落实家庭农场、农民合作社、农业产业化龙头企业农产品生产档案记录和休药制度，在建成的高标准粮田周边等重要农产品生产区，科学设置监测点，在田间对农产品实行动态预警监测，切实保证产地安全管理和保护。强化农产品产地管理，对土壤地力、生态环境等条件不符合产地安全标准的农田，要严格划定农产品禁止生产区，通过生物、化学和工程等措施，组织开展农地修复治理。

（二）落实农产品质量安全追溯制度

淮河生态经济带各地区要建立和完善农产品质量安全追溯制度，补齐追

溯系统软硬件短板，要求农产品生产经营主体建立完善的生产经营档案，对农产品生产、加工、储运、零售等各环节认真做好标识。通过数据信息互联，同步跟进产品信息流与物流，实现农产品全过程质量安全可追溯。对于食用农产品，要实行更加严格的质量安全追溯制度，确保"舌尖上的安全"。同时，要探索建立农药、兽药、饲料添加剂等投入品电子追溯码管理制度，推广健康养殖和高效低毒兽药，严格对饲料质量进行安全管理，从农产品生产前端保证质量安全。

（三）推进农产品质量安全检验检测

淮河生态经济带各地区要完善覆盖市、县、乡和农产品生产主体的完备质量监测网络，具体而言就是，市级要建立农产品质检中心，县级要建立农产品质检站，乡镇要建立农产品速测室，现代农业园区、规模基地、农业合作组织等要建立农产品自检室，实现具有体系化的质量安全监测能力。同时在流通环节，要健全批发市场、农贸市场和超市卖场等自检机构建设，不断提升质量监测过程控制能力。要在农业产业化企业中落实"首席质量官"制度，提升产品质量水平。对于不合格农产品，要严格落实相关要求，采用无害化方式妥善处理，杜绝问题农产品流入市场，危害城乡居民生命健康。

（四）提升农产品质量安全事故应急处置能力

淮河生态经济带各地区要不断提升风险防控能力，建立健全农产品质量安全风险评估、监测预警和应急处置机制，制定风险防控计划和应急处置预案，规范指导农产品质量安全事故应急处理。其一，要组建农产品质量安全风险评估和事故应急处置专家团队，科学地划定安全事故等级，利用分级响应、应急保障和后期处置等措施，最大限度地减少农产品质量安全事故损害范围。其二，要加强人畜共患传染病防治，完善动物疫病强制免疫和强制扑杀补助政策，保障公众身体健康与生命财产安全，维护社会稳定。

七、加强政策资金投入，显著提升科技支撑体系

淮河生态经济带农业现代化发展过程中，科技创新将起到决定性作用，只有提升自身农业科技水平，增进科技在农业现代化中的贡献度，才能使淮河生态经济带的农业现代化走上快车道。

（一）加大农业科技创新力度

淮河生态经济带各地区要以生物技术、良种培育、丰产栽培等技术领域为重点，通过原始创新、集成创新和引进消化吸收再创新等形式，加强科技创新力度，提升流域内农业现代化发展质量和效益。其一，要加强现代农业科技创新平台和基地建设，依托农技推广部门、高等院校和科研院所等单位，围绕流域内农业发展的重点和难点，大力推进协同创新，开展关键技术研究攻关，争取形成一批具有自主知识产权和较高应用机制的农业科技成果。其二，发挥企业的自主创新能力，通过政策支持、资金奖补等形式支持企业自主增加科技创新投入，增强自主创新能力，研发和生产具有技术领先水平的新产品和新工艺，不断提升企业的科技水平。其三，要紧盯当前国内外先进农业科技，通过与国内领先的高等院校和科研院所合作，采用共建科研中心、实践基地等方式，提升流域内农业科技创新能力，争取在未来农业科技竞争中占据一席之地。其四，要注重科研成果转化，以大型龙头企业为主体，发挥示范带动作用，加大对科技创新成果的应用，形成具有市场领先地位的优势产品，引领各类市场主体增强对科技创新的重视程度。其五，要在深化农业科技体制改革上取得突破，在科技成果转化收益、农业科技人员兼职取酬等方面，建立适应当前经济社会发展的人才培养、使用、吸引和激励机制，最大限度发挥农业科技人员的创新活力。

（二）大力推进农业良种培育和推广

淮河生态经济带各地区要把农业良种培育和推广放在更加重要的位置，完善政策支持体系的构建，使优良种业成为现代农业发展的强大引擎和推动力。其一，要进一步强化科研院所和高等院校对农业良种基础性、公益性研究地位，打下良种培育和推广的基础。其二，要发挥企业在良种培育和推广上的主体作用，支持科技型种子企业兼并重组，引进人才和技术装备，打造一批在全国具有相当技术实力和市场影响力的种子公司，开展产、学、研协作技术创新，建立商业化育种体系，以水稻、小麦、玉米、花生、油菜等为重点，开发适应淮河流域生长的优质高产新品种。其三，大力推进良种推广，通过建立良种示范推广基地、开展新品种补贴等方式，推动良种种植，提高良种覆盖率。其四，要建立完善的农作物品种种植风险跟踪调查和风险评估机制，加强对农作物品种的监测，及时淘汰不适宜的种植品种。其五，要加强对种子市场的管理，对种子生产、流通各环节实行最严格的质量监测和市场监管措施，确保种子质量安全。

八、破解农业资金瓶颈，建设现代农业融资体系

资金是农业实现现代化发展的催化剂，淮河生态经济带各地区要着力构建完善的现代农业融资支持体系，为农业发展提供强有力的资金保障，推动经济带农业现代化加快发展。

（一）构建完善的农村金融服务体系

深入推进农村金融综合改革，运用财政税收、货币信贷、金融监管等综合性的政策措施，推动金融资源向"三农"倾斜，确保农业信贷总量持续增加，提升涉农贷款比例。其一，要引导大型商业银行在县域空白网点布局，推动农商银行、村镇银行向乡镇延伸分支机构，开展涉农业务，鼓励商业金融服务提高"三农"业务比重。发挥国开行、农发行等开发性金融、政策性金融的作用，支持农业发展和农村基础设施建设。其二，要大力发展农村互助金融，以专业合作社为平台，通过专业合作权益链条推动资金互助合作，调剂成员资金余缺，借鉴商业银行的有益经验，提升合作社的服务能力和水平，促进农民合作社做大做强。其三，各县级政府要勇于探索，积极发展农村合作金融公司，重点为流域内"三农"发展提供金融服务，通过贷款、投资、资本管理等各种业务类型，支持流域内由企业、新型农业经营主体、其他合格投资者依法设立的公司制企业发展。其四，各地政府要完善财政金融支持政策，围绕农业供给侧结构性改革重点领域，整合相关专项资金，转变过去点对点补助的投入方式，以引导性扶持为主，通过财政直接补助专注于公益类和基础设施建设类项目，竞争性领域支农投资由政府产业投资基金、政策性担保、保险机构为引导，吸引、撬动金融和社会资本，为农业发展提供投融资支持。

（二）拓展农业农村金融产品和服务方式

淮河生态经济带各地区要创新思路，通过各种优化组合，推动财政资金与信贷资金相结合增加支农资金总量，推动政策性金融与商业性金融相结合延长支农资金使用时限；通过贷款融资与债券融资、融资租赁相结合提升资

金效益；通过信贷服务与农业保险服务相结合强化资金风险控制，千方百计提供更多适合流域内农业发展的金融产品。要抓住现代农业产业链条长的特点，增强对农业产业链服务的金融服务能力，积极推广政府、担保公司、龙头企业、保险公司和农户等多方参与的农业产业信贷模式，通过采用多种形式的担保合作，提升对合作社、家庭农场、种养大户和龙头企业的融资支持能力；建立以银行、龙头企业、农业新型主体和农户多方参与的农业生产融资模式，通过企业担保、订单质押、存货质押等方式，为农业供产销全过程提供信贷支持。

（三）大力推动农业保险发展

淮河生态经济带各地区要按照政府引导、市场运作、自主自愿和协同推进的原则，不断完善农业保险经营模式，支持发展地方特色优势农产品保险。其一，要发挥农业保险公司的主体作用，提供服务各地实际的农业保险产品，增强保险的针对性，扩大对水稻、小麦、玉米等粮食品种的保险覆盖面，确保粮食生产稳定。其二，要鼓励保险公司扩大对水产品、林果、花卉、食用菌等具有地方特色的农业产品，开发农业保险新品种。其三，要加大对农业保险的宣传推广力度，采用上门授课、发放宣传画册等方式加强对农民的保险知识教育培训，积极推进农产品目标价格保险试点工作，最大限度保护农民的生产积极性。

（四）大力推进农村信用体系建设

淮河生态经济带各地区要深化对农村信用体系建设的认识，为保持农村金融可持续发展打下基础。其一，要大力开展信用户、信用村、信用乡镇和金融生态县评定与创建活动，加强对农村信用的推广教育，在农村形成重诺守信的良好氛围。其二，要做大做强政策性担保机构，降低新型农业经营主体融资担保门槛，降低担保费率，减轻贷款成本，提升新型农业经营主体贷款比重。其三，要全面落实地方金融监管责任，加强对金融风险监测预警，加强农村金融消费者风险教育和保护，坚决防范化解农村金融风险。

参考文献

［1］阿瑟·奥莎利文.城市经济学（第8版）［M］.周京奎，译.北京：北京大学出版社，2015.

［2］奥兰·扬.直面环境挑战：治理的作用［M］.赵小凡，邬亮，译.北京：经济科学出版社，2014.

［3］布赖恩·贝利.比较城市化：20世纪的不同道路［M］.顾朝林等，译.北京：商务印书馆，2010.

［4］约翰·贝拉米·福斯特.生态革命——与地球和平共处［M］.刘仁胜，李晶，董慧，译.北京：人民出版社，2015.

［5］大卫·李嘉图.政治经济学及赋税原理［M］.郭大力，王亚南译.北京：商务印书馆，2013.

［6］汤姆·米勒.中国十亿城民：人类历史上最大规模人口流动背后的故事［M］.李雪顺，译.厦门：鹭江出版社，2014.

［7］《城市化的中国机遇与挑战》编委会.城市化的中国：机遇与挑战［M］.上海：上海交通大学出版社，2013.

［8］安晓宁，辛岭.中国农业现代化发展的时空特征与区域非均衡性［J］.资源科学，2020，42（09）：1801-1815.

［9］奥兰·扬.直面环境的挑战：治理的作用［M］.赵小凡，郭亮，译.北京：经济科学出版社，2014.

［10］国务院关于深入推进新型城镇化建设的若干意见［M］.北京：人民出版社，2016.

［11］蔡昉.理解中国经济发展的过去、现在和将来——基于一个贯通的增长理论框架［J］.经济研究，2013，48（11）：4-16+55.

［12］曹冰冰，朱正业.近十余年来淮河流域经济开发研究述评［J］.阜阳

师范学院学报（社会科学版），2017（04）：1-6.

[13] 曹广忠，马嘉文.中国城镇化与非农化的空间分异、相互关系和形成机制［J］.地理研究，2016，35（12）：2249-2260.

[14] 曹玉华，夏永祥，毛广雄，蔡安宁，刘传明.淮河生态经济带区域发展差异及协同发展策略［J］.经济地理，2019，39（09）：213-221.

[15] 车艳秋.以人民为中心的新型城镇化研究［D］.沈阳：辽宁大学，2017.

[16] 陈国生，萧烽，黄鑫.湖南农村人力资本与农业现代化耦合协调发展[J].经济地理，2020，40（10）：176-182.

[17] 陈汉林，朱行.美国"再工业化"对中国制造业发展的挑战及对策［J］.经济学家，2016（12）：37-44.

[18] 陈加元.迈向生态文明［M］.杭州：浙江人民出版社，2013.

[19] 陈亮.信息化对工业化的推动作用研究［D］.华中科技大学，2011.

[20] 陈锡文，韩俊.中国特色"三农"发展道路研究［M］.北京：清华大学出版社，2014.

[21] 陈小洁，张波.淮河生态经济带建设思考［J］.治淮，2017（04）：53-55.

[22] 戴觅，茅锐.产业异质性、产业结构与中国省际经济收敛[J].管理世界，2015（06）：34-46+62+187.

[23] 丁志伟，张改素，王发曾，康珈瑜，高岭.中国工业化、城镇化、农业现代化、信息化、绿色化"五化"协调定量评价的进展与反思［J］.地理科学进展，2016，35（01）：4-13.

[24] 豆建民，沈艳兵.产业转移对中国中部地区的环境影响研究［J］.中国人口·资源与环境，2014，24（11）：96-102.

[25] 杜传忠.转型、升级与创新：中国特色新型工业化的系统性研究［M］.北京：人民出版社，2013.

[26] 樊雅丽.新型城镇化与生态文明建设研究［M］.石家庄：河北人民出版社，2014.

[27] 费孝通.中国城镇化道路［M］.呼和浩特：内蒙古人民出版社，2010.

［28］辜胜阻，郑超，曹誉波.大力发展中小城市推进均衡城镇化的战略思考［J］.人口研究，2014，38（04）：19-26.

［29］顾为东，张萍.淮河生态经济带发展规划研究［J］.江苏大学学报（社会科学版），2016，18（01）：19-23.

［30］国家新型城镇化规划（2014—2020年）［M］.北京：人民出版社，2014.

［31］国务院发展研究中心和世界银行联合课题组，李伟，SriMulyani-Indrawati，刘世锦，等.中国：推进高效、包容、可持续的城镇化［J］.管理世界，2014（04）：5-41.

［32］贺俊，吕铁.从产业结构到现代产业体系：继承、批判与拓展［J］.中国人民大学学报，2015，29（02）：39-47.

［33］贺晓宇，沈坤荣.现代化经济体系、全要素生产率与高质量发展［J］.上海经济研究，2018（06）：25-34.

［34］胡连生.从"去工业化"到"再工业化"——兼论当代资本主义日渐衰微的历史趋势［J］.理论探讨，2016（02）：163-167.

［35］黄明华.西北地区中小城市"生长型规划布局"方法研究［D］.西安：西安建筑科技大学，2005.

［36］黄群慧."新常态"、工业化后期与工业增长新动力［J］.中国工业经济，2014（10）：5-19.

［37］黄亚生，李华芳.真实的中国：中国模式与城市化变革的反思［M］.北京：中信出版社，2013.

［38］纪宝成.创新型城市战略论纲［M］.北京：中国人民大学出版社，2009.

［39］贾卫列，杨永岗，朱明双.生态文明建设概论［M］.北京：中央编，译出版社，2013.

［40］姜启波.江苏省重点中心镇新型城镇化模式研究［J］.当代经济，2016（33）：16-20.

［41］金碚.关于"高质量发展"的经济学研究［J］.中国工业经济，2018（04）：5-18.

［42］李东涵，王展．面向"十四五"的农业现代化产业技术创新模式展望［J］．农业技术经济，2020（09）：143.

［43］李发志，朱高立，候大伟，季余佳，朱超，孙华．江苏城镇化发展质量时空差异分析及新型城镇化发展分类导引［J］．长江流域资源与环境，2017，26（11）：1774-1783.

［44］李强．多元城镇化与中国发展战略及推进模式研究［M］．北京：社会科学文献出版社，2013.

［45］李强等．城市化进程中的重大社会问题及其对策研究［M］．北京：经济科学出版社，2009.

［46］李瑞昌．论政府间新型互助关系成长：源起、动力和路径［J］．社会科学，2020（12）：3-12.

［47］李伟，SriMulyaniIndrawati，刘世锦等．中国：推进高效、包容、可持续的城镇化［J］．管理世界，2014（4）.：5-41.

［48］李燕凌．农村公共产品供给侧结构性改革：模式选择与绩效提升——基于5省93个样本村调查的实证分析［J］．管理世界，2016（11）：81-95.

［49］李志刚，顾朝林．中国城市社会空间结构转型［M］．南京：东南大学出版社，2011.

［50］厉以宁．中国道路与新城镇化［M］．北京：商务印书馆，2012.

［51］刘芳．系统治理：水生态文明城市建设的创新路径［M］．济南：山东人民出版社，2017.

［52］刘国斌，王达．新型城镇化与信息化融合发展研究［J］．情报科学，2020，38（01）：132-139.

［53］刘立波．生态现代化与环境治理模式研究［M］．北京：人民出版社，2018.

［54］刘亭．点击城镇化［M］．杭州：浙江人民出版社，2006.

［55］刘亚臣，常春光，孔凡文．城市化与中国城镇安全［M］．沈阳：东北大学出版社，2010.

［56］刘跃，何郑涛，叶宇梅．信息化与新型城镇化［M］．北京：新华出版社，

2018.

［57］陆学艺."三农"续论:当代中国农业、农村、农民问题研究［M］.重庆:重庆出版社,2013.

［58］孟昌,张欣.资源环境双重约束下的产业结构升级:日本的经验与启示［J］.林业经济,2012（02）:92-96.

［59］潘家华.中国的环境治理与生态建设［M］.北京:中国社会科学出版社,2015.

［60］彭翀,顾朝林.城市化进程下中国城市群空间运行及其机理［M］.南京:东南大学出版社,2011.

［61］任阳军,汪传旭.中国绿色经济效率的区域差异及空间溢出效应研究［J］.生态经济,2018,34（02）:93-96.

［62］任志安,马朝阳.淮河生态经济带绿色发展水平测度及空间分异分析［J］.生态经济,2020,36（07）:83-89.

［63］汝信,付崇兰.城乡一体化蓝皮书:中国城乡一体化发展报告（2012）［M］.北京:社会科学文献出版社,2012.

［64］尚娟.中国特色城镇化道路［M］.北京:科学出版社,2013.

［65］宋煜萍.生态型区域治理中地方政府执行力研究［M］.北京:人民出版社,2014.

［66］苏立君.逆全球化与美国"再工业化"的不可能性研究［J］.经济学家,2017（06）:96-104.

［67］孙承志.新时代信息化与新型工业化深度融合发展与对策研究［J］.情报科学,2020,38（02）:129-134+162.

［68］孙久文,易淑昶.推动淮河生态经济带高质量发展的途径研究［J］.财贸研究,2020,31（03）:43-48.

［69］孙瑞玲.现代农业建设的路径与模式研究［M］.北京:中国时代经济出版社,2008.

［70］索罗丹,李凡,朱晓东.淮河生态经济带产业承接能力和承接方向分析［J］.生态经济,2021,37（01）:64-69+110.

［71］唐浩.中国特色新型工业化的新认识［J］.中国工业经济,2014（06）:

5–17.

［72］万广华,蔡昉.中国的城市化道路与发展战略:理论探讨和实证分析[M].
北京:经济科学出版社,2012.

［73］王德利.中国城市群城镇化发展质量的综合测度与演变规律［J］.中
国人口科学,2018（01）:46–59+127.

［74］王国敏等.中国特色农业现代化道路的实现模式研究［M］.成都:四
川大学出版社,2013.

［75］王海娟,胡守庚.自主治理与小农农业现代化的路径[J].农业经济问题,
2019（09）:64–73.

［76］王海芹,高世楫等.生态文明治理体系现代化下的生态环境监测管理
体制改革研究［M］.北京:中国发展出版社,2017.

［77］王凯,陈明等.中国城镇化的速度与质量［M］.北京:中国建筑工业
出版社,2013.

［78］王书明,郭起剑.江苏城镇化发展质量评价研究［J］.生态经济,
2018,34（03）:97–102.

［79］王振中.中国的城镇化道路［M］.北京:社会科学文献出版社,2012.

［80］魏后凯等.中国城镇化:和谐与繁荣之路［M］.北京:社会科学文献
出版社,2014.

［81］吴春梅.推进淮河生态经济带建设的思考［N］.安徽日报,2020–11–
17.

［82］习近平.决胜全面建成小康社会夺取新时代中国特色社会主义伟大胜
利——在中国共产党第十九次全国代表大会上的报告［M］.北京:人
民出版社,2017.

［83］肖林.长江经济带国家战略［M］.上海:格致出版社,2016.

［84］熊文,刘纪显.生产绿色化与环境污染的经济增长效应研究［J］.管
理现代化,2017,37（01）:64–66.

［85］薛建明,仇桂且.生态文明与中国现代化转型研究［M］.北京:光明
日报出版社,2014.

［86］杨涛.乡村振兴战略视域下的我国农业现代化问题研究［D］.延安:

参考文献

延安大学，2020.

［87］姚士谋，陈振光，朱英明等.中国城市群［M］.合肥：中国科技大学出版社，2006.

［88］姚士谋，张平宇，余成，李广宇，王成新.中国新型城镇化理论与实践问题［J］.地理科学，2014，34（06）：641-647.

［89］叶立生.淮河生态经济带发展战略思路［J］.宏观经济管理，2014（12）：66-68.

［90］依萱.加快农业现代化进程推进农村高质量发展［N］.四平日报，2020-09-10.

［91］臧超，姜一民.用科技创新推进农业现代化［N］.吉林日报，2020-11-11.

［92］张海冰，蔡小慎.我国城市社区治理模式创新研究［M］.北京：人民出版社，2016.

［93］张家平，程名望，韦昕宇，龚小梅，潘烜.人口信息化与人口城镇化协调性及其时空演变［J］.中国人口·资源与环境，2018，28（12）：168-176.

［94］张军.以5G技术为支撑推动2.0版农业现代化建设［J］.东岳论丛，2020，41（05）：63-69+191-192.

［95］张培刚.农业与工业化［M］.武汉：华中科技大学出版社，2002.

［96］张晓山.推进农业现代化面临新形势新任务［N］.人民日报，2019-05-13.

［97］张占斌，张国华，仲武冠.中国新型城镇化建设重大问题研究丛书：城镇化推进城乡发展一体化研究［M］.石家庄：河北人民出版社，2013.

［98］赵昌文，许召元，朱鸿鸣.工业化后期的中国经济增长新动力［J］.中国工业经济，2015（06）：44-54.

［99］赵俊超.城镇化改革的突破口［M］.北京：中国人民大学出版社，2015.

［100］钟华楠.城市化危机［M］.北京：商务印书馆，2008.

［101］周靖祥.中国区域城镇化差异及成因解释［J］.数量经济技术经济研究，2015，32（06）：56-72+89.

［102］周维富.中国工业化的进展、突出问题和发展策略［J］.经济纵横，2014（12）：1-7.

［103］周振华，张学良.大转型时代的中国城市化：从哪里来，到哪里去［M］.北京：经济科学出版社，2014.

［104］Adak M.Technological Progress，Innovation and Economic Growth;the Case of Turkey［J］.Procedia-Social and Behavioral Sciences，2015，195:776-782.

［105］Adom P K，Amuakwa-Mensahc F. What drives the energy saving role of FDI and industrialization in East Africa?［J］.Renewable and Sustainable Energy Reviews，2016（65）：925-942.

［106］Benchekroun H，Chaudhuri A R.Transboundary Pollution and Clean Technologies［J］.Resource & Energy Economics，2014，36（2）:601-619.

［107］Gollin D，Jedwab R，Vollrath D. Urbanization with and without industrialization［J］.Journal of Economic Growth，2016，21（1）:35-70.

［108］Hardeman E，Jochemsen H. Are There Ideological Aspects to the Modernization of Agriculture?［J］.Journal of Agricultural and Environmental Ethics，2011，25（5）:657-674.

［109］Li N，Wei Y，Wang L，et al. Impact of industrialization on water protection in the Huai River Basin within Shandong Province,China［J］. Natural Hazards，2016，81（2）:1193-1207.

［110］Li Y，Wang J，Liu Y，Long H.Problem regions and regional problems of socioeconomic development in China:A perspective from the coordinated development of industrialization，informatization，urbanization and agricultural modernization［J］.Journal of Geographical Sciences，2014，24（6）：1115-1130.

［111］Liu C. Sustainability of rural informatization programs in developing countries: A case study of China's Sichuan province ［J］. Telecommunications Policy, 2016, 40（7）:714-724.

［112］Liu Y, Huang J K, Zikhali P. The bittersweet fruits of industrialization in rural China:The cost of environment and the benefit from off-farm employment ［J］. China Economic Review, 2016, 38:1-10.

［113］Maran R W, Stimson R J. Investigating Quality of Urban Life ［M］. London: Springer, 2011.

［114］Salahuddin M, Alam K. Information and Communication Technology, electricity consumption and economic growth in OECD countries: A panel data analysis ［J］.International Journal of Electrical Power & Energy Systems, 2016, 76: 185-193.

［115］Song Z, Liu W, Li M A, et al. Measuring Spatial Differences of Informatization in China ［J］. Chinese Geographical Science, 2014, 24（6）:717-731.

［116］Westkämper E. Towards the Re-Industrialization of Europe ［M］. Berlin: Springer International Publishing, 2014.

图书在版编目（CIP）数据

淮河生态经济带现代化进程研究 / 李楠编著 .
—武汉 ： 长江出版社，2022.5
（淮河生态经济带发展研究丛书）
ISBN 978-7-5492-8323-1

Ⅰ．①淮… Ⅱ．①李… Ⅲ．①淮河－流域－生态经济－
经济现代化－研究 Ⅳ．① F127

中国版本图书馆 CIP 数据核字 (2022) 第 080230 号

淮河生态经济带现代化进程研究

HUAIHESHENGTAIJINGJIDAIXIANDAIHUAJINCHENGYANJIU

李楠　编著

出版策划：	赵冕 张琼	
责任编辑：	尚进	
装帧设计：	汪雪	
出版发行：	长江出版社	
地　　址：	武汉市江岸区解放大道 1863 号	
邮　　编：	430010	
网　　址：	http://www.cjpress.com.cn	
电　　话：	027-82926557（总编室）	
	027-82926806（市场营销部）	
经　　销：	各地新华书店	
印　　刷：	武汉新鸿业印务有限公司	
规　　格：	787mm×1092mm	
开　　本：	16	
印　　张：	13.25	
彩　　页：	4	
字　　数：	280 千字	
版　　次：	2022 年 5 月第 1 版	
印　　次：	2023 年 8 月第 1 次	
书　　号：	ISBN 978-7-5492-8323-1	
定　　价：	98.00 元	

国家出版基金项目
NATIONAL PUBLICATION FOUNDATION

淮河生态经济带发展研究丛书

熊文　总主编

淮河生态经济带

现代综合交通运输体系建设研究

何雄　胡锦锈　编著

长江出版社
CHANGJIANG PRESS

淮河流域地处我国东中部，介于长江和黄河两流域之间，流域地跨河南、安徽、江苏、山东及湖北5省，干流流经河南、安徽、江苏3省，分为上游、中游、下游3部分，全长1000千米。洪河口以上为上游，长360千米；洪河口以下至洪泽湖出口中渡为中游，长490千米；中渡以下至三江营为下游入江水道，长150千米。由于历史上黄河曾夺淮入海，淮河流域以废黄河为界分为淮河和沂沭泗河两大水系，面积分别为19万平方千米和8万平方千米。淮河流域西部、南部和东北部为山丘区，面积约占流域总面积的1/3，其余为平原（含湖泊和洼地），是黄淮海平原的重要组成部分。

古老的淮河，发源于桐柏山，沿途纳千河百川，以丰富的支流水系，像一把展开的扇面，铺满中原大地。这里曾流淌着中华民族的古老文明，从新石器时代，到夏商周王朝，再到隋唐，每个重要时期，它都扮演着重要角色；这里曾出现过改天换地的历史人物，大禹治水"三过家门而不入"，刘邦项羽掀楚汉风云，神医华佗悬壶济世，都与它息息相关；这里有丰富的历史文化遗址，有独具特色的山水名胜，更有南北过渡的民俗文化。可以说，充满人文色彩的淮河，堪称是一条非常有故事的河流。

历经百年沧桑，走入近现代，淮河的精彩故事还在续写，人们对它的情感也开始变得复杂而纠结。一方面，人们对它有着"走千走万，不如淮河两岸"的赞美。一组直观的数据是，淮河流域以不足全国3%的水资源总量，承载了全国约13.6%的人口和11%的耕地，贡献了全国9%的GDP，生产了全国六分之一的粮食。另一方面，